TAC税理士講座 編

第7版

税理士 簿記論

個別問題の解き方

TAC出版

TAC PUBLISHING Group

は　し　が　き

　本書は、税理士試験簿記論受験用の「個別計算問題集」であり、「税理士簿記論　総合問題の解き方」の姉妹書である。

　受験生からよく聞かれることに、「総合問題と個別問題とではどちらが重要か」というものがあるが、この問いに対しては常に「どちらも重要」と回答している。

　総合問題を苦手とする受験生が多いが、その原因の1つとして、個別問題の練習不足がある。総合問題といっても実態は個別問題の集合体であり、原点は1つ1つの仕訳から成り立っているため、総合問題の解答力は個別問題の解答力がベースとなる。したがって、総合問題の解答力の向上のためには、まず個別問題の解答力を向上させる必要がある。よって、総合問題と個別問題は「どちらも重要」なのである。

　税理士試験の簿記論は、年々難しくなる傾向にあり、基本問題を解くだけではとても太刀打ちできない問題となっている。本書の作成にあたってはこの点に留意し、「本試験問題に対応できる個別計算問題集」という位置付けにした。本書の特長は以下のとおりである。

特長1	全99題で簿記論の全範囲を網羅し、最新の会計基準にも対応している。
特長2	本試験問題に対応できるように問題の難易度は、中レベルから本試験レベルとした。ただし、本試験で「捨て問」となるような難問は排除している。
特長3	すべての問題に、目標解答時間を明示している。
特長4	一般的な解説ではなく、「実戦的な解き方」「具体的な解答手順」「解答の思考過程」を解説している。

　簿記論に合格するためには、とにかく問題を多く解くことが重要である。そして繰り返し解くことがさらに重要である。繰り返し解くことによって、「より速く」「より正確に」「より効率的に」解けるようになる。

　本書が、簿記論合格の一助になれば幸いである。

ＴＡＣ税理士講座

本書の利用方法

1　問題を解くとき

　問題を解く際は、必ず時間を計って解かなければいけない。そして、解答日と解答に要した時間を記録しておく。簡単でよいから、出来具合についてもメモしておくとさらによい。一番簡単な方法は、すべて正解したら○、一部不正解は△、ボロボロのときは×といった具合である。これらを以下のように記録しておくのである。

2　繰り返し解く

　簿記の問題は1回解いたら終わりというものではない。繰り返し解くことが重要である。繰り返し解くことによって知識が定着し、解答スピードが速くなり、正確性も向上する。また、問題をざっと読んだだけで、何をしなければいけないのか、難しいのか簡単なのか、どれくらい手間がかかるのか、といったことを素早く判断できるようになるのである。

3　解答時間について

　問題に明示してある解答時間であるが、これは目標時間であり、本試験に合格するためにはこのくらいの時間で解答する力が必要だという時間に設定してある。そのため、1回目などはすべて解答するのに目標時間をオーバーするかもしれないが、それは大した問題ではない。本試験までに解けるようになればよいのである。だから、問題を解く際は目標時間を気にせず解答してかまわない。しかし、最終目標は目標時間内での解答である。目標時間内で解答することを励みにして頑張ってほしい。

解答5　現金預金(1)

(1) 　2,021,700　円

(2) 　△　12,500　円

本問のポイント

　現金勘定で処理するものは、①通貨（紙幣及び硬貨）と②通貨代用証券である。本問では通貨代用証券を正しくピックアップできるかどうかがポイントになっている。

解答手順・思考過程

1　現金の実際残高

　資料の「**それぞれの項目は適正に処理されている**」という文言は重要である。これは、未処理及び誤処理はないということである。したがって、資料の中から現金勘定で処理するものだけをピックアップすればよい。

　具体的には、現金で処理する項目の金額を◯で囲む（外国通貨は、取得時と決算時それぞれのレートで換算した金額を書き込み、決算時レートで換算した金額を◯で囲む）。また、現金でないものは――線を引いて消しておく。以下のように書き込むとよいだろう。

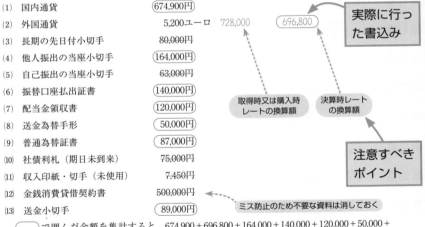

(1)　国内通貨　　　　　　　　　674,900円

(2)　外国通貨　　　　　　5,200ユーロ　728,000　　696,800
　　　　　　　　　　　　　　　　　　　　　　　　実際に行った書込み

(3)　長期の先日付小切手　　　　80,000円

(4)　他人振出の当座小切手　　　164,000円

(5)　自己振出の当座小切手　　　63,000円

(6)　振替口座払出証書　　　　　140,000円

(7)　配当金領収書　　　　　　　120,000円
　　　　　　　　　　　　　取得時又は購入時　　決算時レート
　　　　　　　　　　　　　レートの換算額　　　の換算額

(8)　送金為替手形　　　　　　　50,000円

(9)　普通為替証書　　　　　　　87,000円

(10)　社債利札（期日未到来）　　75,000円
　　　　　　　　　　　　　　　　　　　　　　注意すべきポイント

(11)　収入印紙・切手（未使用）　7,450円

(12)　金銭消費貸借契約書　　　　500,000円
　　　　　　　　　　　　ミス防止のため不要な資料は消しておく

(13)　送金小切手　　　　　　　　89,000円

　◯で囲んだ金額を集計すると、674,900＋696,800＋164,000＋140,000＋120,000＋50,000＋87,000＋89,000＝2,021,700となり、これが現金の実際残高となる。

目　次

まとめ一覧

問題編

A社は、帳簿記入について大陸式簿記法（開始仕訳は開始残高勘定を用いない方法）を採用している。A社の当期（4月1日〜翌3月31日）における以下の【資料1】〜【資料3】に基づいて、次の⑴〜⑸に答えなさい。

⑴ 再振替仕訳を示しなさい。

⑵ 前期末の残高勘定の合計額はいくらか。

⑶ 決算整理前合計試算表の合計額はいくらか。

⑷ 当期純利益はいくらか。

⑸ 当期末の残高勘定の合計額はいくらか。

【資料1】各勘定の期首（再振替後）残高

　　資本金6,000千円　現金預金4,000千円　備品1,600千円　繰越商品800千円　営業費20千円

　　買掛金1,500千円　貸倒引当金40千円　繰越利益剰余金840千円　売掛金2,000千円

　　（注）再振替仕訳の合計額は40千円である。

【資料2】営業取引

　1　掛による仕入高　8,000千円

　2　掛による売上高　12,000千円

　3　現金預金による買掛金の支払　7,000千円

　4　現金預金による売掛金の回収　10,970千円

　5　現金預金による営業費の支払　2,600千円

　6　期首売掛金の貸倒れ　30千円

【資料3】決算整理事項

　1　期末商品棚卸高　1,000千円

　2　売掛金の期末残高に対して2％の貸倒引当金を差額補充法により計上する。

　3　備品（取得原価2,000千円）の減価償却は、耐用年数5年、残存価額0円、定額法、直接控除法により行う。

　4　営業費の見越高　50千円

　5　営業費の繰延高　20千円

問題 2 　簿記一巡(2)

⏱ 6分

以下の【資料】は、B商店（個人企業）の当期の総勘定元帳に関する要約記録を示したものである。そこで、空欄①～⑧に入る金額又は勘定科目を答えなさい（単位：千円）。

【資　料】当期の総勘定元帳に関する要約記録

当座預金

前期繰越	2,500	（　　）	（　　）	
受取手形	（　　）	（　　）	（　　）	
		次期繰越	（ ① ）	
	8,300		8,300	

支払手形

当座預金	（ ⑤ ）	前期繰越	1,000	
次期繰越	1,300	（　　）	（　　）	
	（　　）		（　　）	

受取手形

前期繰越	1,200	（　　）	（　　）	
売掛金	（　　）	次期繰越	1,500	
	（　　）		（　　）	

買掛金

支払手形	（　　）	前期繰越	700	
次期繰越	600	（　　）	（　　）	

売掛金

前期繰越	800	（　　）	（　　）	
（　　）	（ ② ）	次期繰越	700	
	（　　）		（　　）	

未払営業費

（　　）	（　　）	前期繰越	100	
次期繰越	200	（　　）	（　　）	

繰越商品

前期繰越	500	（ ③ ）	（　　）	
（　　）	（　　）	次期繰越	600	
	（　　）		（　　）	

資本金

次期繰越	（ ⑥ ）	前期繰越	3,200	
		（　　）	（　　）	

仕入

買掛金	4,300	繰越商品	（　　）	
繰越商品	（　　）	（ ④ ）	（　　）	
	（　　）		（　　）	

売上

（　　）	（　　）	売掛金	（　　）	

営業費

当座預金	900	未払営業費	（　　）	
未払営業費	（　　）	（　　）	（　　）	
	（　　）		（　　）	

損益

仕入	（　　）	売上	（　　）	
営業費	（ ⑦ ）			
（ ⑧ ）	（　　）			
	（　　）		（　　）	

問1　次の【資料1】と【資料2】に基づいて、以下の(1)と(2)に答えなさい。

【資料1】前期末と当期末における支払手形と買掛金の勘定残高は、次のとおりである。

	前　期　末	当　期　末
支　払　手　形	8,300千円	7,700千円
買　　掛　　金	4,700千円	4,100千円

【資料2】当期中の支払手形と買掛金に関する取引は、次のとおりである。

1　仕入のうち、現金によるものは4,600千円であり、残りはすべて掛けによるものである。なお、仕入割戻し（買掛金から控除）が1,100千円ある。

2　当座預金による支払手形の決済高は10,200千円である。

3　買掛金の決済高のうち、現金によるものが4,900千円であり、残りはすべて手形によるものである（これ以外に支払手形の増加はない）。

(1)　当期の手形による買掛金の決済高を答えなさい。

(2)　当期の純仕入高を答えなさい。

問2　次の【資料】に基づいて、当期の売上原価を答えなさい。

【資　料】

1　商品の仕入は、通常、掛仕入又は手形仕入によっているが、一部の商品については、仕入時に小切手を振り出して直接支払っている。

2　繰越商品勘定、買掛金勘定及び支払手形勘定の前期繰越高及び次期繰越高は、次のとおりである。

　　繰越商品　前期繰越高21,600千円　次期繰越高25,200千円

　　支払手形　前期繰越高81,000千円　次期繰越高50,400千円

　　買　掛　金　前期繰越高36,000千円　次期繰越高58,500千円

3　商品の仕入に係る当座預金勘定の当期減少額は、買掛金（すべて小切手又は約束手形を振り出して決済している）及び支払手形の決済分を含めて合計146,700千円であった。

問題 4　推定⑵

15分　　／　　／　答案用紙→P2　解答解説→P112

以下の【資料1】～【資料2】に基づいて、次の(1)～(5)に答えなさい。なお、(　　　　　)の金額については各自で推定すること。

(1)　当期中の買掛金の支払高を答えなさい。

(2)　当期中の売掛金の回収高を答えなさい。

(3)　当期中の備品の取得高を答えなさい。

(4)　当期中の販売費の支払高を答えなさい。

(5)　当期中の利息の支払高を答えなさい。

【資料1】貸借対照表及び損益計算書（単位：千円）

貸 借 対 照 表

	前 期 末	当 期 末
現 金 預 金	17,600	31,600
売 掛 金	60,000	(　　　　)
貸 倒 引 当 金	(　　　　)	△ 1,800
商 品	42,000	69,000
前 払 販 売 費	5,000	(　　　　)
備 品	60,000	90,000
減価償却累計額	△ 12,000	△ 16,000
買 掛 金	44,000	58,400
借 入 金	40,000	51,000
未 払 利 息	(　　　　)	1,800
資 本 金	50,000	90,000
利 益 準 備 金	5,000	(　　　　)
繰越利益剰余金	30,800	61,400

損 益 計 算 書

売 上 高	656,000
売 上 原 価	(　　　　)
販 売 費	100,600
減 価 償 却 費	11,400
貸倒引当金繰入	1,600
支 払 利 息	(　　　　)
備 品 売 却 損	4,600
当 期 純 利 益	(　　　　)

【資料2】補足事項

1　商品の仕入及び売上は、すべて掛けによる。

2　毎期売掛金残高の2％の貸倒引当金を設定し、差額補充法により処理している。

3　当期中に処分された備品の売却収入は2,000千円であった。

4　当期の売上高に占める売上総利益の割合は25％であった。

5　繰越利益剰余金から10,000千円の配当を行い、会社法に定める最低額の利益準備金を設定した。

A社の当期（×1年4月1日～×2年3月31日）に関する下記の【資料1】～【資料2】に基づいて、以下の(1)と(2)に答えなさい。

(1) 現金の実際残高の金額を計算しなさい。

(2) 現金過不足の金額を計算しなさい。なお、雑損失となる場合には金額の前に△を付すこと。

【資料1】

決算整理前残高試算表（一部）　　（単位：円）

現　　　金	2,065,400	

【資料2】決算整理事項

　決算整理に当たり現金の実際残高を調べたところ、次のものが保管されており、それぞれの項目は適正に処理されている。現金の帳簿残高と実際残高の差額については、雑収入又は雑損失に計上する。

(1)	国内通貨	674,900円
(2)	外国通貨	5,200ユーロ
(3)	長期の先日付小切手	80,000円
(4)	他人振出の当座小切手	164,000円
(5)	自己振出の当座小切手	63,000円
(6)	振替口座払出証書	140,000円
(7)	配当金領収書	120,000円
(8)	送金為替手形	50,000円
(9)	普通為替証書	87,000円
(10)	社債利札（期日未到来）	75,000円
(11)	収入印紙・切手（未使用）	7,450円
(12)	金銭消費貸借契約書	500,000円
(13)	送金小切手	89,000円

　なお、(2)の外国通貨の取得時における為替相場は1ユーロ＝140円、×2年3月31日における為替相場は1ユーロ＝134円である。

B社の当期（×1年4月1日～×2年3月31日）に関する下記の【資料1】～【資料2】に基づいて、以下の(1)と(2)の金額を計算しなさい。

(1) 現金過不足の金額。なお、雑損失となる場合には金額の前に△を付すこと。

(2) 貸借対照表に計上される「現金及び預金」の金額。

【資料1】

決算整理前残高試算表（一部）　　　　　（単位：千円）

現　　　　　金	8,230	
当 座 預 金	153,400	

【資料2】決算整理事項

1　現金

期末に金庫内を実査したところ、次の(1)～(3)が現金として処理されていることが判明した。

(1) 紙幣及び硬貨2,900千円。

(2) 他人振出小切手4,800千円。このうち2,200千円は得意先の振り出した×2年5月10日付の小切手であった。

(3) 自己振出の小切手を回収したもの600千円（下記2の(2)参照）。

このほか、社債利札1,000千円（支払期日の既に到来したもの）が保管されていたが、これについては未記帳であった。

現金出納帳残高と実際有高との差額は、原因不明であるため営業外損益で処理する。

2　当座預金

銀行残高証明書の残高と不一致であったため、その差異原因を調査したところ、次の事項が判明した。

(1) 営業費の支払として、5,250千円の小切手を振り出して支払っていたが、誤って5,050千円として記帳していた。

(2) 営業費の支払として取引先に対して振り出した小切手で、取引先から銀行に支払呈示されていない小切手が1,400千円あった。そのうち600千円は、B社で自己振出の小切手を回収し現金として記帳されていた。

(3) 2月末に割り引いていた手形3,500千円が不渡りとなり、その買い戻し金が預金から引き落とされていたが未記帳であった。

C社の当期（×1年4月1日～×2年3月31日）に関する下記の【資料1】～【資料2】に基づいて、以下の(1)と(2)に答えなさい。

(1) 決算整理前残高試算表上の「当座預金」の金額を計算しなさい。

(2) ×2年3月31日における貸借対照表上の「現金及び預金」の金額を計算しなさい。

【資料1】

決算整理前残高試算表（一部） （単位：円）

小 口 現 金	200,000
当 座 預 金	（各自推定）
外 貨 建 預 金	1,656,000

【資料2】決算整理事項

1 小口現金は営業費の支払として利用しており、毎月1日に残高が200,000円となるように払い出している。3月分の小口現金使用高は170,000円であるとの報告を受けているが未処理となっている。

2 ×2年3月31日における銀行残高証明書の当座預金残高は2,261,400円である。銀行残高証明書から、次のような事実が判明した。

(1) ×2年3月31日に現金421,000円を当座預金に預け入れたが、銀行では翌日付けの入金になっていた。

(2) 得意先振出しの小切手75,000円を当座預金出納帳では入金として扱っていたが、銀行に取立てを依頼したところ不渡りとなり、その旨がC社に未達になっていた。

(3) 銀行に取立てを依頼した手形220,000円が取立て済みであったが、その旨がC社に未達になっていた。なお、取立手数料は1,000円である。

(4) 買掛金の支払として振り出していた小切手150,000円が銀行から支払われていたが、C社は記帳する際、誤って貸借反対に仕訳していた。

(5) 営業費の支払として振り出していた小切手のうち、×2年3月31日において103,000円が銀行で未決済の状態になっていた。

3 外貨建預金はすべてドル建ての普通預金14,000ドルであり、取引内容は以下のとおりであった。なお、×2年3月31日の直物為替相場は1ドル＝111円である。

　　×2年2月10日入金　8,000ドル（直物為替相場は1ドル＝120円）

　　×2年3月10日入金　6,000ドル（直物為替相場は1ドル＝116円）

問題 8　現金預金⑷

⏱ 8分 ／ ／ 答案用紙→P3 解答解説→P120

　D社の当期（×1年4月1日～×2年3月31日）に関する下記の【資料1】～【資料2】に基づいて、決算整理後残高試算表（一部）を作成しなさい。

【資料1】

決算整理前残高試算表（一部）　　　　　　（単位：円）

借　方　科　目	金　　　額	貸　方　科　目	金　　　額
現　金　預　金	14,207,690	買　　掛　　金	17,158,000
売　　掛　　金	20,730,140	短　期　借　入　金	8,250,000
仮　　払　　金	500,000	未　　払　　金	632,500
営　　業　　費	73,480,300	雑　　収　　入	20,000
支　払　利　息	412,500		

【資料2】決算整理事項

1　期末の預金残高を確認したところ、D社のA銀行当座預金帳簿残高は912,650円の貸方残高であるが、A銀行におけるD社の当座預金残高は191,500円のマイナスであった。この原因を調査したところ、次のことが判明した。なお、取引銀行とは当座借越契約を結んでおり、貸方残高は短期借入金に振り替えるものとする。その他の預金については差異がない。

⑴　×2年3月31日に売掛代金482,450円（振込手数料550円控除後）の振込みがあったが、銀行からの通知が遅れたため、D社では未記帳であった。

⑵　買掛金の支払として振り出された小切手150,000円及び営業費の支払として振り出された小切手50,000円が、それぞれ期末日現在未渡しであった。

⑶　買掛金の支払として振り出された小切手のうち未取付分が252,000円あった。

⑷　×2年3月31日に受け取った小切手210,000円は、D社では当座預金に記帳済みであったが、銀行への預入れは×2年4月1日であった。

⑸　残りの差額は借入金利息であり、（各自推定）円がD社で未記帳であった。

2　仮払金の内訳は次のとおりである。

⑴　社員の仮払出張旅費200,000円。社員は帰社し出張旅費の実際発生額は230,000円であった。不足額を現金で支払って精算したが未処理である。出張旅費は営業費とする。

⑵　小口現金300,000円。小口現金として毎月1日に残高が300,000円となるように補給しているが、当月の精算は未済である。報告によれば、3月分の小口現金使用高は215,000円ですべて営業費の支払である。なお、現金の有高は87,000円であった。現金の過不足について原因を追及したが不明であったので、営業外損益として処理する。

E社の以下の【資料】に基づいて、次の(1)と(2)に答えなさい。

(1)　E社で必要となる修正仕訳を答えなさい。なお、仕訳は個々に示すこと。

(2)　E社の修正後の当座預金残高を答えなさい。

【資　料】

　　当座預金については、2月末の時点においてE社の当座預金残高と銀行の当座勘定照合表の残高は一致している。3月中の取引及び記帳の状況は以下のとおりである。

1　E社の3月分の当座預金出納帳の内容（単位：円）

日　付	借　方	貸　方	残　高	小切手No等	摘　要
3月2日		147,000	12,457,000	小切手120	買掛金支払
5日	126,000		12,583,000		売掛金振込入金
7日		105,000	12,478,000	小切手121	営業費支払
15日	900,000		13,378,000		受取手形取立入金
20日		500,000	12,878,000	小切手122	現金引き出し
25日		800,000	12,078,000	手形1051	支払手形支払
30日		168,000	11,910,000	小切手123	買掛金支払
30日	100,000		12,010,000		小切手預入れ（注1）
31日		210,000	11,800,000	小切手124	買掛金支払（注2）

（注1）取立依頼小切手であるが、3月末時点において未取立である。

（注2）仕入先が受取りにこなかったため金庫に保管している。

2　銀行から送付されてきた3月分の当座勘定照合表の内容（単位：円）

日　付	出　金	入　金	残　高	小切手No等	摘　要
3月4日	147,000		12,457,000	小切手120	
5日		125,580	12,582,580		売掛金振込入金（注3）
10日	105,000		12,477,580	小切手121	
15日		900,000	13,377,580		受取手形取立入金
20日	550,000		12,827,580	小切手122	
25日	800,000		12,027,580	手形1051	
31日		500,000	12,527,580		受取手形取立入金

（注3）振込入金からは振込手数料（E社負担）が差し引かれている。

10分 ／ ／ 答案用紙→P5 解答解説→P124

A社の当期に関する以下の【資料1】～【資料2】に基づいて、決算整理前残高試算表（一部）を作成しなさい。

【資料1】

前期末の残高勘定（一部）　　　　　（単位：千円）

受　取　手　形	17,800	支　払　手　形	15,700
売　　掛　　金	39,700	買　　掛　　金	28,800
前　　渡　　金	1,200	前　　受　　金	1,000
		貸　倒　引　当　金	1,150

【資料2】期中取引に関する事項

1　商品売買

(1)　当期商品仕入高の内訳は、小切手の振出し31,800千円、約束手形の振出し54,000千円、掛けによる仕入172,000千円、所有手形の裏書譲渡による仕入37,000千円（手形の裏書に伴う保証債務は額面の2％を計上する）、前渡金による仕入2,200千円である。

(2)　当期売上高の内訳は、他社振出小切手の受領49,300千円、他社振出約束手形の受領65,000千円、掛による売上340,000千円、自己振出約束手形の受領23,000千円、前受金による売上2,700千円である。

2　債権債務

(1)　約束手形6,000千円を割り引き、割引料100千円が差し引かれ、残額が当座預金に入金された（手形の割引に伴う保証債務は額面の2％を計上する）。

(2)　買掛金18,000千円決済のため、売掛金のある得意先の引受けを得て為替手形を振り出した。

(3)　前期に計上した売掛金500千円が回収不能となった。

(4)　前受金受領額は2,400千円、前渡金支払額は1,500千円である。

(5)　売掛金の回収は、預金への振込み120,100千円、他社振出約束手形の受領190,800千円である。また、受取手形の期日決済額211,400千円は当座預金に入金された。

(6)　買掛金の支払は、小切手の振出しによる支払32,900千円、約束手形の振出し124,200千円である。また、支払手形の期日支払額135,100千円は当座預金から支払われた。

(7)　裏書手形37,000千円及び割引手形6,000千円は満期日に決済された。

B社の当期（×1年4月1日～×2年3月31日）における以下の【資料1】～【資料2】に基づいて、決算整理後残高試算表（一部）を作成しなさい。

【資料1】

決算整理前残高試算表（一部）　　　　　（単位：円）

電 子 記 録 債 権	5,500,000	電 子 記 録 債 務	4,500,000
売 　 掛 　 金	3,560,000	買 　 掛 　 金	3,400,000
クレジット売掛金	1,700,000	売 　 　 　 上	95,000,000
支 払 手 数 料	300,000		
電子記録債権売却損	80,000		
売 上 債 権 売 却 損	200,000		

【資料2】決算整理事項

1　×2年1月20日に売掛金2,000,000円をファクタリング会社に償還請求権なし（ノンリコース）の条件で譲渡し、買取手数料が差し引かれた残額が当座預金に入金されたが、未処理となっている。ファクタリング会社に支払う買取手数料は、譲渡した売掛金の5％である。

2　×2年3月15日に買掛金1,000,000円の支払いを電子債権記録機関で行うため、取引銀行を通して債務の発生記録を行ったが、未処理となっている。

3　×2年3月20日に電子記録債権のうち1,500,000円を取引銀行で割り引き、割引料30,000円が差し引かれた残額が当座預金に入金されたが、未処理となっている。なお、保証債務の計上は考慮不要である。

4　×2年3月30日に商品3,000,000円をクレジット払いの条件で販売したが、未処理となっている。なお、信販会社へのクレジット手数料は販売代金の4％である。クレジット手数料は販売時に計上する。

5　×2年2月1日に営業用車両（現金販売価格6,000,000円）を購入し、同日より使用を開始した。支払いは金利相当額を含む総額6,250,000円を5回分割払いとし、×2年2月末から毎月末に1,250,000円を支払うこととした。2月末及び3月末に当座預金より支払ったが、何の処理もしていない。なお、金利相当額は重要性が乏しいことから定額法により期間配分する。また、債務額は金利相当額を含めた金額を債務額として計上する。車両の減価償却費の計上は、定額法、耐用年数5年、残存価額ゼロ、直接控除法、月割計算による。

C社の当期（×8年4月1日～×9年3月31日）に関する以下の【資料1】～【資料2】に基づいて、決算整理後残高試算表（一部）を作成しなさい。

【資料1】

決算整理前残高試算表（一部）　　　　　（単位：千円）

借 方 科 目	金　　額	貸 方 科 目	金　　額
受 取 手 形	182,000	貸 倒 引 当 金	3,500
売 掛 金	102,000	雑 収 入	1,500

【資料2】決算整理事項

C社は金銭債権を「一般債権」「貸倒懸念債権」「破産更生債権等」に区分して貸倒引当金を設定している。なお、繰入れは差額補充法により行う。

1 当期にX社が倒産した。倒産後X社から「すべての財産を換金したので最後の支払いをする」という連絡があり、売掛代金の一部金1,500千円が振り込まれてきた。C社では、その振り込まれてきた金額を雑収入に計上したが、倒産時点の売掛金残高4,000千円（前期に発生）については何らの処理も行っていない。なお、X社に対する売掛金は前期末においては一般債権として区分されていた。残高試算表の貸倒引当金は前期末残高であり、個別に評価したものはない。

2 前期より回収遅延が生じていたZ社に対する売掛金3,000千円を、一般債権から貸倒懸念債権に変更することとした。この債権に対しては担保設定等の債権保全手続は取っていない。C社の債権で貸倒懸念債権として区分されるのは、Z社に対する債権のみである。Z社の財政状態を考慮して、債権残高の60％相当額の貸倒引当金を設定する。

3 ×9年1月にY社が自己破産の申立てを行ったが、C社は何ら処理していない。Y社に対する債権は、受取手形12,000千円及び売掛金5,000千円で、これらの債権に対して担保設定を行っている。Y社に対する債権については破産更生債権等に振り替え、担保の処分見込額6,000千円を減額した残高の100％相当額の貸倒引当金を設定する。

4 一般債権については、過去3年間の貸倒実績率（一般債権の期末残高に対する翌期1年間の貸倒実績額の割合）の平均値に基づいて貸倒引当金を設定する。

	前々々期	前々期	前　期	当　期
一般債権期末残高	200,000千円	240,000千円	250,000千円	（各自計算）
貸 倒 実 績 額	—	2,800千円	3,600千円	（各自計算）

　D社（会計期間４月１日～翌３月31日）に関する以下の【資料１】に基づいて、【資料２】D社の会計処理の①～④の金額を答えなさい。現在価値の算定で円未満の端数が生じる場合は、そのまま計算を続け、最終段階で円未満を四捨五入する。

【資料１】M社に対する長期債権の契約内容等
　1　D社は×１年４月１日に、取引先M社に対して長期貸付けを行った。当初の契約内容は以下のとおりである。
　　⑴　貸付金額　　　　　　1,000,000円
　　⑵　貸付日　　　　　　　×１年４月１日
　　⑶　返済期日　　　　　　×６年３月31日（一括返済）
　　⑷　期間　　　　　　　　５年
　　⑸　約定利子率　　　　　年５％
　　⑹　利払日　　　　　　　年１回３月末日
　2　M社はかねてより業績不振であり、×３年３月末にM社から支払条件の緩和の申し出があり、返済期日は変更せず、×３年４月１日以降の適用利子率を年２％に変更した。このため、×３年３月末においてM社に対する長期貸付金を貸倒懸念債権に区分し、キャッシュ・フロー見積法に基づく貸倒見積高を貸倒引当金として計上することとした。

【資料２】D社の会計処理
　1　×３年３月31日

借　方　科　目	金　　額	貸　方　科　目	金　　額
貸 倒 引 当 金 繰 入	①	貸 　倒 　引 　当 　金	①

　2　×４年３月31日

借　方　科　目	金　　額	貸　方　科　目	金　　額
現 　金 　預 　金	②	受 　取 　利 　息	②
貸 　倒 　引 　当 　金	③	受 　取 　利 　息	③

　3　×５年３月31日

借　方　科　目	金　　額	貸　方　科　目	金　　額
現 　金 　預 　金	②	受 　取 　利 　息	②
貸 　倒 　引 　当 　金	④	受 　取 　利 　息	④

A社の当期（×2年4月1日〜×3年3月31日）に関する下記の【資料】に基づいて、以下の(1)と(2)を計算しなさい。

なお、計算の結果端数が生じる場合には、千円未満を四捨五入すること。

(1)　当期末の投資有価証券の額

(2)　当期の有価証券利息

【資　料】

A社は、以下の2種類の満期保有目的債券を保有している。なお、額面金額と取得価額との差額はすべて金利の調整部分である。また、償却原価法の適用に当たっては利息法とする。

1　X社債

額　面　金　額：10,000千円

取　得　価　額：9,500千円

取　　得　　日：×1年4月1日

償　還　期　間：×1年4月1日から×6年3月31日

クーポン利子率：年3.00％

実　効　利　子　率：年4.12％

利　　払　　日：年2回（9月30日と3月31日）

2　Y社債

額　面　金　額：10,000千円

取　得　価　額：10,600千円

取　　得　　日：×2年4月1日

償　還　期　間：×2年4月1日から×5年3月31日

クーポン利子率：年6.00％

実　効　利　子　率：年3.86％

利　　払　　日：年2回（9月30日と3月31日）

答案用紙→P7
解答解説→P134

8分

B社の当期（×2年4月1日～×3年3月31日）に関する下記の【資料】に基づいて、以下の問に答えなさい。

(1) 評価差額について、全部純資産直入法により処理した場合の、決算整理後残高試算表を作成しなさい。

(2) 評価差額について、部分純資産直入法により処理した場合の、決算整理後残高試算表を作成しなさい。

【資　料】

B社の保有する投資有価証券の内訳は以下のとおりである。

投資有価証券の期末評価は、金融商品に関する会計基準及び金融商品会計に関する実務指針等に基づき処理する。

評価差額については税効果会計を適用し、その適用に当たっては法定実効税率を40％として計算する。なお、前期末及び当期末における税効果会計の対象項目は投資有価証券のみであり、繰延税金資産と繰延税金負債とは相殺しないこととする。

銘　柄	保有目的	取得原価	前期末時価	当期末時価
X社株式	その他有価証券	100,000千円	40,000千円	30,000千円
Y社株式	その他有価証券	60,000千円	58,000千円	63,000千円
Z社社債	その他有価証券	97,000千円	―	99,000千円

1　X社株式は、前期末において、時価が著しく下落し、かつ取得原価まで回復する見込みがあるとは認められないと判断して、減損処理を行っている。この評価差額については、税務上も損金処理している。

2　Z社社債は、×2年4月1日に取得したもので、額面金額は100,000千円、満期日は×5年3月31日である。クーポン利子率は年利2％で、利払日は毎年9月末日と3月末日の年2回である。償却原価法を適用するに当たり、定額法を採用するものとする。

　C社の当期（×2年4月1日〜×3年3月31日）に関する下記の【資料1】〜【資料2】に基づいて、決算整理後残高試算表（一部）を作成しなさい。

　有価証券の売買については、売買の約定日において認識するものとし、売却原価の計算は移動平均法により算定し、売却に係る手数料は売却損益に含めることとする。

　その他有価証券の期末評価は、市場価格に基づく時価で行い、評価差額は税効果会計を考慮するとともに、全部純資産直入法により処理する。なお、法定実効税率は40％として計算する。

【資料1】

決算整理前残高試算表（一部）　　　（単位：円）

借　方　科　目	金　　額	貸　方　科　目	金　　額
仮　　払　　金	6,800,000		
投 資 有 価 証 券	6,400,000		

【資料2】決算整理事項

　投資有価証券の内訳は、甲社株式10,000株である。

　甲社株式は、上場株式であり、保有目的はその他有価証券である。上記に示した株式数は、期首に所有していた株式数である。

　×2年7月15日に、甲社株式10,000株を購入した。1株当たりの購入価額は675円で、手数料50,000円とともに支払ったが、仮払金に計上したままになっている。

　×2年10月30日に甲社株式の株式分割が行われ、1株が2株へと分割された。

　×3年3月30日に甲社株式を売却したが、未処理になっている。売買報告書の内容は以下のとおりである。

　　　売買報告書
　売　　　却　　　日：×3年3月30日
　売却代金の支払日：×3年4月2日
　売　却　単　価：400円
　売　却　株　式　数：5,000株
　売　却　代　金：2,000,000円
　手　　数　　料：20,000円
　差引お支払金額：1,980,000円
　甲社株式の期末時価は1株当たり390円である。

D社の当期（×2年4月1日～×3年3月31日）に関する下記の【資料1】～【資料2】に基づいて、決算整理後残高試算表（一部）を作成しなさい。

【資料1】

決算整理前残高試算表（一部）　　　　　　（単位：円）

借　方　科　目	金　　　額	貸　方　科　目	金　　　額
投 資 有 価 証 券	57,000,000		

【資料2】決算整理事項

D社の所有する投資有価証券は社債及び株式であり、次のような内容からなっている。

1　社債については、×3年3月1日に満期まで保有することを目的として、N社社債60,000口を購入し、経過利息45,000円とともに支払ったが、会計処理は未済である。なお、N社社債の額面金額は1口100円、購入時における裸相場は1口96円、クーポンの利子率は年3％、利払日は11月末日と5月末日である。償還日は×4年5月末日である。額面金額と取得価額との差額はすべて金利調整差額であるため、定額法による償却原価法を適用する。

なお、有価証券利息の計算方法は月割計算とする。

2　株式はすべてその他有価証券に分類されるものである。評価については、市場価格のある株式は期末の市場価格に基づく時価法（評価差額は税効果会計を考慮するとともに、全部純資産直入法により処理する。また、法定実効税率を40％とする。）、市場価格のない株式は原価法によっている。

なお、期末の市場価格あるいは純資産額が取得原価の50％以上下落した場合には、取得原価まで回復する見込みがないものとして、減損処理を行う。この評価差額については、税務上も損金処理するものとする。

銘　　柄	数　　　量	取得原価	期末における1株当たりの市場価格	期末における1株当たりの純資産額	市場価格
H社株式	70,000株	52,500,000円	700円	600円	市場価格あり
I社株式	5,000株	2,000,000円	150円	180円	市場価格あり
J社株式	1,000株	1,000,000円	—	400円	市場価格なし
K社株式	2,000株	1,500,000円	—	600円	市場価格なし

8分　　/　　/　　答案用紙→P8　解答解説→P140

E社の当期（×2年4月1日～×3年3月31日）に関する下記の【資料1】～【資料2】に基づいて、決算整理後残高試算表（一部）を作成しなさい。

【資料1】

決算整理前残高試算表（一部）　　　　　　（単位：円）

借　方　科　目	金　　額	貸　方　科　目	金　　額
有　価　証　券	5,000,000	受　取　配　当　金	2,500,000
投　資　有　価　証　券	356,000,000	有　価　証　券　運　用　損　益	640,000

【資料2】決算整理事項

期末に保有する有価証券の内訳は、以下のとおりである。

なお、その他有価証券の評価差額については全部純資産直入法（税効果会計を適用し、法定実効税率は40％として計算する）により処理する。

銘　柄	数　量	帳　簿　価　額	期末における1株当たりの時価	備　考
X社株式	8,000株	5,000,000円	650円	注1
Y社株式	200,000株	340,000,000円	1,500円	注2
Z社株式	5,000株	16,000,000円	2,900円	注3

（注1）　X社株式は、当期中に資産運用方針の変更に伴い、有価証券の短期売買を行わないこととしたため、保有目的を売買目的有価証券からその他有価証券に変更したが、未処理である。なお、変更時のX社株式の時価は1株当たり600円であった。

（注2）　Y社株式は、当期に100,000株を1株当たり1,800円で追加取得した。その結果、持株比率が20％となったため、保有目的をその他有価証券から関係会社株式に変更したが、追加取得分を投資有価証券に計上したのみで、変更の処理は未処理である。

（注3）　Z社株式は、その他有価証券に区分している。当期に配当金500,000円（内訳は、その他資本剰余金を財源とするもの100,000円、繰越利益剰余金を財源とするもの400,000円）を受け取ったが、その全額を受取配当金に計上している。

問1 次の【資料】に基づいて、以下の(1)と(2)に答えなさい。仕訳が不要である場合には、借方勘定科目に「仕訳なし」と記入しなさい。A社とB社はX社株式を、その他有価証券に分類しており、評価差額の処理は全部純資産直入法による。なお、税効果は考慮不要である。

【資 料】

1 ×7年3月30日。A社は、X社株式（帳簿価額20,000千円）を、25,000千円でB社に売却する契約を締結した。

2 ×7年3月31日。決算日。この日のX社株式の時価は26,000千円であった。

3 ×7年4月1日。期首。

4 ×7年4月2日。B社は、X社株式を受け取り、代金全額を現金で支払った。この日のX社株式の時価は24,000千円であった。

(1) 約定日基準によったとき、×7年3月30日と×7年3月31日に必要となるA社とB社それぞれの仕訳を答えなさい。

(2) 修正受渡日基準によったとき、×7年3月30日と×7年3月31日に必要となるA社とB社それぞれの仕訳を答えなさい。

問2 次の【資料】に基づいて、以下の(1)と(2)に答えなさい。

【資 料】

1 ×8年5月1日。C社は、Y社が発行した新株予約権を取得し、対価は現金で支払った。

取得総額：8,000千円

取得総数：100個

目的となるY社の株数：新株予約権1個につき20株

権利行使時の払込価額：新株予約権1個につき500千円

2 ×8年11月1日。C社は、新株予約権のうち70%を権利行使し、対価は現金で支払った。同日における新株予約権の時価は、1個あたり90千円である。

(1) 新株予約権及び株式について、いずれも売買目的有価証券に区分した場合の、×8年11月1日のC社の仕訳を答えなさい。

(2) 新株予約権及び株式について、いずれもその他有価証券に区分した場合の、×8年11月1日のC社の仕訳を答えなさい。

A社の当期（×10年4月1日～×11年3月31日）に関する下記の【資料1】～【資料2】に基づいて、決算整理後残高試算表（一部）を作成しなさい。なお、金額計算は月割計算とし、円未満の端数が生じた場合は、円未満を切り捨てる。

【資料1】

決算整理前残高試算表（一部）　　　　　（単位：円）

建　　　　物	78,000,000	建物減価償却累計額　15,600,000
備　　　　品	（各自推定）	備品減価償却累計額　　　950,000
車　　　　両	10,600,000	車両減価償却累計額　3,200,000
修　　繕　　費	16,900,000	

【資料2】決算整理事項

1　減価償却についての留意事項

(1)　建物及び車両は、定額法で行っている。

(2)　備品は前期まで定額法で行っていたが当期首より定率法へ変更する。これは会計上の見積りの変更によるものである。

(3)　いずれの資産に関しても、残存価額はゼロとする。

2　各資産についての留意事項

(1)　建物は、×6年4月1日に取得し、耐用年数は20年であったが、×10年4月1日に改修工事が完成し、工事代金16,900,000円が支出された。改修後の耐用年数は10年間延長されることとなったが、工事代金は全額修繕費として処理されたままであったので、耐用年数延長に見合う支出額を資本的支出として処理することとした。

(2)　備品には備品Eと備品Fがあり、それぞれ次のとおりである。

①　備品Eは、×8年4月1日に取得。耐用年数6年。

②　備品Fは、×9年4月1日に取得。耐用年数6年、取得原価は2,700,000円。

③　定率法による償却率は、次のとおりである。

耐用年数6年：0.333、耐用年数5年：0.400、耐用年数4年：0.500

(3)　車両には車両Xと車両Yがあり、それぞれ次のとおりである。

①　車両Xは、×8年8月1日に取得。耐用年数5年。

②　車両Yは、×7年4月1日に取得。耐用年数5年、取得原価は3,000,000円であるが、×10年6月30日に1,100,000円で下取りに出し、新車両Zを4,500,000円（定価）で取得した。この取引に関しては、支払額を車両に計上したのみで、それ以外は未処理となっている。新車両Zは、耐用年数5年、×10年7月1日から使用している。

答案用紙➡P10
解答解説➡P146

7分

B社の当期（×10年4月1日～×11年3月31日）に関する下記の【資料1】～【資料2】に基づいて、決算整理後残高試算表（一部）を作成しなさい。なお、問題文に出てくる金額はすべて円単位である。また、計算の結果、円未満の端数が生じた場合は、円未満を四捨五入すること。

【資料1】

決算整理前残高試算表（一部）　　　（単位：円）

借　方　科　目	金　　額	貸　方　科　目	金　　額
仮　　払　　金	5,600,000		
建　　　　　物	70,400,000		
車　　　　　両	864,000		
器　具　備　品	2,880,000		

【資料2】決算整理事項

有形固定資産の内訳は以下のとおりである。なお、残存価額は0円とし、売却又は新規取得した資産については月割りで減価償却計算を行う。

種　　類	取得年月	取得価額	帳簿価額	償却方法	耐用年数	償却率
建　　物	×7年4月	80,000,000	70,400,000	定額法	25年	―
車　両　A	×7年4月	4,000,000	864,000	定率法	5年	0.400
車　両　B	×10年12月	（各自計算）	（各自計算）	定率法	5年	0.400
器具備品	×9年4月	3,600,000	2,880,000	定額法	5年	―

1　×10年12月1日に車両Bを購入した。その際、車両Aを900,000円（適正時価は700,000円）で下取りしてもらい、差引き5,600,000円を現金で支払ったが、支払額で仮払金に計上している。車両Aは11月まで減価償却計算を行う。購入明細書は以下のとおりである。

車両本体価格	6,000,000円
車両付属品	450,000円
登録諸費用	50,000円
下取価額	△　900,000円
差引支払額	5,600,000円

2　器具備品は、当期首において新機種の登場により著しく陳腐化したため、耐用年数を3年に変更することとした。当該変更は会計上の見積りの変更に該当するものである。

⏱ 8分	／	／	答案用紙→P10
			解答解説→P148

　C社の当期（×20年4月1日～×21年3月31日）に関する下記の【資料1】～【資料2】に基づいて、決算整理後残高試算表（一部）を作成しなさい。なお、計算の結果、円未満の端数が生じた場合は、円未満を四捨五入すること。問題文に出てくる金額の単位は円である。

【資料1】

決算整理前残高試算表（一部）　　　　　　　（単位：円）

借　方　科　目	金　　額	貸　方　科　目	金　　額
建　　　　　　物	141,600,000	仮　受　金	40,000,000
車　　　　　　両	1,296,000		
器　具　備　品	1,200,000		
建　設　仮　勘　定	60,000,000		

【資料2】決算整理事項

　有形固定資産の各勘定科目の内訳は次のとおりである。なお、残存価額は0円とする。

勘定科目	用　途	事業供用年月	取得価額	帳簿価額	償却方法	耐用年数
建　　物	事務所	×16年4月	120,000,000	108,000,000	定額法	40年
	倉　庫	×17年4月	48,000,000	33,600,000	定額法	10年
車　　両	営業用	×17年4月	6,000,000	1,296,000	定率法	5年
器具備品	事務用	×18年4月	3,000,000	1,200,000	級数法	5年

1　×17年4月から倉庫として使用している建物は、×20年5月20日に火災により焼失した。保険金40,000,000円の支払を受け、新たに取得価額60,000,000円の倉庫（耐用年数10年）を新築し、×20年11月より事業の用に供している。C社は、入金した保険金を仮受金に計上し、新築した倉庫については建設仮勘定としている。

　　なお、焼失した倉庫については会計処理を行っていない。焼失した倉庫については焼失した月までの減価償却を行い、簿価と保険金との差額は保険差益とする。

　　また、保険差益について積立金方式による圧縮記帳を行う。圧縮積立金については税効果会計を適用することとし、法定実効税率は40％として計算する。

2　車両の定率法償却率は0.400、改定償却率は0.500、保証率は0.10800である。なお、期首帳簿価額に定率法償却率を乗じて計算した調整前償却額が、取得原価に保証率を乗じて計算した償却保証額に満たない場合には、期首帳簿価額を改定取得原価とし、改定取得原価に改定償却率を乗じて減価償却計算を行う。

　D社の当期（×20年4月1日〜×21年3月31日）に関する下記の【資料1】〜【資料2】に基づいて、決算整理後残高試算表（一部）を作成しなさい。なお、問題文に出てくる金額の単位は円である。

【資料1】

決算整理前残高試算表（一部）　　　　　　　（単位：円）

借　方　科　目	金　　　額	貸　方　科　目	金　　　額
建　　　　　物	133,500,000		
車　　　　　両	1,920,000		
土　　　　　地	30,000,000		
建　設　仮　勘　定	80,000,000		

【資料2】決算整理事項

　試算表の有形固定資産の内訳は以下のとおりである。D社は、前期まで有形固定資産については直接法で記帳してきたが、当期からすべて間接法に変更することとした。

勘定科目	事業供用年月	取得価額	帳簿価額	償却方法	耐用年数	償却率
建　　物	×17年7月	（各自計算）	133,500,000	定額法	25年	—
車　　両	×18年10月	（各自計算）	1,920,000	定率法	5年	0.400

1　新店舗建設のため、×20年5月に土地及び建物を30,000,000円で取得した。その後、建物を取り壊し、建物及び駐車場を建設した。工事は×20年11月1日に竣工し同日より事業の用に供した。D社は、土地及び建物の購入代金30,000,000円と工事代金のうち50,000,000円を建設仮勘定に計上したがその他の会計処理は未処理である。なお、工事代金の残額については翌期に支払う。工事代金の請求書の内容は以下のとおりである。

建物本体建設費用	135,000,000
建物付属設備工事費用	18,000,000
建物解体撤去費用	4,000,000
整地費用（造成・改良費用）	5,000,000
駐車場舗装工事費用	6,000,000
前受金入金	△　50,000,000
差引請求金額	118,000,000

2　減価償却計算は、残存価額を0円とし、月割計算による。当期に取得した有形固定資産の耐用年数は、建物30年、建物付属設備15年、構築物10年であり、いずれも定額法による。

E社の当期（×20年4月1日～×21年3月31日）に関する下記の【資料1】～【資料2】に基づいて、決算整理後残高試算表（一部）を作成しなさい。なお、問題文に出てくる金額の単位は円である。

【資料1】

決算整理前残高試算表（一部）　　　　　　（単位：円）

借　方　科　目	金　　額	貸　方　科　目	金　　額
建　　　　　物	116,740,000		
建 物 付 属 設 備	6,392,000		

【資料2】決算整理事項

有形固定資産の内訳は以下のとおりである。

種　　類	事業供用年月	取得価額	帳簿価額	耐用年数	償却率
建　　　物	×17年4月	130,000,000	116,740,000	30年	0.034
建物付属設備	×17年4月	8,000,000	6,392,000	15年	0.067

1　建物の内装の改良工事を行った。請求書の内容は以下のとおりであり、未払金に計上する。

内　　訳	金　　額
内装改良代金	8,000,000
付属設備除却費用	2,000,000
値引額	△　1,000,000
差引請求額	9,000,000

値引額は内装改良代金と付属設備除却費用に値引き前の金額で按分し、値引額按分後の内装改良代金を建物付属設備の取得価額とし、値引額按分後の付属設備除却費用は、既存の付属設備の固定資産除却損に含めて処理する。

この改良工事は×21年2月10日に完了し、同日より事業の用に供している。改良工事による新規の建物付属設備の耐用年数は15年とする。

なお、この工事に伴い、既存の建物付属設備の60％を1月に除却している。

2　減価償却の方法は、定額法によるものとし、残存価額は0円とする。

なお、除却した資産については除却した月まで、新規取得した資産については事業の用に供した月から、それぞれ月割りで減価償却計算を行う。

　以下の【資料】は、F社（会計期間4月1日～翌3月31日）の設備Xに関する処理である。【資料】に基づき、以下の(1)と(2)に答えなさい。なお、空欄＊の勘定科目と金額については各自で推定しなさい。また、計算上、千円未満の端数は四捨五入しなさい。

(1)　空欄①～④の金額を答えなさい。

(2)　×4年3月31日の仕訳を答えなさい。

【資　料】

1　×1年4月1日に設備X（取得価額180,000千円、耐用年数3年）を取得し使用を開始したが、当該設備については使用後に除去する法的義務を負っており、取得時に資産除去債務として負担する金額を負債に計上し、当該設備の帳簿価額を同額増加させる処理を行う。

　　×1年4月1日において、3年後の除去のための将来キャッシュ・フローを40,000千円と見積もり、×1年4月1日時点における利付国債（残存期間3年）の流通利回りである3％を割引率として、現在価値に割り引いた金額を資産除去債務として計上する。

　　なお、設備Xに係る資産除去債務は取得時にのみ発生するものとする。

　　また、設備Xの減価償却は、耐用年数3年、残存価額をゼロとする定額法（ただし、間接控除法）による。

| 設　　　　　　　備 | ① | 現　　　　　　　金 | 180,000 |
| | | ＊ | ＊ |

2　×2年3月31日。2年後の除去費用見積額に変更はない。

| ＊ | ＊ | 減 価 償 却 累 計 額 | ＊ |
| 利　息　費　用 | ＊ | ＊ | ② |

3　×3年3月31日。1年後の除去費用見積額を46,000千円と見積もった。増額分6,000千円については、×3年3月31日における利付国債（残存期間1年）の流通利回りである2.5％を割引率として、現在価値に割り引いた金額を設備及び資産除去債務に増額する処理を行った。

減 価 償 却 費	＊	＊	＊
利　息　費　用	③	＊	＊
＊	＊	資 産 除 去 債 務	④

4　×4年3月31日。設備Xの除去に伴い、実際除去費用46,500千円を現金で支払った。

G社の当期（×20年4月1日～×21年3月31日）に関する下記の【資料1】～【資料2】に基づいて、決算整理後残高試算表（一部）を作成しなさい。なお、金額計算で円未満の端数が出た場合は、円未満を四捨五入する。また、問題文に出てくる金額の単位は円である。

【資料1】

決算整理前残高試算表（一部）　　　　　　（単位：円）

借　方　科　目	金　　額	貸　方　科　目	金　　額
建　　　　　物	30,000,000	建物減価償却累計額	3,000,000
器　具　備　品	5,000,000	器具備品減価償却累計額	1,500,000
土　　　　　地	11,000,000		

【資料2】決算整理事項

G社の有形固定資産の内訳は以下のとおりである。

種　　類	取得価額	帳簿価額	事業供用年月	耐用年数	償却方法	残存価額
建　　物	30,000,000	27,000,000	×17年4月	30年	定額法	ゼロ
器具備品	5,000,000	3,500,000	×17年4月	10年	定額法	ゼロ
土　　地	11,000,000	11,000,000	×16年2月	―	―	―

1　上記の有形固定資産については、当期末において経営環境が著しく悪化しており、減損の兆候が認められた。

2　主要な資産の経済的残存耐用年数は15年であり、将来キャッシュ・フローは次のように見積もっている。

　　×22年3月期から×36年3月期まで：各年度2,000,000円

　　×36年3月期末における正味売却価額：8,000,000円（処分費用見込額控除後）

3　割引率は3％とし、期間15年の年金現価係数は11.938、現価係数は0.642とする。

4　当期末時点での正味売却価額（処分費用見込額控除後）は28,000,000円である。

5　減損処理を行う場合、認識された減損損失は、当期末の帳簿価額に基づく比例配分により各資産に配分する。なお、減損損失は取得価額から直接控除し、控除後の金額をその後の取得価額とする。

H社は、A、B、Cの資産グループにより3つの事業を営むとともに、共用資産として本社の土地及び建物を所有している。資産グループB、Cに関連する事業の経営環境が悪化し、減損の兆候がみられる。また、共用資産としての本社の土地及び建物についても、減損の兆候が認められる。下記の【資料】に基づいて、以下の(1)～(3)に答えなさい。

(1) 資産グループCの減損損失の金額を答えなさい。

(2) 資産グループAに配分される減損損失の金額を答えなさい。

(3) 資産グループBの減損処理後の帳簿価額を答えなさい。

【資 料】

1 A、B、Cの資産グループ及び共用資産の帳簿価額、割引前将来キャッシュ・フロー及び回収可能価額は以下のとおりである。

	資 産グループA	資 産グループB	資 産グループC	共用資産
帳 簿 価 額	520,000千円	500,000千円	360,000千円	400,000千円
割 引 前 将 来キャッシュ・フロー	600,000千円	540,000千円	(各自計算)	
回 収 可 能 価 額	500,000千円	420,000千円	(各自計算)	

2 資産グループCに関するデータは以下のとおりである。

(1) 将来キャッシュ・フロー

	1年後	2年後	3年後	4年後	5年後
キャッシュ・フロー	40,000千円	40,000千円	40,000千円	40,000千円	40,000千円

(2) 経済的残存耐用年数は5年であり、5年経過後の正味売却価額は60,000千円である。

(3) 割引率は5％とし、期間5年の年金現価係数は4.33、現価係数は0.78とする。

(4) 資産グループCの当期末時点での正味売却価額は200,000千円である。

3 共用資産を含むより大きな単位での割引前将来キャッシュ・フローは1,580,000千円である。また、その回収可能価額は1,320,000千円である。

4 H社は、共用資産を含むより大きな単位で減損会計を適用している。

5 共用資産の正味売却価額は180,000千円である。

6 共用資産に配分された減損損失が、共用資産の帳簿価額と正味売却価額の差額を超過する場合には、回収可能価額を下回らないように、各資産グループの帳簿価額と回収可能価額の差額の比率に基づいて配分する。

答案用紙→P13
解答解説→P160

7分

　A社の当期（×1年4月1日～×2年3月31日）に関する下記の【資料】に基づいて、以下の(1)～(3)に答えなさい。なお、解答に当たり端数が生じた場合は、百円の位を四捨五入して千円単位で示すこと。

　(1)　×1年9月30日に、1回目のリース料を支払ったときの仕訳を示しなさい。

　(2)　×2年3月31日に、2回目のリース料を支払ったときの仕訳を示しなさい。

　(3)　当期のリース資産の減価償却費を計算しなさい。

【資　料】

　A社は、×1年4月1日に、M社（貸手）と以下の条件で備品のリース契約を結んだ。

　(1)　解約不能のリース期間　5年

　(2)　リース期間終了後に所有権が無償で借手に移転される。

　(3)　リース料　月額1,000千円　支払は半年ごと（9月30日と3月31日の後払い）
　　　　　　　　　　リース料総額　60,000千円

　(4)　借手の見積現金購入価額　49,900千円（貸手の購入価額は不明である）

　(5)　リース物件の経済的耐用年数　6年

　(6)　借手の追加借入利子率　年6％（貸手の計算利子率は不明である）

　(7)　リース料総額の割引現在価値が見積現金購入価額の90％以上である場合、もしくは解約不能のリース期間がリース物件の経済的耐用年数の75％以上である場合のいずれかに該当する場合には、ファイナンス・リース取引に該当するものとし、売買処理による会計処理を適用する。

　(8)　リース資産の減価償却は、残存価額を0円とする定額法（間接法）で行う。

　(9)　5年で10回払いの年金現価係数は以下のとおりである。

利子率	年金現価係数
年6％	8.5302
年7％	8.3166

B社の当期（×1年4月1日〜×2年3月31日）に関する下記の【資料】に基づいて、×2年3月31日の決算整理後残高試算表（一部）を作成しなさい。なお、計算の結果、円未満の端数が生じた場合は、円未満を四捨五入しなさい。

【資　料】

B社は、車両に関して、×2年2月1日付でリース契約を締結し、同日より事業の用に供している。B社は、2月及び3月のリース料を支払っている。

リース契約内容は次のとおりである。

(1) 所有権移転条項、割安購入選択権は付されておらず、また、特別仕様のリースにも該当しない。

(2) 借手の見積現金購入価額　4,800,000円

なお、貸手の当該リース物件の購入価額は不明である。

(3) 支払リース料　毎月月末払いで、月額100,000円

リース料総額は、6,000,000円

(4) 解約不能のリース期間　5年

(5) 当該リース物件の経済的耐用年数　6年

(6) 借手の追加借入利子率は年8％である。

(7) 年8％で60回払い（5年間）の年金現価係数は49.3184である。

(8) 利息相当額は、契約書に明示されていない。

(9) リース料総額の割引現在価値が、借手の見積現金購入価額と等しくなる利子率は、年9.154％である。

(10) 減価償却はリース期間を耐用年数として、残存価額を0円とする定額法（直接法）による。

C社の当期（×1年4月1日～×2年3月31日）に関する下記の【資料】に基づいて、×2年3月31日の決算整理後残高試算表（一部）を示しなさい。なお、解答に当たり端数が生じた場合は、百円の位を四捨五入して千円単位で示すこと。

【資　料】

C社は、×1年4月1日に、以下の条件で車両のリース契約を結んだ。

(1) 所有権移転条項、割安購入選択権は付されておらず、また、特別仕様のリースにも該当しない。

(2) リース契約には、リース期間終了時に借手がリース物件の処分価額を2,000千円まで保証する条項（残価保証）が付されている。

(3) 解約不能のリース期間　5年

(4) 借手の見積現金購入価額　29,000千円（貸手の購入価額は借手にとって知り得ない）

(5) リース料　年額6,000千円（毎年3月末日に支払う）

　　　　　　　　リース料総額　30,000千円

(6) リース物件の経済的耐用年数　6年

(7) 借手の追加借入利子率　4％（貸手の計算利子率は借手にとって知り得ない）

(8) 割引率年4％で、期間5年の年金現価係数は4.452、現価係数は0.822である。

(9) 減価償却方法　定額法（間接法）、残存価額は残価保証額とする。

D社の当期（×2年4月1日～×3年3月31日）に関する下記の【資料】に基づいて、決算整理後残高試算表（一部）を作成しなさい。なお、解答に当たり端数が生じた場合は、百円の位を四捨五入して千円単位で示すこと。

【資　料】

D社は、(1)に示す自社所有の車両を、(2)に示す条件により、リース会社に売却するとともに、その全部をリースバックした。

(1) 対象資産の内容

① 取得年月日　×1年4月1日

② 取得価額　140,000千円（帳簿価額112,000千円）

③ 減価償却　定額法、耐用年数5年、残存価額ゼロ、直接法により行う。

(2) セール・アンド・リースバック取引の条件

① 所有権移転条項、割安購入選択権は付されておらず、また、特別仕様でもない。

② リース契約開始日　×2年4月1日

③ 実際売却価額　120,000千円

④ 解約不能のリース期間　×2年4月1日から4年間

⑤ リース料　年額32,230千円（毎年4月1日に1年分を前払い）

リース料総額128,920千円

⑥ 貸手の計算利子率は年5％であり、D社はこれを知り得るものとする。なお、利子率年5％で計算したリース料総額の割引現在価値は実際売却価額と同額である。

⑦ リースバック以後の経済的耐用年数は4年である。

(3) リース資産の減価償却

① 定額法、残存価額ゼロ、直接法により行う。

② 売却に伴う損益は、毎期の減価償却費の割合で償却し、減価償却費から控除する。

問題32　リース取引(5)

　E社は、機器を購入してリースする業者である。E社の当期（×2年4月1日～×3年3月31日）におけるリース取引に関する【資料1】と【資料2】に基づいて、以下の(1)～(5)を計算しなさい。

　リース取引に関する収益の計上方法として、所有権移転ファイナンス・リース取引については、リース取引開始日に売上高と売上原価を計上する方法、所有権移転外ファイナンス・リース取引については、リース料受取時に売上高と売上原価を計上する方法で処理している。

　なお、解答に当たり端数が生じた場合には、百円の位を四捨五入して千円単位で示すこと。

(1)　当期の売上高
(2)　当期の売上原価
(3)　当期末のリース債権勘定の額
(4)　当期末のリース投資資産勘定の額
(5)　当期末の繰延リース利益勘定の額

【資料1】

　機器の購入は以下のとおりである。購入代金は3か月後に支払っている。

機器名	購　入　日	購入価額	経済的耐用年数
A	×2年4月1日	48,665千円	6年
B	×1年10月1日	50,496千円	5年

【資料2】

　リース取引については以下のとおりである。

機器名	リース料（6か月）	解約不能リース期間	見積残存価　額	摘　　　要
A	6,000千円	5年	ゼロ	所有権移転ファイナンス・リース取引
B	7,500千円	4年	ゼロ	所有権移転外ファイナンス・リース取引

（留意事項）

1　機器購入日とリース取引開始日は同日である。
2　リース料は6か月ごとの後払いを受けている。
3　解約不能リース期間と契約期間は、同一である。
4　利息相当額は利息法により処理する。E社の計算利子率は年8％である。

A社の当期（×3年4月1日～×4年3月31日）に関する下記の【資料1】～【資料2】に基づいて、決算整理後残高試算表（一部）を作成しなさい。なお、減価償却費の計算は月割計算を行う。また、円未満の端数が生じたときは、四捨五入すること。

【資料1】

決算整理前残高試算表（一部） （単位：円）

借　方　科　目	金　　額	貸　方　科　目	金　　額
仮　　払　　金	31,600,000	仮　　受　　金	200,000
備　　　　品	3,000,000		
ソ フ ト ウ ェ ア	8,400,000		
販売費・一般管理費	74,950,000		

【資料2】決算整理事項

1　残高試算表の備品（パソコン）及びソフトウェアはすべて、×3年9月30日をもって使用を取りやめたものである。明細は次のとおりである。

種　　類	取得価額	償却方法	耐用年数	償却率	残存価額	取得年月日
備　　　品	8,000,000円	定率法	4年	0.500	ゼロ	×1年10月1日
ソフトウェア	12,000,000円	定額法	5年	0.200	ゼロ	×1年10月1日

2　A社では、当期より新システムを導入した。事業の用に供したのは×3年10月1日からで、支払額はすべて仮払金に計上している。このソフトウェアの利用により将来の費用削減効果は確実と認められる。旧システムで使用していたパソコンは、中古品業者に200,000円で売却したが、代金は仮受金に計上している。期中において廃棄、売却に関する処理は行っていない。業者からの請求明細は下記のとおりである。なお、新システムのソフトウェアの耐用年数は5年（定額法）、パソコン・サーバーの耐用年数は4年（定率法）とする。

パソコン・サーバーの購入費用	10,000,000円
ソフトウェアの購入費用	15,000,000円
ソフトウェアの仕様変更費用	3,000,000円
ソフトウェアの設定作業費用	2,000,000円
旧システムからのデータ移替え費用	1,000,000円
新システム導入のためのトレーニング費用	600,000円
合計	31,600,000円

B社（会計期間4月1日〜翌3月31日）は、ソフトウェアの企画・開発・販売業を営んでいる。下記の【資料】に基づいて、以下の⑴と⑵を計算しなさい。なお、計算に当たって端数が生じた場合には、千円未満の端数を四捨五入すること。

⑴　1年度のソフトウェアの減価償却費
⑵　2年度のソフトウェアの減価償却費

【資　料】

1　1年度期首よりソフトウェアの販売を開始している。無形固定資産として計上されたソフトウェア制作費の総額は600,000千円である。

2　販売開始時（1年度期首）において見積もられたソフトウェアの総見込販売数量及び総見込販売収益は以下のとおりである。

	各年度の見込販売数量 （個）	販売開始時の総見込販売数量及び各年度の期首の見込販売数量 （個）	各年度の見込販売単価 （千円）	各年度の見込販売収益 （千円）	販売開始時の総見込販売収益及び各年度の期首の見込販売収益 （千円）
1年度	2,000	7,000	200	400,000	990,000
2年度	3,000	5,000	150	450,000	590,000
3年度	2,000	2,000	70	140,000	140,000

3　1年度は見込みどおりに販売されたが、2年度の販売実績は見込みを下回ったため、2年度末において、3年度の見込販売数量・見込販売収益を以下のように変更した。

	1年度及び2年度の実績販売数量並びに3年度の見込販売数量 （個）	販売開始時の総見込販売数量及び各年度の期首の見込販売数量 （個）	1年度及び2年度の実績販売単価並びに3年度の見込販売単価 （千円）	1年度及び2年度の実績販売収益並びに3年度の見込販売収益 （千円）	販売開始時の総見込販売収益及び各年度の期首の見込販売収益 （千円）
1年度	2,000	7,000	200	400,000	990,000
2年度	2,800	5,000	150	420,000	590,000
3年度	1,600	1,600	70	112,000	112,000

4　B社は見込販売収益に基づく減価償却の方法を採用している。なお、ソフトウェアの見込有効期間は3年である。

5　過去に見積もった見込販売収益はその時点での合理的な見積りに基づくものとする。

第8章 ソフトウェア

35

C社は、ソフトウェアを制作、販売している。C社の当期（×3年4月1日～×4年3月31日）に関する下記の【資料1】～【資料2】に基づいて、決算整理後残高試算表（一部）を作成しなさい。

【資料1】

決算整理前残高試算表（一部） （単位：千円）

借　方　科　目	金　　額	貸　方　科　目	金　　額
仕　　　掛　　　品	128,400	製　品　売　上　高	135,000
仮　　　払　　　金	662,700	受　注　制　作　売　上　高	900,000
ソ　フ　ト　ウ　ェ　ア	11,700		

【資料2】決算整理事項

1　C社はこれまで、市場販売目的のソフトウェアを2本開発した。ソフトウェアXについては、前期末までに製品マスターを完成しその複写と包装も終えており、当期首から販売を開始した。制作に要した費用は次のとおりであり、前期末において適正な処理を行っている。なお、期首在庫数量は60,000個、当期販売数量は27,000個、期末在庫数量は33,000個である。

製品マスターの開発費用	46,200千円
製品マスターの機能の改良費用	11,700千円
ソフトウェアの複写・包装費用	15,000千円

ソフトウェアYは当期末までに製品マスターを完成したが複写・包装は行っていない。制作に要した費用は次のとおりであり、すべて仕掛品に計上している。

製品マスターの開発費用	64,800千円
製品マスターの機能の改良費用	19,200千円
ソフトウェアの複写・包装費用	—

2　市場販売目的のソフトウェアの見込有効期間は3年であり、減価償却は見込販売数量に基づいて行う。ソフトウェアXの販売開始時点における総見込販売数量は100,000個である。

3　受注制作ソフトウェアは進捗度を合理的に見積ることができないため、完成納品時に売上高を計上している。制作費用は次のとおりである。前期末において仕掛中であった制作費用は仕掛品に計上されているが、年間の制作費総額については仮払金に計上している。

期　首　仕　掛　分	29,400千円
年　間　の　制　作　費　総　額	662,700千円
期　末　仕　掛　分	46,800千円

問題36 投資資産・金利スワップ

⏱ 10分	/	/	答案用紙→P16
			解答解説→P176

当社の当期（×20年4月1日～×21年3月31日）に関する以下の資料に基づいて、決算整理後残高試算表を作成しなさい。なお、税効果会計を適用する場合の法定実効税率は30%とする。

【資料1】

決算整理前残高試算表 （単位：円）

敷　　　　　金	10,000,000	長 期 借 入 金	50,000,000
ゴ ル フ 会 員 権	5,000,000		

【資料2】決算整理事項

1　敷金は、×20年4月1日に建物の賃借契約の際に支払った額である。契約上、敷金のうち3,000,000円は原状回復費用に充てられるため返還されないことがあらかじめ決まっている。よって、当該金額について長期前払費用に計上し、5年間で均等償却（償却額は支払手数料で処理）することとした。

2　ゴルフ会員権は預託保証形態のゴルフ会員権であり、その取得原価は5,000,000円、預託保証金の額は3,200,000円である。当期末においてゴルフ会員権の時価が2,300,000円となった。時価が著しく下落し、回復の可能性がないと判断したため、貸倒引当金及び評価損を区分して計上する。

3　×20年4月1日に、期間5年、50,000,000円の変動金利による借入れを行った。借入れと同時に変動金利を固定金利に変換するために、期間5年、想定元本50,000,000円の金利スワップ契約を締結した。契約条件は以下のとおりである。金利スワップはヘッジ会計の要件を満たしており、繰延ヘッジを適用する。繰延ヘッジ損益には税効果会計を適用する。×21年3月31日に適用される変動金利は3.2%であり、×21年3月31日の金利スワップの時価は380,000円（正味の債権）である。なお、資金の借入れ（長期借入金で処理）を除き、何らの処理も行われていない。

	長 期 借 入 金	金 利 ス ワ ッ プ
契　約　日	×20年4月1日	×20年4月1日
(想定)元本	50,000,000円	50,000,000円
返 済 条 件	毎年3月31日に10,000,000円返済	毎年3月31日に10,000,000円返済
金　　利	変動	（受取り）　変動 （支払い）　固定3.0%
金利支払日	毎年3月31日（後払い）	毎年3月31日（後払い）

A社の当期（会計期間4月1日〜翌3月31日）に関する下記の【資料1】〜【資料3】に基づいて、決算整理後残高試算表を示しなさい。

【資料1】

2月末日現在の残高試算表（一部） （単位：千円）

給 与 手 当	318,730	預 り 金	1,860
賞 与 手 当	91,060	賞 与 引 当 金	30,500
法 定 福 利 費	45,540		

【資料2】 3月中の給与等に関する取引

1 源泉所得税（2月分）の支払 1,860千円

2 給与の支払

給与支給総額	23,600千円
源泉所得税額（3月分）	1,880千円
社会保険料従業員負担額（2月分）	2,140千円
差引支給額	19,580千円

3 社会保険料（2月分）の支払 4,280千円

（注）給与から天引きした源泉所得税額は翌月10日までに納付する。社会保険料については給与から天引きした前月分の従業員負担額に同額の会社負担額を加えた金額を毎月末に納付する。

【資料3】決算整理事項

1 3月分の社会保険料は4,360千円であり、このうち、会社負担額である2分の1を未払費用として計上する。

2 賞与支給対象期間は毎年6月から11月と12月から5月であり、支給月は12月と6月である。翌期の6月には総額で46,500千円の賞与を支給する見込みである。この金額のうち当期負担分を賞与引当金として計上する。また、賞与引当金に対する法定福利費の会社負担額は10％として計算し、未払費用として計上する。

なお、2月末日現在の残高試算表の賞与引当金は前期末残高であり、当期中に支給した賞与は賞与手当に計上している。

問題 38 人件費(2)

B社の×3年度（×3年4月1日～×4年3月31日）に関する下記の【資料1】～【資料2】に基づいて、決算整理後残高試算表（一部）を作成しなさい。

【資料1】

決算整理前残高試算表（一部） （単位：円）

借　方　科　目	金　　額	貸　方　科　目	金　　額
人　　件　　費	223,500,000	退 職 給 付 引 当 金	204,000,000

【資料2】決算整理事項

1　人件費の内訳は次のとおりである。

給与及び賞与	164,300,000円
退職金（注）	19,500,000円
企業年金拠出金額	23,000,000円
その他人件費	16,700,000円
合計	223,500,000円

（注）退職金は、一部事業の撤退に伴い早期退職を募集したところ、応募のあった従業員に支払った割増金4,500,000円を含んでいる。この割増金は退職金制度に基づくものではなく、今回のみの臨時的性格を有している。

2　A社は退職金制度として退職一時金制度と企業年金制度を採用している。退職給付引当金計算に係るデータは以下のとおりである。

(1)　期首退職給付債務　　　428,000,000円

(2)　期首年金資産　　　　　175,000,000円

(3)　期首未認識数理計算上の差異　49,000,000円

(4)　当期勤務費用　　　　　22,500,000円

(5)　割引率は2％、長期期待運用収益率は1％である。未認識数理計算上の差異は発生年度の翌年より10年で償却を行っている。期首の内訳は次のとおりであり、発生金額は退職給付引当金の積立不足となるものである。

発生年度	発生金額	期首残高
×1年度	10,000,000円	9,000,000円
×2年度	40,000,000円	40,000,000円

なお、退職給付費用は人件費として処理する。

答案用紙 →P17
解答解説 →P182

8分

C社の当期（×3年4月1日～×4年3月31日）に関する下記の【資料1】～【資料2】に基づいて、決算整理後残高試算表（一部）を作成しなさい。

【資料1】

決算整理前残高試算表（一部）　　　　　（単位：円）

借方科目	金額	貸方科目	金額
人件費	284,000,000	退職給付引当金	550,000,000
		役員退職慰労引当金	220,000,000

【資料2】決算整理事項

1　人件費の内訳

内容	金額
給与	128,000,000円
従業員退職一時金	46,000,000円
企業年金拠出金	70,000,000円
役員退職慰労金	40,000,000円
合計	284,000,000円

2　退職給付引当金

　　C社は確定給付型の退職一時金制度と企業年金制度を採用しているが、従業員が少ないため、退職一時金制度においては自己都合要支給額を、企業年金制度においては年金財政計算上の責任準備金を退職給付債務としている。

　　なお、会計基準変更時差異（退職給付引当金の積立不足）は×1年4月1日より10年で定額償却しており、当期首における会計基準変更時差異の未償却残高は192,000,000円である。

　　前期末及び当期末に関する金額は以下のとおりである。

	前期末	当期末
自己都合要支給額	470,000,000円	540,000,000円
責任準備金	542,000,000円	658,000,000円
年金資産の額（公正な評価額）	270,000,000円	342,000,000円

3　役員退職慰労引当金

　　C社では役員の退職慰労金は、期末要支給額の100％を役員退職慰労引当金として計上している。前期末の要支給額は220,000,000円、当期末の要支給額は250,000,000円である。

問題 40　人件費(4)

6分　/　/　答案用紙→P17　解答解説→P184

　D社の当期（×4年4月1日〜×5年3月31日）に関する下記の【資料1】〜【資料2】に基づいて、決算整理後残高試算表（一部）を作成しなさい。

【資料1】

決算整理前残高試算表（一部）　　　　　　（単位：円）

借　方　科　目	金　　額	貸　方　科　目	金　　額
仮　　払　　金	4,000,000		
前 払 年 金 費 用	（各自推定）		

【資料2】決算整理事項

　　D社は従業員非拠出の退職年金制度を採用しており、退職一時金制度は採用していない。

1　期首における退職給付に関する資料は次のとおりである。

　　退職給付債務　　　　　321,000,000円

　　年金資産　　　　　　　340,000,000円

　　未認識数理計算上の差異　5,000,000円

　　未認識過去勤務費用　　　9,000,000円

　　前払年金費用　　　　（各自推定）円

2　未認識数理計算上の差異は、前期において年金資産の実際運用収益額が期待運用収益額を上回ったことにより発生したものであり、発生年度の翌年度から10年間で定額法により費用処理する。

3　未認識過去勤務費用は、×3年4月1日に退職給付規程を改訂し、給付水準を引き上げたことにより発生したものであり、10年間で定額法により費用処理をしている。

4　当期中の勤務費用は13,500,000円、年金基金への掛金拠出額は4,000,000円、年金基金からの支給額は6,000,000円である。なお、当期中の支払額は仮払金に計上している。

5　基礎率は、割引率2％、長期期待運用収益率2％である。

A社は次の【資料】のとおり2種類の社債を発行している。A社の当期（×2年4月1日～×3年3月31日）における以下の(1)と(2)を計算しなさい。

なお、解答に当たり端数が生じた場合は、百円の位を四捨五入して千円単位で示すこと。

(1) 当期末の社債の額

(2) 当期の社債利息の額

【資　料】

1　普通社債1

額　面　金　額：600,000千円

発　行　価　額：585,800千円

期　　　　　間：×1年4月1日から×6年3月31日

クーポン利率：年3.00％

利　　払　　日：9月末日と3月末日の年2回（後払い）

実　効　利　子　率：年3.52％

償却原価法の適用に当たっては利息法とする。

2　普通社債2

額　面　金　額：400,000千円

発　行　価　額：410,000千円

期　　　　　間：×2年4月1日から×7年3月31日

クーポン利率：年4.00％

利　　払　　日：9月末日と3月末日の年2回（後払い）

実　効　利　子　率：年3.45％

償却原価法の適用に当たっては利息法とする。

問題 42　社債(2)

答案用紙→P18
解答解説→P188

10分

B社は次の【資料】のとおり社債を発行している。B社の当期（×3年4月1日〜×4年3月31日）における以下の(1)〜(3)を計算しなさい。

なお、解答に当たり端数が生じた場合は、百円の位を四捨五入して千円単位で示すこと。

また、(3)の解答に当たり、勘定科目欄に「損」か「益」を記入すること。

(1)　当期末の社債の額

(2)　当期の社債利息の額

(3)　当期の社債償還損益の額

【資　料】

1　B社は次の普通社債を発行している。

発 行 額 面 総 額：200,000千円

発 行 価 額：183,777千円

期　　　　　間：×1年4月1日から×6年3月31日

クーポン利子率：年6％

利　払　日：年2回（9月30日と3月31日）後払い

実 効 利 子 率：年8％

償却原価法の適用に当たっては利息法とする。

2　×3年12月31日に額面80,000千円を、76,000千円（裸相場）で買入償還し、経過利息とともに支払った。

C社の×3年度（×3年4月1日〜×4年3月31日）に関する以下の【資料1】〜【資料2】に基づいて、決算整理後残高試算表（一部）を作成しなさい。

【資料1】

決算整理前残高試算表（一部） （単位：千円）

借 方 科 目	金 額	貸 方 科 目	金 額
仮 払 金	199,000	社 債	（各自計算）
社 債 利 息	（各自計算）		

【資料2】決算整理事項

社債に関する事項は以下のとおりである。

1 C社は、×1年4月1日に次の社債を発行した。

額 面 金 額：500,000千円

発 行 価 額：485,000千円

償 還 期 限：×6年3月31日

クーポン利子率：年3％

利 払 日：毎年3月31日（年1回）

社債については定額法による償却原価法により処理する。

2 ×3年9月30日に額面金額200,000千円を、総額199,000千円（経過利子を含む）で買い入れ、支出額を仮払金として処理している。

D社（会計期間4月1日〜翌3月31日）の【資料】に基づいて、(1)と(2)に答えなさい。なお、計算の結果千円未満の端数が生じたときは、千円未満を四捨五入する。

(1) 定額法で処理した場合の、×4年3月31日の決算整理後残高試算表を示しなさい。

(2) 利息法で処理した場合の、×4年3月31日の決算整理後残高試算表を示しなさい。

【資　料】

D社は、×1年4月1日に次の社債を発行した。

(1) 額面金額：500,000千円

(2) 発行価額：482,000千円

(3) 償還期間：×1年4月1日から×7年3月31日

(4) 償還方法：1年間据え置いた後、×3年3月31日から毎年3月31日に100,000千円ずつ分割償還する。

(5) クーポン利子率：年3％

(6) 利　払　日：3月末日の年1回

(7) 利息法で処理する場合の実効利子率は年4％とする。

⏱ 10分	／	／	答案用紙→P19
			解答解説→P194

　A社の当期（×1年4月1日〜×2年3月31日）に関する下記の【資料1】〜【資料2】に基づいて、当期末の残高勘定（一部）を作成しなさい。

【資料1】

前期末の残高勘定（一部）　　　　　　　（単位：千円）

借　方　科　目	金　　額	貸　方　科　目	金　　額
自　己　株　式	50,000	資　　本　　金	400,000
		資　本　準　備　金	20,000
		その他資本剰余金	80,000
		利　益　準　備　金	14,000
		別　途　積　立　金	100,000
		繰　越　利　益　剰　余　金	260,000

（注）×1年3月末の状況　　A社発行済株式総数　200,000株

　　　　　　　　　　　　　A社保有自己株式数　　20,000株

【資料2】　当期中の取引に関する事項

1　×1年6月28日の株主総会において次の内容の剰余金の処分が承認され、配当については直ちに支払が行われた。なお、配当基準日は×1年3月31日である。

　(1)　その他資本剰余金を財源とする配当：1株当たり100円

　(2)　繰越利益剰余金を財源とする配当：1株当たり200円

　(3)　準備金の積立て：配当額の10分の1

　(4)　別途積立金の積立て：40,000千円

2　×1年7月15日を基準日として、1株につき2株の割合で株式分割を行った。

3　×1年8月1日を払込期日として以下の募集株式の発行を行い、払込期日に60,000株の払込みが完了した。なお、資本金組入額は会社法に規定する最低額とする。

　(1)　募集株式の数：60,000株（自己株式の処分20,000株、新株の発行40,000株）

　(2)　募集株式に関わる払込金額：1株当たり2,000円

4　×1年11月20日の取締役会において、繰越利益剰余金を財源とする配当（1株当たり100円）を決議し、直ちに配当を支払った。配当額の10分の1の利益準備金を積み立てる。なお、配当基準日は×1年9月30日である。

5　決算において、当期純利益150,000千円が算定された。

B社の当期（×1年4月1日～×2年3月31日）に関する下記の【資料】に基づいて、次の⑴～⑹を計算しなさい。

なお、手数料は原則的な処理方法によること。また、⑶の解答に当たり、減少のときは金額の前に△をつけること。

⑴　当期末の自己株式の額

⑵　当期の資本金の増加額

⑶　当期のその他資本剰余金の増加額または減少額（純額）

⑷　当期の支払手数料の額

⑸　当期の株式交付費の額

⑹　当期末の発行済株式総数

【資　料】

当期中の自己株式に関する取引は次のとおりである。自己株式の帳簿単価は移動平均法により計算する。

なお、当期首の発行済株式総数は10,000株であり、当期首において自己株式は保有していない。

1　自己株式400株を1株当たり96千円で取得した。この取得のための手数料200千円と合わせて小切手を振り出して支払った。

2　自己株式600株を1株当たり92千円で取得した。この取得のための手数料270千円と合わせて小切手を振り出して支払った。

3　自己株式200株を無償で取得した。

4　自己株式400株を1株当たり80千円で処分した。この処分のための手数料300千円は小切手を振り出して支払った。

5　自己株式400株を処分するとともに、新株400株を発行し、1株当たり75千円の現金による払込みを受けた。会社法で定められている最低額を資本金とした。この処分と新株発行のための手数料500千円は小切手を振り出して支払った。

6　自己株式100株を消却した。この消却のための手数料100千円は小切手を振り出して支払った。

　C社の当期（×2年4月1日～×3年3月31日）に関する下記の【資料1】～【資料2】に基づいて、決算整理後残高試算表を作成しなさい。

【資料1】

決算整理前残高試算表（一部）　　　　（単位：千円）

借　方　科　目	金　　額	貸　方　科　目	金　　額
社　債　利　息	（各自推定）	社　　　　　債	（各自推定）
		資　　本　　金	4,500,000
		資　本　準　備　金	2,000,000
		新　株　予　約　権	（各自推定）

【資料2】決算整理事項

　C社は、×1年4月1日に以下の条件で新株予約権付社債（転換社債型に該当しない）を発行した。

　なお、C社は区分法を採用しており、社債の評価は償却原価法（定額法）による。

(1)　発行額面総額：300,000千円

(2)　発行価額：額面100円に対して100円（社債の対価部分90円、新株予約権の対価部分10円）

(3)　クーポンの利率：年0.5%

(4)　利払日：9月30日と3月31日の年2回

(5)　償還期日：×6年3月31日

(6)　新株予約権は、社債の額面金額100千円に付き1個を付与（1個につき100株割当て）する。

(7)　行使価格：1株当たり1,000円

(8)　行使期間：×1年4月1日から×6年3月31日

　　×2年10月1日に発行後はじめて新株予約権1,200個について行使請求があり、社債による代用払込みを受け、新株を発行したが未処理である。ただし、資本金組入額は会社法に規定する最低限度額とする。

　　なお、クーポン利息の処理は適正に行われている。

問題 48　純資産(4)

答案用紙→P20　解答解説→P200

12分

D社（事業年度4月1日～翌3月31日）のストック・オプションに関する【資料1】～【資料3】に基づいて、以下の(1)～(4)に答えなさい。

(1)　×2年4月1日～×3年3月31日の事業年度における株式報酬費用を計算しなさい。

(2)　【資料3】1において増加する資本金の額を計算しなさい。

(3)　【資料3】2に係る仕訳を示しなさい。

(4)　×4年4月1日～×5年3月31日の事業年度末における新株予約権の残高を計算しなさい。

【資料1】ストック・オプションの付与

　×1年6月の株主総会において、従業員200人に対して、以下の条件のストック・オプション（新株予約権）を付与することを決議し、同年7月1日に付与した。

(1)　ストック・オプション数：1人当たり20個（総数4,000個）

(2)　ストック・オプションの発行価額：無償

(3)　権利行使により与えられる株式の数：1個当たり10株（総数40,000株）

(4)　権利行使時の払込金額：1株当たり60,000円

(5)　権利確定日：×3年6月30日

(6)　権利行使期間：×3年7月1日から×5年6月30日

(7)　付与日におけるストック・オプションの公正な評価単価：1個当たり20,000円

(8)　付与日において、×3年6月30日までに24人の退職による権利失効を見込んでいる。

(9)　権利確定日まで在籍している者が、ストック・オプションを行使することができる。

【資料2】ストック・オプションを付与された者の退職・失効の状況

1　×1年4月1日～×2年3月31日：6人が退職したが、期末時点における将来の失効見込みの修正は行われなかった。

2　×2年4月1日～×3年3月31日：8人が退職し、期末時点における将来の失効見込みの修正を行い、将来の累計失効見込みを20人に修正した。

3　×3年4月1日～×3年6月30日：×3年4月～6月の退職者は4人であった。

【資料3】権利行使の状況

1　×3年9月にストック・オプションの行使を受け、60人分について新株を発行した。資本金組入額は、会社法に規定する最低額とする。

2　×4年9月にストック・オプションの行使を受け、80人分について自己株式を処分した。処分する自己株式の取得原価は1株当たり50,000円であった。

　E社の×3年度（×3年4月1日～×4年3月31日）に関する次の【資料1】より、【資料2】の貸借対照表の純資産の部の空欄①～⑧の金額を求めなさい。

　なお、減少のときは金額の前に△をつけること。

【資料1】

1　剰余金の配当等

　　×3年6月28日の株主総会において、繰越利益剰余金から株主に対する10,000千円の配当金及び任意積立金3,000千円の積立てを承認した。

　　なお、会社法に定める利益準備金を設定した。

2　自己株式

　　×3年3月末に保有している自己株式は1,000株（1株当たり5,400円）であり、期中の自己株式に関する取引は次のとおりである。

　　なお、自己株式は移動平均法により計算する。

⑴　×3年4月20日：自己株式600株を1株当たり5,000円で取得した。

⑵　×3年5月10日：自己株式200株を1株当たり4,800円で処分した。

⑶　×3年7月1日：新株発行及び自己株式の処分による資金調達を行った。募集株式の数は1,000株（新株発行600株、自己株式の処分400株）、募集株式の払込金額は5,000千円である。

　　　　　　　　　なお、新株発行に対応する払込金額はすべて資本金とする。

3　その他有価証券

　　×3年3月末及び×4年3月末において保有するその他有価証券は次のとおりである。

　　なお、時価が50％以上下落している場合には、減損処理を行うものとする。

銘　柄	取得価額	前期末時価	当期末時価
X社株式	5,000千円	2,000千円	3,500千円
Y社株式	3,000千円	3,500千円	2,500千円
Z社株式	4,000千円	3,000千円	1,000千円

　　その他有価証券の評価差額は一時差異に該当し、税効果会計を適用する。法定実効税率は40％であり、繰延税金資産の回収可能性に問題はないものとする。

　　なお、評価差額の処理方法として、全部純資産直入法を採用している。

4 新株予約権

(1) ×3年5月1日：新株予約権2,000千円を発行した。

(2) ×3年9月28日：新株予約権1,000千円が行使され、5,000千円の払込みを受け、新株の発行を行った。

　　　　　　　なお、4,000千円を資本金とし、残額は資本準備金とした。

(3) ×3年12月31日：新株予約権1,500千円の権利が行使されず、行使期限が到来した。

5 ×3年度決算における当期純利益は20,000千円である。

【資料2】貸借対照表の純資産の部

（単位：千円）

純 資 産 の 部	×3年3月31日	×4年3月31日
資 本 金	1,900,000	④
資 本 準 備 金	350,000	
そ の 他 資 本 剰 余 金	410,000	⑤
利 益 準 備 金	100,000	
任 意 積 立 金	50,000	
繰 越 利 益 剰 余 金	50,000	⑥
自 己 株 式		⑦
その他有価証券評価差額金	①	
新 株 予 約 権	②	5,000
純 資 産 合 計	③	⑧

　　F社に関する下記の【資料】に基づいて、次の問に答えなさい。F社の会計期間は4月1日から3月31日までである。

問1　【資料】1～5の仕訳を答えなさい。なお、仕訳なしの場合は、借方科目欄に「仕訳なし」と記入すること。

問2　【資料】5において、問1と異なり、新株の発行ではなく自己株式を処分した場合の仕訳を答えなさい。なお、交付する自己株式の帳簿価額は1株あたり4,000円とする。

【資　料】

1　F社は×1年6月に、取締役10名に対して、一定の条件を達成した場合に報酬として新株の発行を行うことを決議し、同年7月1日に取締役との間で条件について合意した。

　(1)　割り当てる株式の数：取締役1名当たり2,000株

　(2)　割当ての条件：×1年7月1日から×3年6月30日の間、取締役として業務を行うこと。

　(3)　割当ての条件を達成できなかった場合、契約は失効する。

　(4)　取締役と契約を締結した×1年7月1日を付与日とした。また、同日における株式の契約条件等に基づく調整を行った公正な評価単価は6,000円であった。

　(5)　新株の発行に伴って増加する資本金は、会社法の最低限度額とする。

　(6)　×1年7月の付与日において、×3年6月末までに1名の自己都合による退任に伴う失効を見込んでいる。

2　×2年3月31日。×1年7月1日から×2年3月31日までに自己都合で退任した取締役は1名であった。なお、×3年6月30日までの累計退任見込者数について変更はない。

3　×3年3月31日。×2年4月1日から×3年3月31日までに自己都合で退任した取締役は1名であった。なお、×3年6月30日までの累計退任見込者数について2名に変更した。

4　×3年6月30日。×3年4月1日から×3年6月30日までに自己都合で退任した取締役は2名であった

5　×3年7月1日。権利確定した株式について新株を発行した。

G社に関する下記の【資料】に基づいて、次の問に答えなさい。当社の会計期間は４月１日から３月31日までである。

問１ 【資料】１～４の仕訳を答えなさい。なお、仕訳なしの場合は、借方科目欄に「仕訳なし」と記入すること。

問２ 問１と異なり、取締役に交付する株式について新株の発行ではなく、自己株式を処分した場合の【資料】１～４の仕訳を答えなさい。この場合、交付する自己株式の帳簿価額は１株あたり7,000円とする。なお、仕訳なしの場合は、借方科目欄に「仕訳なし」と記入すること。また、取締役から無償で取得した株式については、決算日または権利確定日に一括して処理を行うものとする。

【資料】

１ ×１年７月１日。当社は、×１年６月に開催した株主総会にて、取締役10名に対する報酬等として新株の発行を行うことを決議した。付与日である×１年７月１日に、G社は新株を発行して取締役に対して株式を割り当てた。なお、取締役に対する報酬等の内容は次のとおりである。

(1) 取締役１名に対して割り当てた株式数は1,000株である。

(2) ×１年７月１日における株式の契約条件等に基づいて調整を行った公正な評価額は１株あたり8,000円である。

(3) 取締役に対して割り当てた株式は、×３年７月１日に譲渡制限が解除される。なお、×３年６月30日までに取締役が自己都合で退任した場合、割り当てた株式はすべてG社が無償で取得（没収）することとなっている。

(4) ×１年７月１日における譲渡制限が解除される前日である×３年６月30日までの累計退任見込者数は２名である。

(5) 報酬費用について計上する払込資本は全額資本金とする。

２ ×２年３月31日。×１年７月１日から×２年３月31日までに自己都合で退任した取締役はいなかった。なお、×３年６月30日までの累計退任見込者数について変更はない。

３ ×３年３月31日。×２年４月１日から×３年３月31日までに自己都合で退任した取締役は２名であった。なお、×３年６月30日までの累計退任見込者数について３名に変更した。

４ ×３年６月30日。×３年４月１日から×３年６月30日までに自己都合で退任した取締役は２名であった。

7分 ／ ／ 答案用紙→P23 解答解説→P210

当社（会計期間4月1日〜3月31日）の商品売買取引に関する以下の【資料】に基づいて、次の(1)〜(2)に答えなさい。なお、「収益認識に関する会計基準」に係る変動対価について考慮する必要はない。

(1) 次のそれぞれの会計処理方法に基づいた場合の決算整理前残高試算表を示しなさい。

① 分記法に基づいた場合

② 総記法に基づいた場合

③ 二分法に基づいた場合

④ 売上原価対立法に基づいた場合

⑤ 三分法に基づいた場合

(2) 次のそれぞれの会計処理方法に基づいた場合に必要とされる決算整理仕訳を示しなさい。

仕訳が不要の場合は、借方科目欄に「仕訳不要」と記入すること。

① 分記法に基づいた場合

② 総記法に基づいた場合

③ 二分法に基づいた場合

④ 売上原価対立法に基づいた場合

⑤ 三分法に基づいた場合

【資　料】

(1) 期首商品棚卸高　　　　32,000円

(2) 当期総仕入高　　　　120,000円

(3) 仕入戻し高　　　　　　1,400円

(4) 仕入値引割戻高　　　　　600円

(5) 当期総売上高　　　170,000円 （原価　119,000円）

(6) 売上戻り高　　　　　3,000円 （原価　2,100円）

(7) 売上値引割戻高　　　1,500円

(8) 期末商品棚卸高　　（各自推定）円

次の【資料】は、A社の7月の商品売買取引について、分記法により記帳した場合の勘定を示したものである。この資料に基づき、以下の(1)～(4)に答えなさい。空欄（ ＊ ）の金額については各自で推定しなさい（単位：千円）。なお、「収益認識に関する会計基準」に係る変動対価について考慮する必要はない。

(1) 7月25日の仕訳を答えなさい。

(2) 空欄①と②の金額を答えなさい。

(3) 7月の純売上高を答えなさい。

(4) 7月の売上原価を答えなさい。

【資　料】

商　　　　　品

7／1	前 月 繰 越	（ ① ）	7／7	現　　　　金	1,500
3	現　　　　金	1,700	12	買　掛　金	200
10	買　掛　金	3,400	15	売　掛　金	2,100
16	売　掛　金	240	25	〃	（ ＊ ）
20	買　掛　金	1,900	31	次 月 繰 越	980
		（ ＊ ）			（ ＊ ）

商　品　販　売　益

7／16	売　掛　金	80	7／7	現　　　　金	500
28	〃	50	15	売　掛　金	（ ＊ ）
31	損　　　益	（ ② ）	25	〃	1,200
		（ ＊ ）			（ ＊ ）

（注）商品販売時の売上原価率は75％である。

　B社（会計期間1月1日～12月31日）の商品売買に関する以下の【資料1】に基づいて、払出単価の計算を次の(1)～(3)の各評価方法によった場合における、【資料2】決算整理後残高試算表の①～③の金額を計算しなさい。

(1)　先入先出法

(2)　総平均法

(3)　移動平均法

【資料1】

1　当期中のA商品の受払記録は以下のとおりである。

日　付	摘　要	仕入数量	仕入単価	払出数量
1月1日	前期繰越	100個	4,000円	
2月15日	仕　入	300個	4,800円	
3月10日	売　上			300個
5月25日	仕　入	400個	5,000円	
7月1日	売　上			400個
10月5日	仕　入	100個	5,250円	
12月10日	売　上			50個

2　A商品の期末実地棚卸数量は146個である。帳簿棚卸高と実地棚卸高との差額は棚卸減耗損として処理する。なお、棚卸減耗損は原価外処理とする。

【資料2】

決算整理後残高試算表　　　　（単位：円）

繰　越　商　品	（　　①　　）	売　　　　　上	×××
仕　　　　　入	（　　②　　）		
棚　卸　減　耗　損	（　　③　　）		

問題 55　商品売買(4)

6分　／　／　答案用紙→P25　解答解説→P216

　C社（会計期間1月1日〜12月31日）の商品売買取引に関する以下の【資料1】〜【資料2】に基づいて、次の(1)と(2)に答えなさい。なお、「収益認識に関する会計基準」に係る変動対価について考慮する必要はない。

(1)　空欄　ア　の金額を答えなさい。

(2)　損益計算書（一部）を示しなさい。

【資料1】

決算整理前残高試算表（一部）　　　　　（単位：千円）

繰 越 商 品	270,000	売　　　　上	1,564,200
仕　　　入	1,219,140	仕 入 割 引	1,480
売 上 値 引 割 戻	37,500	仕 入 値 引 割 戻	21,600
売 上 戻 り	25,500	仕 入 戻 し	33,780

【資料2】決算整理事項

1　商品の売価は、当初において、売価の20％が利益となるように設定されている。

2　期末に商品有高帳を確認したところ、残高数量は30,000個でその帳簿単価は　ア　円である。

3　期末に実地棚卸を行った結果、実際の有高は29,900個で、不足分を棚卸減耗損として処理することとした。当該棚卸減耗は原価処理する。

4　期末商品の正味売却価額は、1個当たり6,700円であった。当該収益性低下評価損は原価処理する。

　D社の商品売買に関する以下の【資料1】に基づき、簿価切下げに伴う収益性低下評価損益について、(1)切放法と(2)洗替法それぞれによる場合の【資料2】損益計算書の①～⑥の金額を答えなさい。なお、評価益となる場合には数値の前に△を付すものとする。

【資料1】

(1)　期首商品棚卸高：取得原価42,000千円（正味売却価額41,000千円）

(2)　当期商品仕入高：384,000千円

(3)　当期売上高：430,000千円

(4)　期末商品棚卸高：

　①　商品の評価方法は先入先出法を採用している。期末棚卸高は、帳簿棚卸数量5,000個、実地棚卸数量4,980個でその単価は7,700円であった。

　②　期末商品の平均販売単価は8,000円であり、正味売却価額を算定するに当たって控除すべき見積販売直接経費は、売価の5％と見積もられる。

　③　棚卸減耗損及び収益性低下評価損益は売上原価に含める。なお、前期末に計上した評価損は、すべて収益性の低下による評価損である。

【資料2】損益計算書（単位：千円）

切　　　放　　　法	
項　　　目	金　　額
売上高	430,000
売上原価	
期首商品棚卸高	①
当期商品仕入高	
合　　計	
期末商品棚卸高	②
差　　引	
棚卸減耗損	
収益性低下評価損益	③
売上総利益	

洗　　　替　　　法		
項　　　目	金　　額	
売上高		430,000
売上原価		
期首商品棚卸高	④	
当期商品仕入高		
合　　計		
期末商品棚卸高		
差　　引		
棚卸減耗損		
収益性低下評価損益	⑤	
売上総利益		⑥

E社の当期（会計期間4月1日～翌3月31日）に関する以下の【資料1】～【資料2】に基づいて、決算整理後残高試算表（一部）を作成しなさい。なお、「収益認識に関する会計基準」に係る変動対価について考慮する必要はない。

【資料1】

決算整理前残高試算表（一部）　　　　　　　　（単位：円）

借　方　科　目	金　　額	貸　方　科　目	金　　額
売　　掛　　金	13,308,200	売　　　　　　上	174,579,600
繰　越　商　品	4,740,000		
仕　　　　　入	132,790,000		

【資料2】決算整理事項

1　売掛金に関する事項

　　甲商事に対する売掛金帳簿残高は5,223,800円であったが、甲商事の残高確認金額（回答額）は5,192,000円であった。この原因は、2月販売分の値引きの記帳漏れ8,800円と2月販売分の返品23,000円（20個）の処理が行われていなかったことが判明した。この返品された商品は良品であった。

2　商品に関する事項

(1)　商品の評価方法は、年間総平均法を採用している。商品数量は、繰越商品3,200個、当期仕入124,800個である。

(2)　簿価切下げに伴う収益性低下評価損益については洗替法を採用しているが、洗替処理については未処理となっている。前期末に計上した評価損は60,000円である。

(3)　商品の引取運賃として、650,000円を支払っていたが、会計担当者は営業費勘定で処理していることが判明した。

(4)　期末商品の帳簿棚卸数量は4,900個であり、実地棚卸数量は4,820個であった。実地棚卸数量には、甲商事からの返品20個が含まれている。差額の原因は不明のため棚卸減耗として処理する。

(5)　収益性低下の測定については、売却市場における合理的な市場価額として、期末月である3月の販売実績に基づく平均売価を用いるものとする。3月の販売実績は、販売数量7,200個、販売金額7,920,000円であった。正味売却価額の算定に際して控除すべき見積販売直接経費は、平均売価の4％と見積もられた。

(6)　棚卸減耗損及び収益性低下評価損益は売上原価とは別に計上するものとする。

　F社の当期（会計期間４月１日～翌３月31日）に関する下記の【資料１】～【資料２】に基づいて、決算整理後残高試算表（一部）を作成しなさい。なお、「収益認識に関する会計基準」に係る変動対価について考慮する必要はない。

【資料１】

決算整理前残高試算表（一部）　　　　　　（単位：円）

借　方　科　目	金　　　額	貸　方　科　目	金　　　額
売　　掛　　金	29,823,700	売　　　　　　上	268,568,030
繰　越　商　品	16,300,000	仕　入　値　引	1,475,000
仕　　　　　入	187,105,640		

【資料２】決算整理事項

1　売掛金の残高について得意先Y社に確認したところ、Y社の回答額8,866,430円に対してF社の帳簿残高は9,356,830円であった。差額を検討したところ次のことが判明した。

⑴　３月にB商品の返品が300個あった。販売単価は750円である。倉庫担当者は商品有高帳に記帳せず、会計担当者にも連絡していなかった。

⑵　３月31日にC商品500個を出荷したが、Y社への到着は４月１日であった。販売単価は480円である。なお、売上の認識基準は出荷基準を採用している。

⑶　割戻しの相殺額25,400円について未処理であった。

2　すべての商品の帳簿棚卸数量及び実地棚卸数量並びに帳簿単価及び販売単価は以下のとおりである。なお、正味売却価額の算定に際して控除すべき見積販売直接経費は、平均販売単価の５％と見積もられた。いずれの商品についても、前期末において収益性の低下は発生していない。

商　　品	帳簿棚卸数量	実地棚卸数量	帳簿単価	平均販売単価
A商品	8,700個	8,600個	550円	660円
B商品	6,900個	7,200個	600円	740円
C商品	5,500個	5,500個	460円	480円

　B商品の実地棚卸数量には、Y社からの返品300個が含まれており、見積処分価額は、１個当たり400円と見積もられた。この返品分の評価損は品質低下評価損として処理する。

　帳簿棚卸高と実地棚卸高との差額は、棚卸減耗損として処理する。

　なお、棚卸減耗損、品質低下評価損及び収益性低下評価損の各勘定は、売上原価とは別に計上するものとする。

問題 59　商品売買⑻

10分

答案
用紙 →P27

解答
解説 →P224

第13章

商品売買

　G社の当期（会計期間4月1日～翌3月31日）に関する下記の【資料1】～【資料2】に基づいて、損益計算書（一部）を作成しなさい。

【資料1】

決算整理前残高試算表（一部）　　　（単位：千円）

| 繰 越 商 品 | 895,160 | 売　　　　上 | 7,738,400 |
| 仕　　　入 | 6,811,000 | | |

【資料2】決算整理事項

1　商品の評価については、売価還元法により算定する。なお、収益性低下評価損の計算においては、売価還元低価法を採用する。

2　期首商品の売価金額は973,000千円である。

3　当期の値付けの状況は以下のとおりである。

原始値入額　　原価の10％

値　上　額　　350,300千円

値上取消額　　 58,400千円

値　下　額　　233,500千円

値下取消額　　 38,900千円

4　売価による帳簿棚卸高は各自計算すること。

5　売価による実地棚卸高は819,000千円である。

6　売価による帳簿棚卸高と実地棚卸高の差額を分析したところ、当期に見本品として利用した商品が3,000千円（売価）存在したが、何の記帳も行われていないことが判明したが、それ以外の原因は不明であり、棚卸減耗として取り扱う。

7　棚卸減耗損及び収益性低下評価損は売上原価に含めることとする。なお、期首の商品に係る収益性の低下については考慮する必要はないものとする。

以下の**問1**及び**問2**に答えなさい。なお、「収益認識に関する会計基準」を適用している。勘定科目は、下記の【勘定科目群】の中からもっとも適切なものを選ぶこと。

【勘定科目群】

現金	売掛金	商品	仕入
契約資産	契約負債	返金負債	売上

問1 次の(1)～(3)の取引について、当社の仕訳を示しなさい。

(1) ×10年4月1日、当社はA社と商品の販売及び2年間の保守サービスを提供する契約を締結し、直ちに商品をA社に引き渡し、契約書に記載された対価の額570,000円は現金で受け取った。なお、商品の独立販売価格は500,000円、2年間の保守サービスの独立販売価格は100,000円である。

(2) ×11年3月31日（決算日）となった。

(3) ×12年3月31日（決算日）となった。

問2 次の(1)及び(2)の取引について、以下の設問①及び設問②に答えなさい。

(1) 商品200,000円を販売し、代金は掛とした。

(2) 後日、(1)の商品について4,000円の売上値引を行い、掛代金と相殺した。

設問① 商品販売時に、将来の売上値引の見積りをゼロとした場合の、(1)及び(2)の仕訳を示しなさい。

設問② 商品販売時に、将来の売上値引の見積りを3,000円とした場合の、(1)及び(2)の仕訳を示しなさい。

当社の下記の【資料】に基づいて、次の(1)及び(2)に答えなさい。なお、「収益認識に関する会計基準」を適用しており、会計処理は三分法によるものとする。また、計算上生じる円未満の金額は四捨五入するものとする。

(1) リベートの見積りについて最頻値による方法を採用した場合、当社の×10年4月30日の仕訳を示しなさい。

(2) リベートの見積りについて期待値による方法を採用した場合、当社の×10年4月30日の仕訳を示しなさい。

【資　料】

1　当社は×10年4月1日に、製品を1個あたり800円で販売する契約を得意先であるY社と締結した。当該契約では、Y社が×10年4月1日から×11年3月31日の1年間に購入する数量に応じて、以下のリベートが当社からY社に支払われることになっている。販売個数、リベート率、過去の販売実績に基づく発生確率は以下のとおりである。リベート率は全仕入分に適用されるものとする。

販売個数	リベート率	発生確率
10,000個～	10%	5%
7,500個～9,999個	5%	15%
5,000個～7,499個	2%	45%
0個～4,999個	0%	35%

2　当社は×10年4月30日に、Y社に対して、当該製品を掛により1,500個販売した。

当社の下記の【資料】に基づいて、次の(1)及び(2)に答えなさい。なお、「収益認識に関する会計基準」を適用しており、会計処理は売上原価対立法によるものとする。勘定科目は、下記の【勘定科目群】の中からもっとも適切なものを選ぶこと。

(1) 商品販売時の仕訳を示しなさい。

(2) 返品時の仕訳を示しなさい。

【資　料】

1　当社は、製品800個を1個あたり1,000円で顧客に現金販売した。製品の原価は1個あたり600円である。

2　この契約では、顧客が製品を返品することが認められており、顧客が未使用の製品を1か月以内に返品した場合は全額の返金が行われる。したがって当社が顧客から受け取る対価は変動対価である。変動対価を見積るために、期待値による方法を使用することを決定し、製品50個が返品されると見積った。

3　当社は、製品の回収コストには重要性がないと見積り、返品された製品は原価以上の販売価格で再販売できると予想した。

4　1か月後に製品50個が返品されたため、顧客に現金で返金を行った。

【勘定科目群】

現金	商品	仕入	売上原価
契約資産	返品資産	返金負債	売上

当社の下記の【資料】に基づいて、次の(1)～(3)に答えなさい。なお、「収益認識に関する会計基準」を適用しており、会計処理は三分法によるものとし、使用されたポイントは、便宜上、年度末に一括して会計処理するものとする。また、計算上生じる円未満の金額は四捨五入するものとする。

(1)　×10年度中の商品販売時の仕訳を示しなさい。

(2)　×10年度末のポイント使用に関する仕訳を示しなさい。

(3)　×11年度末のポイント使用及び見積変更に関する仕訳を示しなさい。

【資　料】

1　当社は、ポイント制度（カスタマー・ロイヤルティ・プログラム）を運営している。当社は、顧客の100円の購入につき5ポイントを付与している。顧客は、1ポイントを当社の1円の商品と交換することができる。当社は当該ポイントを、重要な権利を顧客に付与するものであると認識している。

2　×10年度中に、当社は顧客に1,000,000円（独立販売価格も同額）の商品を現金で販売し、50,000ポイントを付与した。当社は商品の販売時点で、将来45,000ポイントが使用されると見込んだ。当社は当該ポイントの独立販売価格を45,000円と見積った。

3　×11年度末において、使用されると見込むポイント総数の見積りを47,000ポイントに変更した。

4　各年度に使用されたポイント、決算日までに使用されたポイント累計及び使用されると見込むポイント総数は次のとおりである。

	×10年度	×11年度
各年度に使用されたポイント	25,000	15,000
決算日までに使用されたポイント累計	25,000	40,000
使用されると見込むポイント総数	45,000	47,000

5分　　／　　／　答案用紙→P30　解答解説→P234

以下の【資料】に基づいて、(1)及び(2)に答えなさい。なお、「収益認識に関する会計基準」を適用している。

(1)　履行義務の充足に係る進捗度を合理的に見積ることができる場合の、×10年度、×11年度及び×12年度における完成工事高、完成工事原価及び完成工事利益を答えなさい。なお、見積工事原価総額は200,000千円とし、決算日における工事進捗度は原価比例法により算定するものとする。

(2)　履行義務の充足に係る進捗度を合理的に見積ることができない場合の、×10年度、×11年度及び×12年度における完成工事高、完成工事原価及び完成工事利益を答えなさい。なお、原価回収基準により処理するものとする。

【資　料】

1　当社はD社との間で、オフィスビルの建設に係る契約を締結した。工期は×10年度に着工し、×12年度に完成の予定である。

2　契約価額は300,000千円で確定している。なお、契約時においてD社との間で、契約価額は工事原価総額を回収できる金額とすることが合意されている。

3　オフィスビルは×12年度に完成し、D社へ引き渡した。

4　各年度における実際工事原価は以下のとおりである。

×10年度	×11年度	×12年度
50,000千円	90,000千円	61,000千円

答案用紙➡P30
解答解説➡P236

8分

以下の【資料1】～【資料2】に基づいて、当期（会計期間4月1日～翌3月31日）の貸借対照表と損益計算書（一部）を作成しなさい。なお、「収益認識に関する会計基準」を適用している。

【資料1】 工事の明細

（単位：千円）

| 工事名 | 請負価額 | 当初見積工事原価総額 | 工事原価 | | | 当期までの工事代金受領額 | 当期末の状況 |
			前期以前発生額	当期発生額	完成までの見積工事原価残高		
A工事	86,000	70,000	—	34,000	36,000	52,000	工事中
B工事	360,000	250,000	170,000	81,000	—	300,000	完成引渡
C工事	540,000	500,000	100,000	348,000	112,000	320,000	工事中

【資料2】 決算整理事項

1　A工事は期間がごく短い工事のため、完全に履行義務を充足した時に収益を認識することとしている。

2　B工事及びC工事は履行義務の充足に係る工事進捗度を合理的に見積ることができるため、工事期間にわたり収益を認識している。なお、工事進捗度の見積りに関しては原価比例法を採用している。

3　期中の工事原価はすべて未成工事支出金に計上している。そのうち、完成工事高に対応する金額を完成工事原価として計上する。

4　工事代金受領額は契約負債に計上している。工事ごとに認識した収益額と契約負債との差額については、完成引渡前の工事は契約資産に計上し、完成引渡を行った工事は完成工事未収入金として計上する。

5　C工事について、当期末に工事原価を再計算したところ、工事損失の発生が避けられない状況になったため、当期末において工事損失引当金を計上することとした。

答案用紙→P31
解答解説→P238

8分

当社（決算日は３月末日）の下記の【資料】に基づいて、次の(1)～(4)に答えなさい。なお、「収益認識に関する会計基準」を適用している。勘定科目は、【勘定科目群】の中からもっとも適切なものを選ぶこと。また、計算上生じる円未満の端数は四捨五入するものとする。

(1) ×13年４月１日の仕訳を示しなさい。

(2) ×14年３月31日の仕訳を示しなさい。

(3) ×15年３月31日の仕訳を示しなさい。

(4) ×16年３月31日の仕訳を示しなさい。

【資　料】

1　×13年４月１日、当社は、現金販売価格5,000,000円の商品を割賦販売した。代金は、年６％による金利相当額611,647円を含む総額5,611,647円を３回（年賦）の均等分割とし、×14年３月31日より、毎年末に1,870,549円を受け取る契約である。当該金利相当額は重要な金融要素であり、利息法により処理する。

2　×14年３月31日、割賦代金1,870,549円を現金で受け取った。

3　×15年３月31日、割賦代金1,870,549円を現金で受け取った。

4　×16年３月31日、割賦代金1,870,549円を現金で受け取った。

【勘定科目群】

現金	割賦売掛金	商品	未収金
契約資産	契約負債	受取利息	割賦売上

6分 ／ ／ 答案用紙→P31　解答解説→P240

E社の【資料1】～【資料3】に基づいて、①～⑤の金額を計算しなさい。なお、「収益認識に関する会計基準」を適用している。

【資料1】前期末の繰越試算表

前期末繰越試算表（一部）　　　　　　（単位：千円）

委 託 販 売	10,000	受 託 販 売	6,000
繰 越 商 品	（　①　）		
積 送 品	20,000		
繰 延 積 送 諸 掛	2,200		

【資料2】当期末の損益勘定及び繰越試算表

損　　　益（一部）　　　　　　（単位：千円）

仕　　　　　入	240,000	一 般 売 上	220,000
積 送 諸 掛 費	6,600	積 送 売 上	（　②　）
		受 託 販 売 手 数 料	（　③　）

当期末繰越試算表（一部）　　　　　　（単位：千円）

委 託 販 売	6,000	受 託 販 売	4,200
繰 越 商 品	26,000		
積 送 品	（　④　）		
繰 延 積 送 諸 掛	1,600		

【資料3】当期の営業取引

1　当期の商品仕入高は232,000千円である。

2　委託販売に関する事項

（1）当期の商品積送高は60,000千円、積送品の売上原価率は80％である。

（2）積送売上はE社の手取額で計上している。

（3）当期の荷為替取組高は36,000千円、委託先からの代金回収高は48,000千円である。

（4）当期中に支払った積送諸掛費は（　⑤　）千円である。

3　受託販売に関する事項

（1）当期の受託販売による売上高は70,000千円、受託先への送金高は64,000千円である。

（2）受託販売に伴う諸経費は800千円である。

　F社の当期（×1年4月1日〜×2年3月31日）に関する下記の【資料1】〜【資料2】に基づいて、決算整理後残高試算表（一部）を作成しなさい。なお、「収益認識に関する会計基準」を適用している。

【資料1】

決算整理前残高試算表（一部）　　　　　　（単位：千円）

借　方　科　目	金　　額	貸　方　科　目	金　　額
繰　越　商　品	40,000	一　般　売　上	（各自推定）
積　送　品	148,000	積　送　品　売　上	170,000
未　着　品	30,000	未　着　品　売　上	（各自推定）
仕　　　入	653,000	仕　入　割　戻	1,000
支　払　手　数　料	17,000	仕　入　値　引	2,000

【資料2】決算整理事項

　F社は、A商品及びB商品の販売を行っている。

1　A商品は、船荷証券を入手した時点で未着品勘定に計上し、転売したものは転売の都度未着品勘定から仕入勘定に振り替えている。また、未着品として転売する際の売価は、原価の20％増しで設定している。期首未着品は20,000千円、当期船荷証券購入額は150,000千円である。なお、当期に現品の引取りはなかった。

2　B商品は一般販売及び委託販売を行っている。

（1）一般販売の売上原価率は80％である。

（2）委託販売は、商品積送時に、仕入勘定から積送品勘定に振り替えている。積送品の期首残高は10,000千円、当期積送高は138,000千円である。売上高は受託者が販売した金額で計上する。積送品の売上原価率は受託者が販売した金額の70％である。×2年3月31日に、受託者から積送品を20,000千円で販売した旨の連絡を受けたが未処理である。この販売に係る手数料は2,000千円で、代金は未収である。

3　期末棚卸高

（1）手許商品：　　　50,000千円

（2）積　送　品：（各自推定）千円

G社の当期（4月1日～翌3月31日）における以下の【資料1】～【資料2】に基づいて、次の(1)と(2)に答えなさい。なお、「収益認識に関する会計基準」を適用している。

⑴　決算整理後残高試算表を答えなさい。

⑵　試用販売について、試用品の送付時に商品原価を仕入勘定から試用品勘定に振り替える方法により会計処理した場合の3月中の仕訳を答えなさい。なお、売上原価は決算時に仕入勘定で一括計算するものとする。

【資料1】

　　　　　　　　　　　決算整理前残高試算表　　　　（単位：千円）

繰 越 商 品	127,000	試 用 仮 売 上	15,600
繰 越 試 用 品	13,000	一 般 売 上	1,404,000
試 用 未 収 金	15,600	試 用 品 売 上	355,680
仕 　 　 入	1,369,400		

【資料2】　決算整理事項

1　一般販売の売価は、毎期、仕入原価の（　？　）％増しに設定している。

2　試用販売の売価は、毎期、一般販売の売価の20％増しに設定している。試用販売について3月中に以下の取引が行われたが未処理となっている。

　⑴　試用品の送付額　46,800千円（売価）

　⑵　試用品の返送額　9,360千円（売価）

　⑶　購入するとの通知を受けた額　34,320千円（売価）

3　期末商品手許棚卸高は167,400千円である。

A社の当期（×1年4月1日〜×2年3月31日）に関する【資料1】〜【資料2】に基づいて、決算整理後残高試算表（一部）を作成しなさい。

【資料1】

決算整理前残高試算表（一部）　　　（単位：円）

借　方　科　目	金　　額	貸　方　科　目	金　　額
外　貨　建　売　掛　金	72,000,000	国　　内　　売　　上	813,000,000
繰　　越　　商　　品	38,710,000	輸　　出　　売　　上	72,000,000
仕　　　　　　　　入	576,200,000		

【資料2】決算整理事項

A社は、外貨建取引については、すべて社内レート（1ドル＝120円）で記帳しており、外貨建取引等会計処理基準に従って、適切な換算レートで換算する。

1　輸出取引は×2年2月より開始したものであり、外貨建売掛金の内訳は次のとおりである。

なお、輸出売上の認識基準は船積基準であるが、期中においては倉庫から出荷した時点で売上を計上している。

倉庫出荷日	船積日	外貨販売金額	出荷数量	船積日の直物為替相場
2月5日	2月15日	300,000ドル	12,000個	1ドル＝115円
3月15日	3月25日	100,000ドル	4,000個	1ドル＝112円
3月25日	4月5日	200,000ドル	8,000個	1ドル＝108円

2　×2年2月15日船積みの輸出取引代金300,000ドルについて、×2年3月1日に300,000ドルの為替予約（決済日は×2年4月30日）を締結したが、為替予約の処理は行われていない。為替予約については、振当処理をするものとし、直物為替相場と×2年4月30日を受渡日とする先物為替相場は次のとおりである。

日　　付	内　　容	直物為替相場	先物為替相場
×2年3月1日	為替予約締結日	1ドル＝114円	1ドル＝112円
×2年3月31日	決算日	1ドル＝110円	1ドル＝108円

3　A社の販売している商品は、国内販売用のX商品と、輸出販売用のY商品で、その期末実地棚卸高は、X商品の棚卸数量23,000個（原価1個当たり1,700円）、Y商品の棚卸数量6,000個（原価1個当たり1,500円）である。

B社の当期（×1年4月1日〜×2年3月31日）に関する【資料1】〜【資料2】に基づいて、決算整理後残高試算表（一部）を作成しなさい。

【資料1】

決算整理前残高試算表（一部）　　　　　　　　　（単位：円）

借　方　科　目	金　　　額	貸　方　科　目	金　　　額
売　　掛　　金	256,000,000	前　　受　　金	14,500,000
繰　越　商　品	86,400,000	売　　　　　上	1,267,300,000
仕　　　　　入	764,300,000	為　替　差　損　益	620,000

【資料2】決算整理事項

1　残高試算表の前受金の内訳は次のとおりである。

日　付	金　額	摘　　要	入金日の直物相場（1ドル）
×2年2月15日入金	50,000ドル	3月に輸出した代金の一部	114円
×2年3月20日入金	80,000ドル	4月に輸出する代金の一部	110円

　　2月15日入金分については、×2年3月25日（直物相場1ドル＝109円）に商品5,000個を輸出し、売上代金300,000ドルから手付金を除いた残額を×2年5月31日に受け取ることとしたが、未処理となっている。これについては商品有高帳にも記帳していなかった。

2　残高試算表の売掛金のうち45,200,000円（400,000ドル）は、×2年2月20日（直物為替相場1ドル＝113円）の輸出売上に際して発生したものであり、決済日は×2年4月30日である。その後、円高が進んだため、×2年3月10日に400,000ドルの為替予約（決済日は×2年4月30日）を締結したが、為替予約の処理がわからなかったため、処理が行われていない。

　　為替予約については、独立処理をするものとし、直物為替相場と×2年4月30日を受渡日とする先物為替相場は次のとおりである。

日　付	内　　容	直物相場（1ドル）	先物相場（1ドル）
×2年3月10日	為替予約締結日	111円	109円
×2年3月31日	決算日	107円	106円

3　商品について決算日を基準として実地棚卸を実施したところ、帳簿棚卸数量30,000個、実地棚卸数量25,000個、帳簿単価3,700円であった。

C社（会計期間4月1日～翌3月31日）の外貨建取引に関する以下の【資料】に基づいて、次の(1)～(4)の金額を計算しなさい。

なお、(3)と(4)の解答に当たり、「損」の場合は△を、「益」の場合は＋を、金額の前に付すこと。

(1) この一連の取引に関わる仕入の額

(2) この一連の取引に関わるキャッシュ・フロー（純額）の額

(3) この一連の取引に関わる繰延ヘッジ損益（税効果会計適用後）の額

(4) この一連の取引に関わる為替差損益（純額）の額

【資　料】

C社は、×2年4月30日に予定されている3,000千ドルの商品輸入取引に関して、円安を懸念して×2年3月1日にこの取引をヘッジするための為替予約を行った。この商品輸入取引は実行されることが確実で、ヘッジ会計の要件も満たしている。

具体的には、代金決済が予定されている×2年5月31日を決済期日とする為替予約を×2年3月1日に3,000千ドル分行い、×2年4月30日に当該商品輸入取引が実行され、×2年5月31日に為替予約と輸入代金の決済が行われた。

なお、直物為替相場と先物為替相場の推移は次のとおりである（円/ドル）。

日　付	内　容	直物為替相場	先物為替相場
×2年3月1日	為替予約締結日	109	107
×2年3月31日	決算日	110	108
×2年4月30日	取引実行日	112	111
×2年5月31日	決済日	114	－

（留意事項）

1　為替予約の会計処理は、ヘッジ会計を適用する。

2　繰延ヘッジ損益には税効果会計を適用することとし、実効税率は40％として計算する。

10分　　／　　／　答案
用紙→P34

解答
解説→P252

　D社の当期（×1年4月1日〜×2年3月31日）に関する以下の【資料1】〜【資料2】に基づいて、決算整理後残高試算表（一部）を作成しなさい。

【資料1】

決算整理前残高試算表（一部）　　　　　　（単位：円）

借　方　科　目	金　　　額	貸　方　科　目	金　　　額
投　資　有　価　証　券	99,268,000	有　価　証　券　利　息	168,000

【資料2】決算整理事項

　投資有価証券の内訳は次のとおりである。

銘　柄	保有目的	簿　価	取得価額	期末時価
H社株式	その他有価証券	44,800,000円	400,000ドル	350,000ドル
I社株式	その他有価証券	32,400,000円	300,000ドル	140,000ドル
J社株式	その他有価証券	11,200,000円	100,000ドル	―
K社社債	満期保有目的の債券	10,868,000円	98,800ドル	99,500ドル

1　H社株式及びI社株式は上場株式である。

2　J社株式は非上場株式である。

3　K社社債は上場社債である。

4　その他有価証券の評価差額は全部純資産直入法により処理する。

5　評価差額には税効果会計を適用し、法定実効税率は40％として計算する。

6　時価が著しく下落している場合には、回復する見込みがないものとして計算する。

7　K社社債は、×1年6月1日に取得したもので、額面金額は100,000ドル、満期日は×6年5月31日、クーポンは年利3％で、利払日は毎年11月末日と5月末日の年2回である。取得価額と額面金額との差額はすべて金利調整差額で、償却原価法の適用については定額法を採用するものとする。

8　為替相場は次のとおりである。

　　×1年6月1日の直物為替相場　　1ドル＝110円

　　×1年11月30日の直物為替相場　1ドル＝112円

　　×2年3月31日の直物為替相場　　1ドル＝116円

　　当期中の平均為替相場　　　　　1ドル＝113円

		答案 用紙 → P34
🕐 **10分**	／ ／	解答 解説 → P254

E社は次の【資料】のとおり2種類の社債を発行している。E社の当期（×1年4月1日〜×2年3月31日）における以下の(1)〜(6)に答えなさい。

(1) 当期末の外貨建普通社債の額

(2) 当期末の外貨建転換社債型新株予約権付社債の額

(3) 当期に増加する資本金の額

(4) 当期の社債利息の額

(5) 当期の為替差損益（為替差損となる場合には、金額の前に△を付すこと）

(6) 外貨建転換社債型新株予約権付社債の権利行使に際して交付される株式数

【資　料】

1　外貨建普通社債

　　額　面　金　額：100,000ドル（平価発行）

　　期　　　　　間：×1年4月1日から×6年3月31日

　　クーポン利率：年4％

　　利　　払　　日：9月30日と3月31日の年2回（後払い）

　　×1年4月1日に元本の償還額100,000ドル及び毎回の利払額について為替予約を締結した。×1年4月1日の直物為替相場は1ドル＝120円、先物為替相場は、×1年9月30日が1ドル＝119円、×2年3月31日が1ドル＝118円、×6年3月31日が1ドル＝110円である。為替予約については振当処理を行うこととし、為替予約差額は社債利息に加減処理する。

2　外貨建転換社債型新株予約権付社債

　　額　面　金　額：200,000ドル（平価発行）

　　期　　　　　間：×1年7月1日から×4年6月30日

　　クーポン利率：年0％

　　一括法により処理する。

　　×1年9月1日に、50,000ドル分の新株予約権の行使請求があり、新株を発行した。なお、新株予約権の行使に際して、1株当たりの転換価額は5,000円とする。新株予約権の行使により交付される株式数は、社債の額面金額を1ドル＝120円の固定レートで換算した金額を転換価額で除した数とする。新株の発行時に出資された金額は、その半額を資本金とする。

　　直物為替相場は×1年7月1日が1ドル＝121円、×1年9月1日が1ドル＝122円、×2年3月31日が1ドル＝119円である。

F社の当期（×1年4月1日～×2年3月31日）に関する以下の【資料】に基づいて、以下の(1)と(2)に答えなさい。

(1)　在外支店の換算後決算整理後残高試算表を作成しなさい。

(2)　在外支店の期首商品及び期末商品に含まれる内部利益の金額を答えなさい。

【資　料】

1　在外支店の決算整理後残高試算表

決算整理後残高試算表　　　　　（単位：千ドル）

借　方　科　目	金　　額	貸　方　科　目	金　　額
現　金　預　金	231	未　　払　　金	30
売　　掛　　金	500	借　　入　　金	200
繰　越　商　品	360	前　　受　　金	50
備　　　　　品	400	貸　倒　引　当　金	5
本　店　か　ら　仕　入	1,460	減　価　償　却　累　計　額	240
営　　業　　費	870	本　　　　　店	700
貸　倒　引　当　金　繰　入	4	売　　　　　上	2,700
減　価　償　却　費	80		
支　払　利　息	20		
合　　　　　計	3,925	合　　　　　計	3,925

2　本店は、仕入原価の20%増しの価格で、前期・当期とも、毎月一定量の商品を支店に送付している。

3　商品棚卸高は、期首420千ドル（すべて前期に仕入れたもの）、期末360千ドルであり、すべて本店から仕入れたものである。商品の評価は先入先出法によっている。なお、収益性の低下等は生じていない。

4　本店勘定の前期繰越額は500千ドル（円換算額は55,000千円）で、当期中の本支店間取引は本店仕入1,400千ドルと本店への送金1,200千ドルである。

5　換算に必要なレートは次のとおりである。なお、換算に当たっては、本支店間の取引は社内レートを、売上、営業費及び支払利息は期中平均レートを用いることとする。

備品購入時：1ドル＝100円　前受金受取時：1ドル＝121円　当期中平均：1ドル＝118円

当期末：1ドル＝116円　前期社内レート：1ドル＝110円　当期社内レート：1ドル＝120円

A社の当期（×1年4月1日～×2年3月31日）に関する下記の【資料1】～【資料2】に基づいて、決算整理後残高試算表（一部）を作成しなさい。

【資料1】

決算整理前残高試算表（一部） （単位：円）

借 方 科 目	金 額	貸 方 科 目	金 額
仮 払 消 費 税 等	14,207,690	仮 受 消 費 税 等	17,158,000
仮 払 金	9,000,000	受 取 利 息 配 当 金	520,000
土 地	150,000,000		
租 税 公 課	8,421,000		

【資料2】決算整理事項

1 仮払金の内訳は次のとおりである。

消費税等の中間納付額	1,500,000円
法人税等の中間納付額	7,500,000円
計	9,000,000円

2 租税公課の内訳は次のとおりである。

固定資産税	3,980,000円
都市計画税	852,000円
印紙税	120,000円
自動車税	69,000円
不動産取得税	3,000,000円
登録免許税	400,000円
計	8,421,000円

（注）不動産取得税及び登録免許税は、当期に土地を取得した際に支払ったものである。取得価額に含める付随費用の取扱いは会計上の原則的処理方法による。

3 受取利息配当金については、源泉所得税等（20％）控除後の手取額で計上されているので、総額に修正する。

4 消費税等については、仮払消費税等と仮受消費税等を相殺し、中間納付額を控除して未払消費税等を計上する。

5 法人税等の当期確定年税額は27,400,000円である。法人税等の当期計上額から中間納付額及び源泉所得税等を差し引いた額を未払法人税等として計上する。

C社の当期に関する【資料】に基づいて、以下の(1)〜(3)を計算しなさい。なお、繰延税金資産と繰延税金負債とは相殺せずに解答すること。

(1) 当期末の繰延税金資産の額

(2) 当期末の繰延税金負債の額

(3) 当期の法人税等調整額の額（解答欄に「借方」か「貸方」を記入すること）

【資　料】

税効果会計の適用に関して、前期末及び当期末における繰延税金資産並びに繰延税金負債の対象項目は、以下のとおりである。

1　棚卸資産

当期末において商品評価損5,000千円を計上した。ただし、商品評価損は税務上、損金算入が認められない。また、前期末において損金算入が認められない商品評価損は3,000千円あったが、当期においてその棚卸資産をすべて処分した。

2　貸倒引当金

当期末に3,500千円、前期末に2,500千円の貸倒引当金を見積計上した。税務上の貸倒引当金繰入限度額は、当期末において1,500千円、前期末において1,000千円である。

3　固定資産

前期首において取得した固定資産（取得原価60,000千円）について、耐用年数10年、残存価額0、定額法により減価償却を行っている。なお、取得原価のうち20,000千円は補助金を充当しており、この部分については積立金方式による圧縮記帳を行っている。

4　投資有価証券

投資有価証券の内訳は以下のとおりである。評価差額の処理については全部純資産直入法を採用している。

銘　柄	分　類	取得原価	前期末時価	当期末時価
A社株式	その他有価証券	10,000千円	8,000千円	13,000千円
B社株式	その他有価証券	30,000千円	40,000千円	25,000千円

5　法定実効税率

前期末において、将来の法定実効税率は40％と見積もられた。当期中に税法の改正が行われ、当期末において、将来の法定実効税率は35％と見積もられた。

問1 (1)～(2)に答えなさい。なお、税率10％で税額計算を行う。

(1) ①～③に入る適切な勘定科目又は金額を答えなさい。

(2) (1)と異なり、売上の額が200,000円だった場合の決算時の仕訳を答えなさい。

(単位：円)

購入時	（借方）（　　　　　）	300,000		（貸方）（買　掛　金）	（　　　）		
	（仮払消費税等）（　①　）						
売上時	（借方）（　　　　　）	（　　　）		（貸方）（売　　　　上）	500,000		
				（仮受消費税等）	（　　　）		
決算時	（借方）（仮受消費税等）（　　　）			（貸方）（仮払消費税等）	（　　　）		
				（　②　）	（　③　）		

問2 以下の取引の仕訳を答えなさい。なお、消費税等は税抜方式を採用し、（税込）と記載されているものについて税率10％で税額計算を行う。

(1) ×5年11月30日に、旧車両（×3年4月1日取得、取得原価3,000,000円、減価償却累計額勘定の期首残高1,200,000円）を1,650,000円（税込）で下取りをしてもらい、新車両3,850,000円（税込）を購入し、代金は現金で支払った。旧車両については、定額法（耐用年数5年、残存価額0円、間接控除法）で減価償却を行う。当期は×5年4月1日～×6年3月31日であり、当期中の減価償却費は月割計算を行う。

(2) 当期において得意先B商事が倒産した。B商事に対しては売掛金2,200,000円（税込）を有しているが、回収不能と判断し、その全額を貸倒処理することとする。なお、当該売掛金については、前期末において貸倒懸念債権に区分し、債権残高に対して50％の貸倒引当金を計上していた。

(3) 当期において得意先C社が倒産した。倒産後C社から「すべての財産を換金したので最後の支払をする」という連絡があり、代金の一部550,000円が当座預金に振り込まれてきた。C社に対する債権3,300,000円（税込）については前期に破産更生債権等勘定に計上し、債権残高に対して70％の貸倒引当金を計上していた。

問題 79　会計上の変更・誤謬の訂正(1)

5分　答案用紙→P38　解答解説→P264

A社の第10期に関する以下の【資料】に基づいて、次の(1)～(3)に答えなさい。なお、税金及び税効果については考慮しない。

(1)　商品の評価方法の変更に伴い、第10期において必要となる帳簿上の仕訳を答えなさい。なお、商品売買の会計処理は三分法を採用している。

(2)　遡及適用後の第9期の株主資本等変動計算書に計上される「会計方針の変更に伴う累積的影響額」を答えなさい。なお、繰越利益剰余金の減少となる場合には、金額の前に△を付すこと。

(3)　遡及適用に伴う第9期の当期純利益の変動額を答えなさい。なお、当期純利益の減少となる場合には、金額の前に△を付すこと。

【資　料】

1　A社は第10期より、通常の販売目的で保有する商品の評価方法を総平均法から先入先出法に変更した。

2　第9期の商品の増減について、先入先出法を遡及適用した場合の金額と、従来の方法である総平均法の金額は以下のとおりである。なお、収益性の低下に基づく簿価切り下げについては考慮する必要はない。

（単位：千円）

評　価　方　法	商品期首棚卸高	商　品　仕　入　高	商品期末棚卸高
総　平　均　法	70,000	1,280,000	92,000
先　入　先　出　法	75,000	1,280,000	95,000

3　当該変更は、「会計上の変更及び誤謬の訂正に関する会計基準」に基づく会計方針の変更に該当し、第9期及び第10期の2期分の財務諸表の開示が求められている。

　B社の当期（×15年4月1日～×16年3月31日）に関する以下の【資料1】～【資料2】に基づいて、決算整理後残高試算表を示しなさい。なお、税金及び税効果については考慮しない。

【資料1】

決算整理前残高試算表　　　　　　（単位：円）

備　　　　　品	（　　　　　）	繰越利益剰余金	62,385,000
車 両 運 搬 具	（　　　　　）		
ソフトウェア	（　　　　　）		

【資料2】決算整理事項

　決算整理前の固定資産は次のとおりである。減価償却方法は定額法を適用し、残存価額は0円とする。減価償却計算については、使用期間分を月割り計算する。

勘定科目	用途等	取得価額(円)	期首帳簿価額(円)	耐用年数(年)	使用開始
備　　　品	事務用1	6,720,000	（　　　）	7	×14年10月
備　　　品	事務用2	7,000,000	（　　　）	7	×12年4月
車両運搬具	営 業 車	8,000,000	（　　　）	6	×13年4月
ソフトウェア	自社利用	6,000,000	（　　　）	4	×13年4月

　固定資産について以下の事項が発見されたが、処理は行われていなかった。

⑴　事務用備品1は、前期に耐用年数を誤って5年としていたため、減価償却費を過大に計上していた。

⑵　事務用備品2は、前期まで耐用年数を5年としていたが、当期首から利用状況の変更により耐用年数を変更した。

⑶　車両運搬具は、前期まで定率法（償却率0.333）を適用していたが、当期首から利用状況を考慮して減価償却方法を定額法に変更した。

⑷　ソフトウェアは、前期まで耐用年数を5年としていたが、新製品の登場に伴い、当期首から耐用年数を変更した。

問題81 会計上の変更・誤謬の訂正(3)

10分 ／ ／ 答案用紙→P38 解答解説→P268

C社の当期（×24年4月1日～×25年3月31日）に関する以下の【資料1】～【資料2】に基づいて、決算整理後残高試算表を示しなさい。なお、税効果は考慮しない。

【資料1】

決算整理前残高試算表　　　　　　（単位：千円）

繰 越 商 品			272,000	繰 越 利 益 剰 余 金			3,490,000
建	物	（ ）		売		上	2,560,000
土	地		800,000				
仕	入		1,700,000				
営	業 費		453,000				

【資料2】決算整理事項

1　商品に関する事項

(1)　前期までは出荷基準により売上を計上していたが、当期首から売上の計上基準を検収基準に変更することとした。この会計方針の変更に伴い、前期の処理の見直しを行ったところ、前期中に出荷したものの前期末までに得意先において未検収（当期において検収済み）であった商品に係る売上60,000千円及びこれに対応する売上原価40,000千円があり、これらが前期に計上されていることが判明したが、何の処理も行われていなかった。

(2)　期末商品棚卸高は324,000千円であり、これは適正に計算された金額である。

2　建物及び土地に関する事項

内部監査において、前期末に以下の建物及び土地に係る減損損失240,000千円が計上漏れとなっていることが判明したが、何の処理も行われていなかった。なお、減損損失は前期末の建物と土地の帳簿価額に基づいて配分する。

建物：×20年4月1日に200,000千円で取得。耐用年数20年、残存価額0円、減価償却方法は定額法を適用する。

土地：×20年4月1日に800,000千円で取得。

3　営業費に関する事項

営業費の未払費用が、前々期末に1,300千円、前期末に1,700千円、それぞれ記帳漏れとなっていたことが判明した。なお、当期末の未払費用は1,900千円である。

10分 ／ ／ 答案用紙→P39 解答解説→P270

　B社は、取引を記録するに当たり、当座預金出納帳、売上帳、仕入帳、受取手形記入帳、支払手形記入帳を特殊仕訳帳として用い、これらの帳簿から月末に普通仕訳帳に合計仕訳を行っている。また、掛売上と掛仕入の取引先別の明細を把握するための補助元帳として得意先元帳と仕入先元帳を設けている。次の【資料1】～【資料2】に基づき、以下の(1)と(2)に答えなさい（単位：円）。帳簿中の空欄（　　）については、各自推定しなさい。なお、「収益認識に関する会計基準」に係る変動対価について考慮する必要はない。

　(1)　8月31日における特殊仕訳帳から普通仕訳帳への合計仕訳の合計額を示しなさい。

　(2)　8月31日における売上帳から普通仕訳帳への合計仕訳を示しなさい。

【資料1】特殊仕訳帳の取引記録

当座預金出納帳

日	付	勘定科目	摘　要	元丁	金　額	日	付	勘定科目	摘　要	元丁	金　額
8	3	売掛金			85,000	8	10	買掛金			57,000
	10	売上			52,000		12	支払手形			130,000
	25	売掛金			（　　）		17	仕入			（　　）
	30	受取手形			70,000		27	買掛金			64,000
							31	営業費			30,000

売　上　帳

日	付	勘定科目	摘　要	元丁	売掛金	当座預金	受取手形	諸　口
8	5	売掛金			（　　）			
	10	当座預金				（　　）		
	15	売掛金			（　　）			
	28	受取手形					（　　）	

仕　入　帳

日	付	勘定科目	摘　要	元丁	買掛金	当座預金	支払手形	諸　口
8	1	買掛金			（　　）			
	8	支払手形					80,000	
	17	当座預金				23,000		
	24	買掛金			（　　）			

受取手形記入帳

日 付		勘定科目	摘　要	元丁	売掛金	売　上	諸　口
8	22	売掛金			（　　　）		
	28	売上				100,000	

支払手形記入帳

日 付		勘定科目	摘　要	元丁	買掛金	仕　入	諸　口
8	8	仕入				（　　　）	
	20	買掛金			40,000		

※　上掲の帳簿について、「摘要」欄及び「元丁」欄は記入を省略しているので空欄となっている。また、手形記入帳の「てん末」欄についても省略している。

【資料2】補助元帳の取引記録

1　得意先元帳

D　社

日 付		借　方	貸　方	残　高
8	3		85,000	
	15	90,000		
	22		50,000	

E　社

日 付		借　方	貸　方	残　高
8	5	140,000		
	25		120,000	

2　仕入先元帳

F　社

日 付		借　方	貸　方	残　高
8	1		60,000	
	20	40,000		

G　社

日 付		借　方	貸　方	残　高
8	10	57,000		
	24		110,000	
	27	64,000		

※　上掲の帳簿について、「摘要」欄等は省略している。また、「残高」欄も前月繰越高の記入を省略しているので空欄となっている。

C商店のある日の営業取引は【資料】のとおりである。【資料】に基づき、以下の(1)と(2)に答えなさい。なお、「収益認識に関する会計基準」に係る変動対価について考慮する必要はない。

【資料】

1 商品400千円を仕入れ、代金のうち200千円は現金で支払い、残額は掛けとした。

2 商品600千円を売り上げ、代金のうち100千円は現金で受け取り、残額は掛けとした。

3 売掛金500千円のうち100千円を現金で受け取り、残額は得意先振出しの約束手形で受け取った。

4 売掛金300千円を得意先振出しの小切手で受け取った。

5 買掛金400千円を現金で支払った。

6 営業費150千円を小切手を振り出して支払った。

7 商品100千円が返品され、代金は売掛金と相殺した。

(1) 3伝票制（入金伝票、出金伝票、振替伝票）を採用しているとした場合、以下の①〜④の金額を計算しなさい。なお、複合取引については、仕訳金額の合計額が最小となるような記帳方法を採る（次の(2)も同様）。

① 入金伝票集計表を作成したとき、その合計額

② 振替伝票集計表を作成したとき、その合計額

③ 貸方振替伝票集計表のうち、売掛金勘定の金額

④ 仕訳日計表を作成したとき、その合計額

(2) 5伝票制（入金伝票、出金伝票、売上伝票、仕入伝票、振替伝票）を採用しているとした場合、次の⑤〜⑧の金額を計算しなさい。なお、商品売買については、すべて掛取引とする記帳方法を採る。

⑤ 出金伝票集計表を作成したとき、その合計額

⑥ 振替伝票集計表を作成したとき、その合計額

⑦ 貸方振替伝票集計表のうち、売掛金勘定の金額

⑧ 仕訳日計表を作成したとき、その合計額

問題 84　商的工業簿記(1)

答案用紙 → P40　解答解説 → P274

7分

A社（会計期間４月１日～翌３月31日）に関する以下の【資料】に基づいて、次の(1)～(3)に答えなさい。

(1) 仕損品（正常仕損）は工程の始点で発生し、処分価値がなく、仕損費は完成品と期末仕掛品の両者に負担させた場合の期末仕掛品の評価額を計算しなさい。

(2) 仕損品（正常仕損）は工程の終点で発生し、処分価値がなく、仕損費は完成品のみに負担させた場合の期末仕掛品の評価額を計算しなさい。

(3) 仕損品は工程の終点で異常な状況により発生し、処分価値がない場合の異常仕損費の金額を計算しなさい。

【資　料】

1　期首仕掛品評価額　1,019,000円（内訳は材料費715,000円、加工費304,000円）

2　当期総製造費用

材料費　　　3,549,000円

労務費　　　2,500,000円

製造経費　　 940,000円

3　生産データ

期首仕掛品数量　　　4,000kg　（加工進捗度20％）

当期投入数量　　　 16,800kg

仕損発生数量　　　　 800kg

期末仕掛品数量　　　2,000kg　（加工進捗度60％）

完成品数量　　　　 18,000kg

4　材料は工程の始点においてすべて投入される。

5　期末仕掛品の評価は平均法による。

B社（会計期間4月1日～翌3月31日）に関する以下の【資料1】～【資料2】に基づいて、損益計算書（一部）を作成しなさい。

【資料1】

決算整理前残高試算表（一部）　　　　　（単位：千円）

借　方　科　目	金　　額	貸　方　科　目	金　　額
製　　　　　　品	24,000	製　品　売　上	（各自計算）
材　　　　　　料	6,340		
仕　　掛　　品	15,060		
材　　料　　仕　　入	90,770		

【資料2】　当期中の取引に関する事項

1　棚卸資産に関する事項

(1)　期首と期末の棚卸個数と棚卸高は次のとおりである。

製　品：期首800個　　　　24,000千円

　　　　期末700個　　（各自計算）千円

材　料：期首400個　　　　6,340千円

　　　　期末600個　　（各自計算）千円

仕掛品：期首600個　　　　15,060千円（内訳：材料費9,510千円、加工費5,550千円）

　　　　期末1,000個　　（各自計算）千円

(2)　棚卸資産の評価方法は、製品は先入先出法、材料と仕掛品は平均法を採用している。

(3)　工場では材料を工程の始点においてすべて投入し、これを加工して製品を製造している。なお、仕掛品の加工進捗度は期首と期末のいずれも50％である。

(4)　製品の販売価格は1個当たり80千円である。

2　製造個数及び製造費用に関する事項

(1)　当期における製品の完成個数は7,300個である。なお、当期完成品から20個を見本品として得意先に対して無償で払い出した。

(2)　当期総製造費用の内訳は次のとおりである。

材料費　　（各自計算）千円

労務費　　71,200千円

製造経費　48,050千円

問題86 本支店会計(1)

12分 / / 答案用紙→P41 解答解説→P278

　A社は本店及び支店で商品売買業を営み、支店独立会計制度を採用している。本店は特注品を一括して仕入れ、仕入原価に10%の利益を加算して支店に送付しているが、その他の商品については支店が独自に仕入れている。以下の【資料】に基づいて、次の(1)～(3)に答えなさい。なお、「収益認識に関する会計基準」に係る変動対価について考慮する必要はない。

(1)　支店の当期純利益の額を答えなさい。

(2)　合併整理で相殺消去される本店勘定の額及び支店売上勘定の額を答えなさい。

(3)　本支店合併損益計算書に計上される売上原価の額を答えなさい。

【資料1】決算整理前の本店及び支店の残高試算表（一部）

決算整理前残高試算表 （単位：千円）

借　方　科　目	本　店	支　店	貸　方　科　目	本　店	支　店
繰　越　商　品	15,000	6,400	繰　延　内　部　利　益	（　？　）	—
支　　　　　店	120,350	—	本　　　　　店	—	116,870
仕　　　　　入	281,500	60,000	売　　　　　上	240,000	255,000
本　店　仕　入	—	129,470	支　店　売　上	132,550	—

【資料2】未達取引

1　本店は支店へ商品（　？　）千円を送付したが、支店に未達である。

2　本店は支店の営業費600千円を立替払いしたが、支店に未達である。

3　支店は本店へ現金800千円を送付したが、本店に未達である。

4　支店は本店の売掛金（　？　）千円を回収したが、本店に未達である。

5　本店は商品2,000千円（販売価格）を支店の得意先に直接売上げたが、支店に未達である。この商品の本店仕入原価は1,300千円である。

6　支店は本店から仕入れた商品550千円（支店仕入原価)を本店の仕入先に直接返品したが、本店に未達である。

【資料3】決算整理事項

1　期末商品（未達商品は含まれていない）

　　本店　20,000千円

　　支店　8,500千円（うち本店仕入分5,500千円）

　　なお、支店の期首商品のうち、2,000千円は外部からの仕入分である。

2　決算で算定された支店の費用総額（売上原価を除く）は9,600千円である。

| | | 10分 | / | / | 答案用紙→P41 |
| | | | | | 解答解説→P280 |

B社は本店及び支店の２店舗で商品売買業を営み、支店独立会計制度を採用している。以下の【資料１】～【資料３】に基づいて、次の(1)～(2)に答えなさい。

(1) 合併整理で相殺消去される支店勘定の額及び本店仕入高の額を答えなさい。

(2) 本支店合併損益計算書を答えなさい。

【資料１】本店及び支店の損益計算書

本店・支店損益計算書　　　　　（単位：千円）

借　方　科　目	本　店	支　店	貸　方　科　目	本　店	支　店
期首商品棚卸高	74,000	31,250	売　　上　　高	168,000	374,000
当　期　仕　入　高	343,000	54,000	支　店　売　上　高	257,400	—
本　店　仕　入　高	—	256,300	期末商品棚卸高	67,000	41,750
営　　業　　費	41,500	46,400			
貸倒引当金繰入	2,400	2,100			
当　期　純　利　益	31,500	25,700			
合　　　計	492,400	415,750	合　　　計	492,400	415,750

【資料２】本店及び支店の損益計算書に関する参考事項

1 本店及び支店の決算整理において未達取引は処理されていない。なお、決算整理後の支店勘定残高は155,200千円、本店勘定残高は154,800千円である。

2 本店が支店に送った商品には、原価の10％の利益が加算されている。

3 貸倒引当金は、本店及び支店とも売上債権の期末残高に対して２％を設定している。

4 支店の期首商品棚卸高のうち本店仕入分は12,650千円である。

5 支店の期末商品棚卸高のうち本店仕入分は19,800千円である。

【資料３】未達取引

1 本店が支店に送った商品（各自推定）千円が支店に未達である。

2 本店は支店の売掛金1,000千円を回収したが、その通知が支店に未達である。

3 支店は本店の仕入先から商品1,000千円（外部仕入原価）を直接掛により仕入れたが、その通知が本店に未達である。

4 支店は本店の営業費（各自推定）千円を立替払いしたが、その通知が本店に未達である。

当社は、本店、Ａ支店及びＢ支店の３店舗で商品売買業を営み、支店独立会計制度を採用している。また、支店相互間の取引については支店分散計算制度を採用している。商品はＡ支店が仕入れ、仕入原価の20％増しの価格で本店及びＢ支店へ送付しているが、その他の商品については各店が独自に仕入れて販売している。以下の資料に基づいて、次の⑴～⑶に答えなさい。

⑴　【資料２】の①～④の金額を答えなさい。

⑵　本支店合併損益計算書に計上される売上原価の額を答えなさい。

⑶　未達取引２について、本店集中計算制度を採用した場合の本店及びＢ支店の仕訳を答えなさい。

【資料１】

決算整理前残高試算表の一部　　　（単位：千円）

借方科目	本　店	Ａ支店	Ｂ支店	貸方科目	本　店	Ａ支店	Ｂ支店
繰越商品	8,600	10,000	4,400	繰延内部利益	？	—	—
Ａ　支　店	53,400	—	—	本　店	—	50,600	34,000
Ｂ　支　店	35,000	29,000	—	Ａ　支　店	—	—	26,600
仕　入	24,000	120,000	16,000	売　上	90,000	120,000	60,000
Ａ支店より仕入	38,400	—	28,800	本店へ売上	—	43,200	—
				Ｂ支店へ売上	—	31,200	—

【資料２】未達取引

1　Ａ支店から本店に送付した商品　①　千円が、本店に未達である。

2　Ａ支店からＢ支店に送付した商品　②　千円が、Ｂ支店に未達である。

3　本店はＡ支店の売掛金　③　千円を回収したが、その連絡がＡ支店に未達である。

4　Ｂ支店から本店に送付した現金　④　千円が、本店に未達である。

【資料３】期首商品及び期末商品

1　本店の期首商品のうち3,600千円、Ｂ支店の期首商品のうち2,400千円はＡ支店からの仕入分である。

2　期末商品棚卸高（未達商品を除く。）

　　本　店　　4,400千円（うちＡ支店仕入分2,400千円）

　　Ａ支店　　8,000千円

　　Ｂ支店　　3,200千円（うちＡ支店仕入分1,200千円）

12分

答案用紙→P43
解答解説→P284

C社（会計期間4月1日～翌3月31日）は本社と工場を有し、それぞれ独立会計制度を採用している。

工場では単一製品を単一工程で製造しているが、原価計算制度は採用していない。

製造に必要なすべての材料は工場が外部から仕入れている。

工場で生産された製品は、毎期1個当たり200千円で本社に送付している。

C社は自社製品のみを販売しているが、その販売はすべて本社が行っている。

C社の【資料1】～【資料3】に基づいて、次の(1)～(4)に答えなさい。

(1) 工場の製造勘定を示しなさい。

(2) 期首製品棚卸高に含まれる内部利益の金額を計算しなさい。

(3) 期末製品棚卸高に含まれる内部利益の金額を計算しなさい。

(4) 合併損益計算書を示しなさい。

【資料1】

決算整理前残高試算表　　　　　　　　　（単位：千円）

借 方 科 目	本 社	工 場	貸 方 科 目	本 社	工 場
現 金 預 金	77,500	31,800	支払手形・買掛金	—	12,000
受取手形・売掛金	30,000	—	貸 倒 引 当 金	400	—
製 品	20,000	9,000	繰 延 内 部 利 益	（　　）	—
仕 掛 品	—	22,200	建物減価償却累計額	7,500	6,000
材 料	—	17,000	機械減価償却累計額	—	3,000
建 物	50,000	40,000	本 社	—	84,400
機 械	—	10,000	資 本 金	（　　）	—
工 場	87,000	—	資 本 準 備 金	20,000	—
材 料 仕 入	—	68,000	利 益 準 備 金	10,000	—
工 場 よ り 仕 入	138,000	—	繰 越 利 益 剰 余 金	37,600	—
労 務 費	—	18,700	売 上	195,000	—
製 造 経 費	—	25,700	本 社 へ 売 上	—	140,000
営 業 費	20,000	3,000			
合 計	422,500	245,400	合 計	422,500	245,400

【資料2】 未達取引

1 本社は工場の製造経費600千円を立替払いしたが、工場に未達である。

2 工場は本社へ製品2,000千円（10個）を送付したが、本社に未達である。

【資料3】 決算整理事項

1 工場の期末材料棚卸高は20,000千円である。

2 工場の未払労務費300千円を計上する。

3 減価償却費を次のとおり計上する。

　　本社　建物2,500千円

　　工場　建物2,000千円、機械1,000千円（いずれも製造関係）

4 仕掛品に関する事項

　(1) 生産データは次のとおりである。

　　　期首仕掛品　150個（加工進捗度60％）

　　　当期投入量　650個

　　　期末仕掛品　100個　（加工進捗度40％）

　　　当期完成品　700個

　(2) 期首仕掛品の内訳は、材料費15,000千円、加工費7,200千円である。

　(3) 材料は工程の始点ですべて投入されている。

　(4) 仕掛品の評価は、総平均法による。

5 工場の製品に関する事項

　(1) 期首製品棚卸高は50個である。

　(2) 期末製品棚卸高は50個、本社への払出数量は700個である。

　(3) 製品の評価は、先入先出法による。

6 本社の製品に関する事項

　(1) 期首製品棚卸高は100個である。

　(2) 期末製品棚卸高は140個（未達製品は含まれていない）、売上数量は650個である。

　(3) 製品の評価は、先入先出法による。

7 受取手形・売掛金の期末残高に対して2％の貸倒引当金を、差額補充法により設定する。

13分 / / 答案用紙→P44
解答解説→P288

　B社の当期（4月1日〜翌年3月31日）に関する以下の【資料1】〜【資料2】に基づいて、(1)直接法と(2)間接法によるキャッシュ・フロー計算書を示しなさい。なお、キャッシュ・フローがマイナスとなる場合は、金額の前に△を付すこと。

【資料1】

貸　借　対　照　表 （単位：千円）

借　方　科　目	期　首	期　末	貸　方　科　目	期　首	期　末
現　金　預　金	120,000	214,000	買　　掛　　金	48,000	47,000
売　　掛　　金	80,000	70,000	借　　入　　金	60,000	50,000
貸　倒　引　当　金	△ 1,600	△ 1,400	未　払　費　用	900	800
商　　　　　品	8,500	8,000	未　払　法　人　税　等	8,000	10,000
未　収　収　益	700	900	退　職　給　付　引　当　金	16,000	17,000
前　払　費　用	400	500	資　　本　　金	300,000	300,000
固　定　資　産	500,000	400,000	資　本　剰　余　金	100,000	100,000
減　価　償　却　累　計　額	△ 94,000	△ 65,000	利　益　剰　余　金	130,300	151,600
投　資　有　価　証　券	49,200	49,400			
合　　　　　計	663,200	676,400	合　　　　　計	663,200	676,400

損　益　計　算　書 （単位：千円）

借　方　科　目	金　額	貸　方　科　目	金　額
売　上　原　価	247,000	売　　上　　高	380,000
給　　　　　料	34,000	受　取　利　息	6,400
退　職　給　付　費　用	2,000	有　価　証　券　利　息	1,700
貸　倒　引　当　金　繰　入	800	為　替　差　益	400
減　価　償　却　費	7,000	固　定　資　産　売　却　益	5,000
棚　卸　減　耗　損	100		
そ　の　他　の　営　業　費	20,000		
支　払　利　息	3,500		
法　人　税　等	31,640		
当　期　純　利　益	47,460		
合　　　　　計	393,500	合　　　　　計	393,500

【資料２】補足事項

1 　為替差益の内訳は、売掛金の決済に係る為替差損400千円、売掛金の期末換算替に係る為替差益600千円、現金預金の期末換算替に係る為替差益200千円である。

2 　未収収益は受取利息に係る未収利息である。

3 　前払費用はその他の営業費に係る前払営業費である。

4 　投資有価証券は、前期首に取得した満期保有目的の債券である。額面金額は50,000千円であり、額面金額と取得価額の差額については定額法による償却原価法を採用している。

5 　未払費用の内訳は以下のとおりである。

　　未払利息　　期首300千円　期末100千円

　　未払給料　　期首600千円　期末700千円

A社（決算日は３月31日）は、×10年７月１日を合併期日としてB社を吸収合併した。以下の【資料】に基づいて、A社の合併仕訳の①と②の金額を計算しなさい。

【資　料】

1　A社を法律上の存続会社としてB社を吸収合併する。当該合併は取得とされ、取得企業はA社、被取得企業はB社である。×10年３月31日におけるA社とB社の個別貸借対照表は以下のとおりである。

個別貸借対照表　　　　　　　（単位：千円）

資　　産	A　社	B　社	負債・純資産	A　社	B　社
諸　資　産	400,000	180,000	諸　負　債	150,000	60,000
			資　本　金	100,000	50,000
			資　本　剰　余　金	50,000	30,000
			利　益　剰　余　金	100,000	40,000
合　　計	400,000	180,000	合　　計	400,000	180,000

2　合併比率は、×10年３月31日の簿価による純資産額と収益還元価値額の平均値を企業評価額とする方法に基づいて算定する。

3　A社の×10年３月31日の発行済株式総数は400,000株である。また、B社の×10年３月31日の発行済株式総数は200,000株である。

4　A社の×10年３月31日に終わる過去５会計期間の平均自己資本利益率は７％である。また、B社の×10年３月31日に終わる過去５会計期間の平均自己資本利益率は６％である。A社とB社が共に属する業種の平均自己資本利益率は５％である。

5　A社は、B社株主に対するA社株式の交付を新株の発行により行う。×10年７月１日のA社株式の株価は１株当たり1,000円である。なお、A社の増加する資本については、50,000千円を資本金とし、残額は資本剰余金とする。

6　×10年７月１日におけるB社の諸資産及び諸負債の時価は、それぞれ210,000千円、65,000千円である。

7　×10年７月１日の合併仕訳は次のとおりである。

（単位：千円）

借　方　科　目	金　　額	貸　方　科　目	金　　額
諸　資　産		諸　負　債	
の　れ　ん	①	資　本　金	
		資　本　剰　余　金	②

C社（決算日は3月31日）は、×10年4月1日を合併期日としてD社を吸収合併した。【資料】に基づいて、C社の合併直後の個別貸借対照表に計上される(1)～(3)の金額を計算しなさい。

(1) 諸資産の額

(2) のれんの額

(3) 資本剰余金の額

【資料】

1　C社を存続会社としてD社を吸収合併した。当該合併は取得とされ、取得企業はC社、被取得企業はD社である。×10年3月31日におけるC社とD社の個別貸借対照表は次のとおりである。

個別貸借対照表　　　　　　　　（単位：千円）

資　産	C　社	D　社	負債・純資産	C　社	D　社
諸　資　産	426,000	129,000	諸　負　債	150,000	75,000
			資　本　金	200,000	30,000
			資　本　剰　余　金	45,000	15,000
			利　益　剰　余　金	37,000	9,000
			自　己　株　式	△ 6,000	―
合　計	426,000	129,000	合　計	426,000	129,000

2　合併期日におけるD社の諸資産及び諸負債の時価はそれぞれ135,000千円、84,000千円であった。

3　合併に際し、C社は、D社株主に対するC社株式の交付を、5,000株は自己株式の処分により行い、残りは新株の発行により行った。C社が×10年3月31日に保有している自己株式は5,000株（1株当たり簿価1,200円）である。

4　C社の発行済株式総数は252,000株、D社の発行済株式総数は126,000株であり、合併比率は合併の合意の日における株価に基づいて算定している。合意の日における株価は、C社株式は1,450円であり、D社株式は870円であり、合併期日におけるC社株式の株価は1,500円であった。

5　C社の個別貸借対照表において増加すべき株主資本は、50,000千円を資本金とし、残額を資本剰余金とする。

E社（決算日は3月31日）は、×10年4月1日を合併期日としてF社を吸収合併した。【資料】に基づいて、次の(1)と(2)を計算しなさい。なお、税効果会計については考慮する必要はない。

(1) E社の合併直後の個別貸借対照表に計上されるのれんの額

(2) E社の合併直後の連結貸借対照表に計上されるのれんの額

【資料】

1 E社を存続会社としてF社を吸収合併した。当該合併は取得とされ、取得企業はE社、被取得企業はF社である。×10年3月31日におけるE社とF社の個別貸借対照表は次のとおりである。

個別貸借対照表 （単位：千円）

資　産	E　社	F　社	負債・純資産	E　社	F　社
諸　資　産	110,000	28,000	諸　負　債	65,000	10,000
F　社　株　式	2,100	—	資　本　金	30,000	8,000
			資　本　剰　余　金	5,000	3,000
			利　益　剰　余　金	11,800	7,000
			その他有価証券評価差額金	300	—
合　　計	112,100	28,000	合　　計	112,100	28,000

2 E社とF社の発行済株式総数は、E社100,000株、F社60,000株である。合併比率は、合併の合意の日におけるE社とF社の時価による純資産額と将来キャッシュ・フローの割引現在価値額の平均値を企業評価額とする方法に基づいて決定する。

3 合併の合意の日におけるE社の諸資産及び諸負債の時価はそれぞれ105,600千円、64,480千円、F社の諸資産及び諸負債の時価はそれぞれ29,600千円、10,360千円である。

4 今後10年間における将来キャッシュ・フローの見積額は、E社が毎期8,000千円、F社が毎期3,500千円である。割引率は6％とし、期間10年の年金現価係数は7.36とする。

5 合併前において、E社はF社の株式を6,000株（取得原価1,800千円、時価2,100千円）保有しており、その他有価証券として処理している。

6 合併に際し、E社は、F社株主に対するE社株式の交付を新株の発行により行った。E社の増加する株主資本については、10,000千円を資本金とし、残額を資本剰余金とする。

7 合併期日におけるE社株式の1株当たりの時価は600円、F社株式の時価は1株当たりの時価は350円である。

8 合併期日におけるF社の諸資産及び諸負債の時価はそれぞれ30,000千円、10,800千円であった。

答案用紙→P45　解答解説→P298

6分 ／ ／

　G社（決算日は3月31日）は、×10年4月1日を株式交換日として、G社を株式交換完全親会社、H社を株式交換完全子会社とする株式交換を行った。当該株式交換は取得とされ、G社が取得企業、H社が被取得企業とされた。以下の【資料】に基づいて、次の(1)〜(3)を計算しなさい。なお、税効果会計については考慮する必要はない。

(1)　G社が作成する株式交換直後の個別貸借対照表に計上されるH社株式の金額

(2)　G社が作成する株式交換直後の個別貸借対照表に計上される資本剰余金の金額

(3)　G社が作成する株式交換直後の連結貸借対照表に計上されるのれんの金額

【資　料】

1　×10年3月31日におけるG社とH社の個別貸借対照表は次のとおりである。

個別貸借対照表　　　　　　　　（単位：千円）

資　　産	G　社	H　社	負債・純資産	G　社	H　社
諸　資　産	400,000	150,000	諸　　負　　債	150,000	60,000
			資　　本　　金	100,000	50,000
			資　本　剰　余　金	70,000	10,000
			利　益　剰　余　金	80,000	30,000
合　　　計	400,000	150,000	合　　　計	400,000	150,000

2　株式交換比率は、G社：H社＝1：0.5である。

3　G社の発行済株式総数は200,000株、H社の発行済株式総数は100,000株である。

4　G社はH社の株主に新株の発行によりG社株式を発行する。なお、株式交換日のG社株式の時価は1株当たり2,400円である。G社は増加すべき資本のうち、50,000千円を資本金とし、残額については資本剰余金とした。

5　株式交換日におけるH社の諸資産の時価は170,000千円、諸負債の時価は簿価と同額と算定された。

製造業を営むⅠ社（決算日は3月31日）は、経営環境の悪化に伴い、×10年3月31日にⅠ社の製造部門をJ社へ事業分離した。下記の【資料】に基づいて、(1)～(3)に答えなさい。

(1) 事業分離する対価として、現金95,000千円を受け取った場合のⅠ社の仕訳を示しなさい。

(2) 事業分離する対価として、J社の株式60,000株を受け取った場合のⅠ社の仕訳を示しなさい。なお、当該株数はJ社発行済株式総数の5％に相当するものとし、その他有価証券として処理する。事業移転日のJ社株式の時価は、1株当たり1,650円である。

(3) 事業分離する対価として、J社の株式60,000株を受け取った場合のⅠ社の仕訳を示しなさい。なお、当該株数はJ社発行済株式総数の80％に相当するものとし、これによりⅠ社はJ社を子会社として支配することになった。事業移転日のJ社株式の時価は、1株当たり1,650円である。

【資　料】

1 事業分離前において、Ⅰ社とJ社に資本関係はない。

2 事業分離直前のⅠ社の貸借対照表は次のとおりである。

Ⅰ社貸借対照表 （単位：千円）

資　　産	金　額	負債・純資産	金　額
諸　資　産	426,000	諸　負　債	150,000
		資　本　金	195,000
		資　本　剰　余　金	45,000
		利　益　剰　余　金	36,000
合　　計	426,000	合　　計	426,000

3 事業分離直前におけるⅠ社の製造部門の諸資産の帳簿価額は126,000千円であり、諸負債の帳簿価額は60,000千円であった。また、事業分離日におけるⅠ社の製造部門の諸資産の時価は159,000千円であり、諸負債の時価は60,000千円であった。

P社の当期（×1年4月1日～×2年3月31日）に係る次の【資料】に基づいて、×2年3月31日の連結財務諸表を作成しなさい。なお、解答に当たり税効果会計は考慮不要とする。

【資　料】

1　P社は、×1年3月31日にS社株式の60％を40,000千円で取得して支配を獲得し、S社を子会社とした。

2　S社は土地（簿価10,000千円）を保有しており、当該土地の時価は×1年3月31日において15,000千円、×2年3月31日において18,000千円である。土地以外の資産及び負債に簿価と時価の乖離は生じていない。

3　のれんは、計上年度の翌年度から10年間にわたり定額法により償却する。

4　当期のP社及びS社の個別財務諸表は次のとおりである。

損 益 計 算 書　（単位：千円）

科　　目	P　社	S　社	科　　目	P　社	S　社
諸　費　用	270,000	54,000	諸　収　益	300,000	60,000
当 期 純 利 益	30,000	6,000			
合　　計	300,000	60,000	合　　計	300,000	60,000

株主資本等変動計算書　（単位：千円）

	株　主　資　本			
	資　本　金		利益剰余金	
	P　社	S　社	P　社	S　社
当期首残高	200,000	50,000	130,000	10,000
剰余金の配当			△20,000	△3,000
当期純利益			30,000	6,000
当期末残高	200,000	50,000	140,000	13,000

貸 借 対 照 表　（単位：千円）

科　　目	P　社	S　社	科　　目	P　社	S　社
諸　資　産	760,000	120,000	諸　負　債	460,000	57,000
S　社　株　式	40,000	—	資　本　金	200,000	50,000
			利　益　剰　余　金	140,000	13,000
合　　計	800,000	120,000	合　　計	800,000	120,000

P社の当期（×1年4月1日から×2年3月31日）に係る下記の【資料】に基づいて、×2年3月31日の連結財務諸表を示しなさい。なお、税効果会計は考慮しない。

【資　料】

1　P社は、×1年3月31日にS社株式の60％を75,000千円で取得しS社を子会社として支配した。S社の×1年3月31日の純資産は、資本金50,000千円、利益剰余金40,000千円である。

2　S社は土地（簿価5,000千円）を保有しており、この土地の時価は、×1年3月31日において8,000千円、×2年3月31日においては9,000千円である。

3　のれんは、計上年度の翌年から10年間にわたり定額法により償却する。

4　当期における剰余金の配当は、P社15,000千円、S社10,000千円である。

5　P社の売上高のうち40,000千円はS社に対するものである。

6　S社の期末商品のうち3,000千円はP社から仕入れた商品である。なお、P社は利益率25％でS社に販売している。

7　P社の売掛金のうち5,000千円はS社に対するものである。P社は、期末売掛金に対して2％の貸倒引当金を計上している。

8　×2年3月31日における個別財務諸表は、次のとおりである。

損 益 計 算 書　　　　　　（単位：千円）

科　　　目	P　社	S　社	科　　　目	P　社	S　社
売 上 原 価	157,000	78,000	売 上 高	210,000	100,000
販 売 管 理 費	28,000	8,000	営 業 外 収 益	10,000	3,000
営 業 外 費 用	5,000	2,000			
当 期 純 利 益	30,000	15,000			
合　　　計	220,000	103,000	合　　　計	220,000	103,000

貸 借 対 照 表　　　　　　（単位：千円）

科　　　目	P　社	S　社	科　　　目	P　社	S　社
現 金 預 金	70,500	65,400	買 掛 金	20,000	10,000
売 掛 金	25,000	20,000	貸 倒 引 当 金	500	400
商 品	20,000	15,000	資 本 金	100,000	50,000
土 地	10,000	5,000	利 益 剰 余 金	80,000	45,000
S 社 株 式	75,000	—			
合　　　計	200,500	105,400	合　　　計	200,500	105,400

P社の当期（×1年4月1日から×2年3月31日）に係る下記の【資料】に基づいて、以下の(1)と(2)に答えなさい。なお、その他有価証券の評価差額並びに子会社の資産及び負債の時価評価については税効果会計（法定実効税率40%）を適用し、のれんについては計上年度の翌年度から5年間にわたり定額法により償却する。また、P社及びS社は剰余金の配当を行っていない。

(1) 当期の連結損益計算書及び連結包括利益計算書を作成しなさい。

(2) 当期の連結株主資本等変動計算書を作成しなさい。

【資料】

1 P社は、×1年3月31日にS社株式の80%を110,000千円で取得して支配を獲得し、S社を子会社とした。同日においてS社の保有する土地の簿価は50,000千円、時価は60,000千円である。

2 P社の純資産の推移は以下のとおりである。なお、その他有価証券（取得原価10,000千円）の×1年3月31日及び×2年3月31日の時価は、13,500千円及び15,000千円である。

純資産の内訳	×1年3月31日	×2年3月31日
資　　本　　金	150,000千円	150,000千円
利　益　剰　余　金	60,000千円	99,000千円
その他有価証券評価差額金	2,100千円	3,000千円

3 S社の純資産の推移は以下のとおりである。なお、その他有価証券（取得原価6,000千円）の×1年3月31日及び×2年3月31日の時価は、8,500千円及び9,000千円である。

純資産の内訳	×1年3月31日	×2年3月31日
資　　本　　金	80,000千円	80,000千円
利　益　剰　余　金	40,000千円	61,000千円
その他有価証券評価差額金	1,500千円	1,800千円

4 P社及びS社の個別損益計算書（×1年4月1日から×2年3月31日）は以下のとおりである。

損　益　計　算　書　　　　　　（単位：千円）

科　　目	P　社	S　社	科　　目	P　社	S　社
諸　　費　　用	335,000	165,000	諸　　収　　益	400,000	200,000
法　人　税　等	26,000	14,000			
当　期　純　利　益	39,000	21,000			
合　　　計	400,000	200,000	合　　　計	400,000	200,000

6分　　／　　／　答案用紙→P50　解答解説→P308

　P社の当期（×1年4月1日から×2年3月31日）に係る下記の【資料】に基づいて、以下の(1)～(3)を計算しなさい。なお、税効果会計については考慮する必要はない。

(1)　連結貸借対照表に計上される「A社株式」の金額

(2)　連結損益計算書に計上される「持分法による投資損益」の金額

(3)　連結包括利益計算書のその他の包括利益に計上される「持分法適用会社に対する持分相当額」の金額

【資　料】

1　P社は、×1年3月31日にA社株式の30％を30,000千円で取得してA社を関連会社とし、それ以降A社株式に持分法を適用している。

2　P社は持分法の適用に当たって、A社の土地を時価で評価している。×1年3月31日の土地の簿価は10,000千円、時価は20,000千円である。

3　のれん相当額については、それを計上した翌年度から5年間で償却する。

4　A社は、当期に剰余金の配当3,000千円を行った。

5　A社の当期純利益は8,000千円である。

6　A社の純資産の推移は以下のとおりである。

純資産の内訳	×1年3月31日	×2年3月31日
資　　本　　金	50,000千円	50,000千円
利　益　剰　余　金	20,000千円	25,000千円
その他有価証券評価差額金	10,000千円	15,000千円

　　（注）その他有価証券（取得原価15,000千円）の×1年3月31日及び×2年3月31日の時価は、それぞれ25,000千円及び30,000千円である。

解答・解説編

（単位：千円）

	借　方　科　目	金　額	貸　方　科　目	金　額
(1)	営　　業　　費	10	前　払　営　業　費	10
	未　払　営　業　費	30	営　　業　　費	30

(2)	8,410　千円
(3)	49,050　千円
(4)	1,140　千円
(5)	10,590　千円

本問のポイント

大陸式簿記法における簿記一巡の流れの理解と再振替仕訳の推定がポイントである。

解答手順・思考過程

1　再振替仕訳

まず、再振替後の営業費20千円が借方残高なのか貸方残高なのかを算定しなければならない。これは再振替後の残高試算表を作成して求める。

再振替後の残高試算表

現　金　預　金	4,000	買　　掛　　金	1,500
売　　掛　　金	2,000	貸　倒　引　当　金	40
繰　越　商　品	800	資　　本　　金	6,000
備　　　　　品	1,600	繰越利益剰余金	840
		営　　業　　費	20
	8,400		8,400

← 貸方残高にしないと貸借が一致しない

次に、再振替仕訳の前払営業費と未払営業費の内訳を考える。再振替仕訳の合計額が40千円で、再振替後に貸方残高20千円となる組み合わせは以下のようになる。

営　　業　　費

前　払　営　業　費　（　　　10）	未　払　営　業　費　（　　　30）
再　振　替　後　残　高　　　　20	

2 前期末の残高勘定の合計額

前払営業費10千円と未払営業費30千円を加え、前期末の残高勘定を作成して算定する。

残　　　高

現 金 預 金	4,000	買　　掛　　金	1,500
売　　掛　　金	2,000	未 払 営 業 費	30
繰 越 商 品	800	貸 倒 引 当 金	40
前 払 営 業 費	10	資　　本　　金	6,000
備　　　　品	1,600	繰越利益剰余金	840
	8,410		8,410

3 決算整理前合計試算表の合計額

大陸式簿記法では仕訳帳の一次締切金額と決算整理前合計試算表の合計額が一致するため、仕訳帳をイメージして算定する。

開始仕訳	8,410
再振替仕訳	40
営業仕訳	40,600 ← 8,000 + 12,000 + 7,000 + 10,970 + 2,600 + 30
仕訳帳の一次締切金額	49,050

4 当期純利益

損益勘定またはP/Lを作成して算定する。

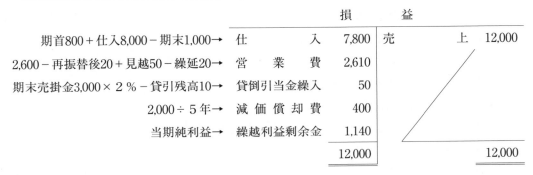

損　　　益

期首800＋仕入8,000－期末1,000→	仕　　　　　　入	7,800	売　　　　　　上	12,000
2,600－再振替後20＋見越50－繰延20→	営　　業　　費	2,610		
期末売掛金3,000× 2 ％－貸引残高10→	貸倒引当金繰入	50		
2,000÷ 5 年→	減 価 償 却 費	400		
当期純利益→	繰越利益剰余金	1,140		
		12,000		12,000

5 当期末の残高勘定の合計額

貸借の一致を確認するのが理想だが一方のみでかまわない。借方のほうが確実であろう。

残　　　高

4,000－7,000＋10,970－2,600→	現 金 預 金	5,370	買　　掛　　金	2,500
2,000＋12,000－10,970－30→	売　　掛　　金	3,000	未 払 営 業 費	50
期末商品→	繰 越 商 品	1,000	貸 倒 引 当 金	60
期末繰延→	前 払 営 業 費	20	資　　本　　金	6,000
1,600－400→	備　　　　品	1,200	繰越利益剰余金	1,980
		10,590		10,590

①	3,300
②	6,000
③	仕　入
④	損　益
⑤	4,100
⑥	4,000
⑦	1,000
⑧	資本金

本問のポイント

　このような問題では、わかりやすいところから手を付けていくのがコツである。本問で
わかりやすいのは未払営業費と営業費、繰越商品と仕入の関係である。

解答手順・思考過程

1　未払営業費勘定と営業費勘定

(1)　未払営業費勘定から前期末及び当期末の未払営業費が判明するので、これを営業費勘定に
　　転記する。この際、貸借を間違えないように慎重に行う。

(2)　営業費勘定の差額で1,000が算定される。これが損益勘定の営業費（解答要求⑦）となる。

(3)　営業費勘定借方の当座預金900を当座預金勘定貸方に転記する。

2　繰越商品勘定と仕入勘定

(1)　繰越商品勘定から期首商品及び期末商品が判明するので、これを仕入勘定に転記する。繰
　　越商品勘定の貸方科目は仕入（解答要求③）となる。

(2)　仕入勘定の差額で4,200（売上原価）が算定される。相手勘定は損益（解答要求④）となる。

(3)　仕入勘定借方の買掛金4,300を買掛金勘定貸方に転記する。

3　買掛金勘定と支払手形勘定

(1)　買掛金勘定の差額で支払手形4,400が算定されるので、これを支払手形勘定貸方に転記する。

(2)　支払手形勘定の差額で当座預金4,100（解答要求⑤）が算定されるので、これを当座預金
　　勘定貸方に転記する。

4　受取手形勘定と売掛金勘定

(1)　当座預金勘定借方の差額で受取手形5,800が算定されるので、これを受取手形勘定貸方に
　　転記する。

(2)　受取手形勘定の差額で売掛金6,100が算定されるので、これを売掛金勘定貸方に転記する。

(3) 売掛金勘定の差額で売上6,000（解答要求②）が算定されるので、これを売上勘定貸方に転記する。

5 当座預金勘定

当座預金勘定の差額で次期繰越3,300（解答要求①）が算定される。

6 損益勘定と資本金勘定

(1) 損益勘定で当期純利益800が算定される。個人企業なので、相手勘定は資本金（解答要求⑧）となる。

(2) 資本金勘定の合計で次期繰越4,000（解答要求⑥）が算定される。

当 座 預 金			
前期繰越	2,500	（支払手形）（	4,100）
受取手形 （	5,800）	（営 業 費）（	900）
		次期繰越 （	3,300）
	8,300		8,300

支 払 手 形			
当座預金 （	4,100）	前期繰越	1,000
次期繰越	1,300	（買 掛 金）（	4,400）
（	5,400）	（	5,400）

受 取 手 形			
前期繰越	1,200	（当座預金）（	5,800）
売 掛 金 （	6,100）	次期繰越	1,500
（	7,300）	（	7,300）

買 掛 金			
支払手形 （	4,400）	前期繰越	700
次期繰越	600	（仕 入）（	4,300）
（	5,000）	（	5,000）

売 掛 金			
前期繰越	800	（受取手形）（	6,100）
（売 上）（	6,000）	次期繰越	700
（	6,800）	（	6,800）

未 払 営 業 費			
（営 業 費）（	100）	前期繰越	100
次期繰越	200	（営 業 費）（	200）
（	300）	（	300）

繰 越 商 品			
前期繰越	500	（仕 入）（	500）
（仕 入）（	600）	次期繰越	600
（	1,100）	（	1,100）

資 本 金			
次期繰越 （	4,000）	前期繰越	3,200
		（損 益）（	800）
（	4,000）	（	4,000）

仕 入			
買掛金	4,300	繰越商品 （	600）
繰越商品 （	500）	（損 益）（	4,200）
（	4,800）	（	4,800）

売 上			
（損 益）（	6,000）	売掛金 （	6,000）

営 業 費			
当座預金	900	未払営業費 （	100）
未払営業費 （	200）	（損 益）（	1,000）
（	1,100）	（	1,100）

損 益			
仕 入 （	4,200）	売 上 （	6,000）
営 業 費 （	1,000）		
（資 本 金）（	800）		
（	6,000）	（	6,000）

問1	(1)	9,600	千円
	(2)	18,500	千円
問2		135,000	千円

本問のポイント

　勘定分析の推定で重要なことが2つある。1つは、最初に「何が解答要求なのか」をしっかり把握しておくことである。そこがあやふやだと、解答中に「結局何をやっているんだ？」となってしまうことがある。もう1つは「常に仕訳を考えて勘定に転記する」ことである。推定であってもベースは仕訳であるため、それを忘れると転記漏れが生じやすい。

解答手順・思考過程

問1

(1) 支払手形の増加は買掛金の決済のみであるため、支払手形勘定の差額で算定される9,600が「当期の手形による買掛金の決済高」となる。

(2) 買掛金の減少は、①仕入割戻し1,100、②現金による決済4,900、③手形による決済9,600の3つであり、買掛金勘定の差額で掛仕入15,000が算定される。

(3) 純仕入は、①現金仕入4,600、②掛仕入15,000の合計から仕入割戻し1,100を控除した18,500となる。

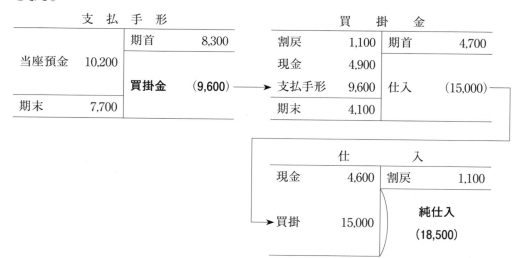

問2

(1) 当座預金の当期減少額の合計146,700の内訳が不明であるため、全額を支払手形の決済と仮定する（当座仕入及び買掛金の当座決済を0と仮定する）。

(2) 支払手形勘定の差額116,100を買掛金の決済と仮定する。

(3) 買掛金勘定の差額で当期仕入高138,600を算定する。

(4) 仕入勘定の差額で売上原価135,000を算定する。

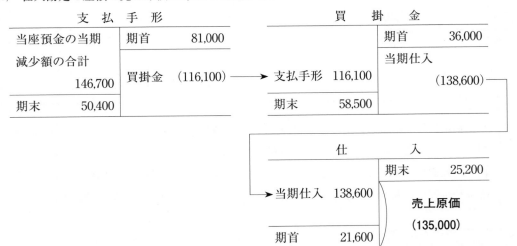

なお、次のように支払手形と買掛金を合算して当期仕入高を推定してもよい。

支払手形＋買掛金

	期首支払手形　81,000
当座預金の当期減少額	期首買掛金　36,000
の合計　　146,700	
	当期仕入　　（138,600）
期末支払手形　50,400	
期末買掛金　58,500	

(1)	504,600	千円
(2)	625,000	千円
(3)	44,000	千円
(4)	101,400	千円
(5)	4,000	千円

本問のポイント

　最初に貸借対照表及び損益計算書の（　　　）の数値を算定しなければならない。未払利息と前払販売費については貸借対照表の差額で算定することになるが、これについては資産＝負債＋純資産ということに気がつくか、また、損益計算書の当期純利益については繰越利益剰余金勘定の差額により算定することに気がつくかがポイントである。

解答手順・思考過程

1　貸借対照表及び損益計算書の（　　　）の推定

貸　借　対　照　表

	前　期　末	当　期　末
現　金　預　金	17,600	31,600
売　　掛　　金	60,000	（　90,000）
貸　倒　引　当　金	（△　1,200）	△　1,800
商　　　　品	42,000	69,000
前　払　販　売　費	5,000	（　5,800）
備　　　　品	60,000	90,000
減価償却累計額	△　12,000	△　16,000
買　　掛　　金	44,000	58,400
借　　入　　金	40,000	51,000
未　払　利　息	（　1,600）	1,800
資　　本　　金	50,000	90,000
利　益　準　備　金	5,000	（　6,000）
繰越利益剰余金	30,800	61,400

損　益　計　算　書

売　　上　　高	656,000
売　上　原　価	（　492,000）
販　　売　　費	100,600
減　価　償　却　費	11,400
貸倒引当金繰入	1,600
支　払　利　息	（　4,200）
備　品　売　却　損	4,600
当　期　純　利　益	（　41,600）

繰越利益剰余金		
配当	10,000	期首　30,800
利準	1,000	当期純利益
期末	61,400	（41,600）

(1)　貸借対照表

　①　貸倒引当金　売掛金60,000×２％＝1,200

② 売掛金　貸倒引当金1,800÷2％＝90,000

③ 利益準備金　前期末5,000＋配当10,000×10％＝6,000

④ 未払利息と前払販売費　貸借対照表の差額により算定する。

(2) 損益計算書

① 売上原価　売上高656,000×原価率75％＝492,000

② 当期純利益　繰越利益剰余金の差額により算定する。

③ 支払利息　損益計算書の差額により算定する。

2　買掛金支払高

買　　掛　　金			
支払高		期首	44,000
	(504,600)	当期仕入	
期末	58,400		519,000

商　　　　品			
期首	42,000	売上原価	
当期仕入			492,000
	(519,000)	期末	69,000

3　売掛金回収高

売　　掛　　金			
期首	60,000	回収高	(625,000)
売上		貸倒	1,000
	656,000	期末	90,000

貸 倒 引 当 金			
貸倒		期首	1,200
	(1,000)	繰入	
期末	1,800		1,600

4　備品取得高

備　　　　品			
期首	60,000	売却分	
取得高			14,000
	(44,000)	期末	90,000

減価償却累計額			
売却分		期首	12,000
	(7,400)	減価償却費	
期末	16,000		11,400

次のように仕訳を書いて売却した備品の取得原価を算定するが、減価償却費が不明であるためゼロと仮定（期首に売却と仮定）して推定を行う。

（減 価 償 却 累 計 額）	7,400	（備　　　　　　品）	(14,000)
（現 金 預 金）	2,000	借方の合計額で算定する	
（備 品 売 却 損）	4,600		

5　販売費支払高及び支払利息支払高

販　　売　　費			
期首	5,000	期末	5,800
支払高		発生高	
	(101,400)		100,600

支 払 利 息			
支払高		期首	1,600
	(4,000)	発生高	
期末	1,800		4,200

(1) | 2,021,700 | 円

(2) | △　12,500 | 円

本問のポイント

　現金勘定で処理するものは、①通貨（紙幣及び硬貨）と②通貨代用証券である。本問では通貨代用証券を正しくピックアップできるかどうかがポイントになっている。

解答手順・思考過程

1　現金の実際残高

　資料の「**それぞれの項目は適正に処理されている**」という文言は重要である。これは、未処理及び誤処理はないということである。したがって、資料の中から現金勘定で処理するものだけをピックアップすればよい。

　具体的には、現金で処理する項目の金額を◯で囲む（外国通貨は、取得時と決算時それぞれのレートで換算した金額を書き込み、決算時レートで換算した金額を◯で囲む）。また、現金でないものは――線を引いて消しておく。以下のように書き込むとよいだろう。

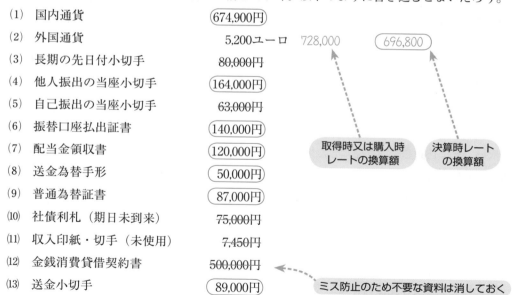

(1)　国内通貨　　　　　　　　　　　　674,900円

(2)　外国通貨　　　　　　5,200ユーロ　728,000　　696,800

(3)　長期の先日付小切手　　　　　　　80,000円

(4)　他人振出の当座小切手　　　　　　164,000円

(5)　自己振出の当座小切手　　　　　　63,000円

(6)　振替口座払出証書　　　　　　　　140,000円

(7)　配当金領収書　　　　　　　　　　120,000円

(8)　送金為替手形　　　　　　　　　　50,000円

(9)　普通為替証書　　　　　　　　　　87,000円

(10)　社債利札（期日未到来）　　　　　75,000円

(11)　収入印紙・切手（未使用）　　　　7,450円

(12)　金銭消費貸借契約書　　　　　　　500,000円

(13)　送金小切手　　　　　　　　　　　89,000円

取得時又は購入時レートの換算額

決算時レートの換算額

ミス防止のため不要な資料は消しておく

　◯で囲んだ金額を集計すると、674,900＋696,800＋164,000＋140,000＋120,000＋50,000＋87,000＋89,000＝2,021,700となり、これが現金の実際残高となる。

2 現金過不足の算定

現金過不足を算定する前に外国通貨について期末換算替えの処理を行う。換算替えによる為替差損益の計算及び仕訳は次のようになる。

取得時レート728,000 − 決算時レート696,800 = 31,200（為替差損）

| （為　替　差　損） | 31,200 | （現　　　　　金） | 31,200 |

現金過不足は、上記換算替後の現金勘定残高と現金の実際残高の差額として算定する。

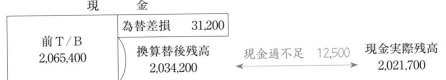

現金過不足の仕訳は次のようになる。なお、答えを書く際に△を忘れないように注意する。

| （雑　　損　　失） | 12,500 | （現　　　　　金） | 12,500 |

3 現金過不足算定のもう1つの方法

前T/Bの現金2,065,400と、外国通貨について換算替えを行う前の現金実際残高674,900＋728,000＋164,000＋140,000＋120,000＋50,000＋87,000＋89,000 = 2,052,900の差額でも現金過不足を算定することができる。これは、現金について未処理や誤処理がないことと、外国通貨の換算替えは現金過不足には影響がないためである。

通貨代用証券のまとめ

通貨代用証券

① 他人振出の当座小切手

② 株式配当金領収書

③ 期限の到来した公社債の利札

④ 送金小切手

⑤ 送金為替手形

⑥ 預金手形・預金小切手

⑦ 普通為替証書（ゆうちょ銀行）

⑧ 振替口座払出証書（ゆうちょ銀行）

⑨ 一覧払手形

⑩ 公官庁支払命令書（還付通知書等）

通貨代用証券ではないもの（カッコは適正勘定）

① 先日付小切手（受取手形）

② 自己振出の当座小切手（当座預金）

③ 金銭借用証書（借入金・貸付金）

④ 収入印紙（未使用分は貯蔵品）

⑤ 切手・はがき（未使用分は貯蔵品）

⑥ 消耗品（未使用分は貯蔵品）

⑦ 電車・バスの回数券（未使用分は貯蔵品）

⑧ 貨物代表証券（未着品）

⑨ コマーシャル・ペーパー（有価証券）

⑩ 譲渡性預金（有価証券）

解答6 　現金預金⑵

(1) | 　　　　70 | 千円

(2) | 　　156,800 | 千円

本問のポイント

　現金過不足の算定には明確な手順があるため、手順にしたがって解答することが重要である。

　当座預金の残高修正については、銀行勘定調整表を作成することが多いが、本問では銀行残高証明書の残高が与えられていないため、修正仕訳のみを考えていくことになる。

解答手順・思考過程

1　現金

　現金過不足を算定する際の手順は、現金勘定について未処理及び誤処理がある場合には、まず未処理及び誤処理の修正を行う。次に現金の実際有高を算定する。最後に未処理及び誤処理修正後の現金勘定残高と現金実際有高との差額により現金過不足を算定する。

(1) 先日付小切手（誤処理）

　×2年5月10日付けの小切手を現金で処理しているが、これは先日付小切手であり受取手形で処理すべきものであるため修正を行う。

　　（受　取　手　形）　　　2,200　　　（現　　　　　金）　　　2,200

(2) 自己振出の小切手（誤処理）

　自己振出の小切手の回収を現金で処理しているが、これは当座預金で処理すべきものであるため修正を行う。

　　（当　座　預　金）　　　　600　　　（現　　　　　金）　　　　600

(3) 社債の利札（未処理）

　支払期日の到来した社債利札は通貨代用証券であるため、現金で処理する。

　　（現　　　　　金）　　　1,000　　　（有 価 証 券 利 息）　　　1,000

(4) 未処理及び誤処理修正後の現金勘定残高

　上記(1)～(3)修正後の現金勘定残高は以下のようになる。

現　　金

整理前T／B 8,230	(1) 2,200
	(2) 600
(3) 1,000	修正後残高 6,430

(5)　現金実際有高の算定

　　　紙幣及び硬貨2,900＋他人振出小切手2,600＋社債利札1,000＝6,500

(6)　現金過不足の算定

　　　未処理及び誤処理修正後の現金勘定残高と現金実際有高との差額が現金過不足となる。本問は現金実際有高のほうが多いため雑収入となる。

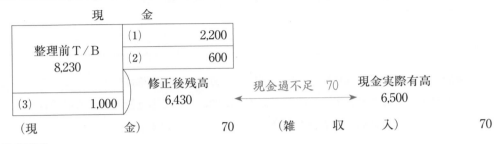

現　　金		
整理前Ｔ／Ｂ 8,230	(1)	2,200
	(2)	600
	修正後残高 6,430　←現金過不足 70→　現金実際有高 6,500	
(3)	1,000	

　　　（現　　　　金）　　　70　　　（雑　　収　　入）　　　70

2　当座預金

(1)　営業費支払の誤記帳

　　　（営　　業　　費）　　　200　　　（当　座　預　金）　　　200

(2)　未取付小切手

　　　取引先から銀行に支払呈示されていない小切手1,400のうち600は自己振出の小切手の回収であり、上記において修正済みである。残りの800が未取付小切手であるが、これは修正不要である。

(3)　手形の買戻し

　　　（不　渡　手　形）　　　3,500　　　（当　座　預　金）　　　3,500

(4)　修正後の当座預金残高

　　　整理前Ｔ／Ｂ153,400＋600－200－3,500＝150,300

3　貸借対照表に計上される「現金及び預金」の金額

　　　現金実際有高6,500＋修正後の当座預金残高150,300＝156,800

手形の買戻しについて

　　　銀行で手形を割り引き、その手形が不渡りになった場合、銀行は割引依頼人（本問の場合はB社）に対して弁済を求める権利を持っている。これを「買戻し請求権」という。

　　　割り引いた手形が不渡りになれば銀行は次のように言ってくる。

　　　「貴社が割り引いた手形は不渡りになりました。手形はお返ししますので、お金を返してください」

　　　割引依頼人は手形額面金額を支払わなくてはならない。これが手形の買戻しである。

　　　この後、割引依頼人は直ちに手形振出人または自分より前の裏書人に遡及して支払を求めることになる。

(1) | 2,735,400 | 円

(2) | 4,163,400 | 円

簿記論の問題の多くは仕訳を中心に解答を進めていく問題構成になっているが、中には仕訳を考えなくても解答できる問題がある。本問についても仕訳を考える必要はない。

(1)の当座預金の金額は、銀行勘定調整表を作成して算定する。

(2)の現金及び預金の金額は、小口現金、当座預金、外貨建預金の合計であるが、これは仕訳をしなくてもそれぞれの金額は容易に計算できる。

通常の問題のように仕訳を書きながら解答を進めていくと、目標解答時間の6分で終わらせるのは少々厳しいはずである。スピードアップのためにはその問題の解答要求事項に合わせた解答手順というものが重要になる。

解答手順・思考過程

1 小口現金

小口現金については、「毎月1日に残高が200,000円となるように払い出している」という文言から月初補給制であるとわかる。したがって小口現金期末残高は次のようになる。

小口現金200,000 − 3月中の使用高170,000 = 期末残高30,000

2 当座預金

当座預金については、銀行勘定調整表を作成し、決算整理前残高試算表上の金額と期末残高を算定する。銀行勘定調整表は計算用紙に下記のようなものを書けば十分である。

銀行	2,261,400	C社	(2,735,400)	◀------ 整理前T/Bの各自推定
+	421,000	△	75,000	
△	103,000	+	220,000	
		△	1,000	
		△	300,000	
	2,579,400		2,579,400	◀------ 当座預金の期末残高

不一致原因の加算・減算は次のとおり。

(1)は時間外預入であるから、銀行側加算。

(2)の不渡小切手は、C社減算。

(3)の取立て済みの手形はC社加算、取立手数料はC社減算。

(4)の誤記帳はC社減算だが、貸借反対に仕訳しているため150,000の2倍の300,000を減算。

(5)の未取付小切手は銀行側減算。

決算整理前残高試算表上の当座預金の金額は差額で2,735,400と算出される。

当座預金の期末残高は、銀行勘定調整表の修正後残高の2,579,400となる。

3 外貨建預金

外貨建預金については、換算替えによる為替差損益を考慮する必要はない。外貨建預金の期末残高は、14,000ドル×決算時レート111円＝1,554,000で、必要な計算はこれだけである。

4 貸借対照表上の「現金及び預金」の金額

最後に、小口現金、当座預金、外貨建預金を合計する。これで解答完了である。

小口現金30,000＋当座預金2,579,400＋外貨建預金1,554,000＝4,163,400

5 参考

前述したように、仕訳を考える必要はないが、参考として決算整理仕訳と決算整理後残高試算表を示しておく。

(1) 小口現金

| （営　業　費） | 170,000 | （小　口　現　金） | 170,000 |

(2) 当座預金

① 時間外預入→仕訳不要

② 不渡小切手

| （不　渡　小　切　手） | 75,000 | （当　座　預　金） | 75,000 |

③ 未記帳

| （当　座　預　金） | 220,000 | （受　取　手　形） | 220,000 |
| （支　払　手　数　料） | 1,000 | （当　座　預　金） | 1,000 |

④ 誤記帳

| （買　掛　金） | 300,000 | （当　座　預　金） | 300,000 |

⑤ 未取付小切手→仕訳不要

(3) 外貨建預金

帳簿残高1,656,000－決算時レートの換算額1,554,000＝102,000（為替差損）

| （為　替　差　損） | 102,000 | （外　貨　建　預　金） | 102,000 |

決算整理後残高試算表　　　　　　（単位：円）

小　口　現　金	30,000
当　座　預　金	2,579,400
外　貨　建　預　金	1,554,000

決算整理後残高試算表（一部）　　　　　（単位：円）

借　方　科　目	金　　額	貸　方　科　目	金　　額
現　金　預　金	15,387,340	買　　掛　　金	17,308,000
売　　掛　　金	20,247,140	短　期　借　入　金	8,693,500
営　　業　　費	73,925,850	未　　払　　金	682,500
支　払　利　息	415,800	雑　　収　　入	22,000

本問のポイント

　本問は、仕訳を書き、それを決算整理前残高試算表に加減して決算整理後残高試算表を作成するというオーソドックスなタイプの問題である。

　ただし、当座借越と借入金利息の金額は銀行勘定調整表を作成して算出しなければならない。

　また、仮払金の処理においても現金預金の増加・減少があるので注意が必要である。

解答手順・思考過程

1　当座預金

　銀行勘定調整表を作成しながら、あわせて仕訳も書いていく。不一致原因の中で(4)の取引は問題文をよく読まないと時間外預入と勘違いしてしまうので注意が必要である。

銀行	△	191,500	D社	△	912,650
	△	252,000		+	482,450
				+	200,000
				△	210,000
				△	(3,300) ◀--- 差額で算定する
	△	443,500		△	443,500 ◀--- 短期借入金に振り替える

(1)　売掛代金の振込未記帳

（現　金　預　金）	482,450	（売　　掛　　金）	483,000
（営　　業　　費）	550		

(2)　未渡小切手

（現　金　預　金）	200,000	（買　　掛　　金）	150,000
		（未　　払　　金）	50,000

(3)　未取付小切手→仕訳不要（銀行側減算）

(4)　誤処理の修正

　「小切手210,000円は、D社では当座預金に記帳済みであったが、銀行への預入れは×2

年4月1日であった」とあるが、これは誤処理である。小切手を受け取ったら現金で処理し、銀行に預け入れた時点で当座預金に振り替えるが、銀行に預け入れたのは翌期首であるため、決算日時点では現金で処理しなければならない。したがって修正仕訳が必要となるが、仕訳を考える際は現金預金ではなく、下記のカッコ内のように現金と当座預金で考えたほうがよい。

（現　金　預　金（現　金））	210,000	（現金預金(当座預金)）	210,000

(5)　借入金利息

（支　払　利　息）	3,300	（現　金　預　金）	3,300

(6)　当座借越

（現　金　預　金）	443,500	（短　期　借　入　金）	443,500

2　仮払金

(1)　仮払出張旅費

（営　業　費）	230,000	（仮　払　金）	200,000
		（現　金　預　金）	30,000

(2)　小口現金

小口現金を仮払金勘定で処理している場合、小口現金の期末有高を現金預金勘定に計上しなければならないが、忘れやすいので注意が必要である。

（営　業　費）	215,000	（仮　払　金）	300,000
（現　金　預　金）	87,000	（雑　収　入）	2,000

3　集計作業

以上の仕訳を決算整理前残高試算表の各勘定に加減して決算整理後残高試算表を作成するが、集計方法として、①決算整理前残高試算表に加減額を書き込む方法と②T勘定で集計する方法の2つがあるが、どちらでやるかは好みの問題であり、解答時間に差はないだろう。

銀行勘定調整表における加算・減算のまとめ

銀行勘定調整表

銀 行 残 高 証 明 書		××	当 社 帳 簿 残 高		××
時 間 外 預 入	＋	××	未 渡 小 切 手	＋	××
未 取 付 小 切 手	△	××	不 渡 小 切 手	△	××
未 取 立 小 切 手 （注1）	＋	××	振 込 未 記 帳	＋	××
			引 落 未 記 帳	△	××
			誤 記 帳	＋or△	××
修 正 後 残 高 （注2）		××	修 正 後 残 高 （注2）		××

（注1）　当社が銀行に取立依頼した小切手のうち取立てが完了していないもの。

（注2）　修正後残高がマイナスになった場合は当座借越となる。

(1)
(単位：円)

借　方　科　目	金　　額	貸　方　科　目	金　　額
支　払　手　数　料	420	当　座　預　金	420
現　　　　　　金	50,000	当　座　預　金	50,000
当　座　預　金	210,000	買　　掛　　金	210,000
当　座　預　金	500,000	受　取　手　形	500,000

なお、すべての欄に記入するとは限らないので、必要のない欄は空欄のままにすること。

(2) | 12,459,580 | 円

本問のポイント

　当座預金出納帳と当座勘定照合表をつき合わせて、E社の未処理及び誤処理の取引を読み取ることがポイントである。

解答手順・思考過程

1　当座預金の修正

　まず、E社と銀行で処理が一致しているものは修正不要であるため線を引いて消しておく。残ったものについて金額を丸で囲む。

1　E社の3月分の当座預金出納帳の内容（単位：円）

日　付	借　方	貸　方	残　高	小切手No等	摘　要
3月2日		~~147,000~~	12,457,000	小切手120	買掛金支払
5日	126,000		12,583,000		売掛金振込入金
7日		~~105,000~~	12,478,000	小切手121	営業費支払
15日	~~900,000~~		13,378,000		受取手形取立入金
20日		500,000	12,878,000	小切手122	現金引き出し
25日		~~800,000~~	12,078,000	手形1051	支払手形支払
30日		168,000	11,910,000	小切手123	買掛金支払
30日	100,000		12,010,000		小切手預入れ（注1）
31日		210,000	11,800,000	小切手124	買掛金支払（注2）

（注1）取立依頼小切手であるが、3月末時点において未取立である。

（注2）仕入先が受取りにこなかったため金庫に保管している。

2 銀行から送付されてきた3月分の当座勘定照合表の内容（単位：円）

日　付	出　　金	入　　金	残　　高	小切手No等	摘　　　要
3月4日	−147,000		12,457,000	小切手120	
5日		125,580	12,582,580		売掛金振込入金（注3）
10日	−105,000		12,477,580	小切手121	
15日		−900,000	13,377,580		受取手形取立入金
20日	550,000		12,827,580	小切手122	
25日	−800,000		12,027,580	手形1051	
31日		500,000	12,527,580		受取手形取立入金

（注3）振込入金からは振込手数料（E社負担）が差し引かれている。

　丸で囲んだ金額は、①当座預金出納帳と当座勘定照合表のいずれか一方にしか記載されていないものと、②両者で金額が異なるものの2種類である。これらについて1つ1つ内容を読み取っていくわけだが、ここで重要な前提条件がある。それは、銀行側の当座勘定照合表には誤りがないということである。では、1つ1つ考えていく。

⑴　売掛金振込入金126,000

　　当座勘定照合表の125,580と（注3）との関係で、E社の誤処理と判明するため修正仕訳を行う。

⑵　現金引き出し500,000

　　当座勘定照合表は550,000であるため、E社の誤処理と判断し、修正仕訳を行う。

⑶　買掛金支払168,000

　　当座勘定照合表に出金記録はないが、他にこの小切手に関する資料がないことから、未取付小切手であると判断する。したがって修正不要である。

⑷　小切手預入れ100,000

　　（注1）より未取立小切手と判明するため修正不要である。

⑸　買掛金支払210,000

　　（注2）より未渡小切手と判明するため修正仕訳を行う。

⑹　受取手形取立入金500,000

　　E社で未記帳となっているため修正仕訳を行う。

2　修正後の当座預金残高

　3月31日の修正前当座預金出納帳残高に修正仕訳を加減して算定する。

　修正前当座預金出納帳残高11,800,000 − 420 − 50,000 + 210,000 + 500,000 = 12,459,580

解答10　債権・債務(1)

決算整理前残高試算表（一部）　　　　（単位：千円）

受 取 手 形　（	19,200 ）	支 払 手 形　（	35,800 ）
売 掛 金　（	50,300 ）	買 掛 金　（	25,700 ）
前 渡 金　（	500 ）	前 受 金　（	700 ）
仕 入　（	297,000 ）	貸 倒 引 当 金　（	650 ）
手 形 売 却 損　（	100 ）	売 上　（	480,000 ）
保 証 債 務 費 用　（	860 ）	保 証 債 務 取 崩 益　（	860 ）

本問のポイント

　個々の取引は基本的なものであるが、見た目以上に量が多く時間がかかる。また、速く解こうとすると集計ミスを起こしやすいため、丁寧に集計作業を行う必要がある。

解答手順・思考過程

1　期中取引の仕訳

(1)　当期商品仕入高

（仕　　　　　　入）	297,000	（当 座 預 金）	31,800
		（支 払 手 形）	54,000
		（買　　　掛　　　金）	172,000
		（受 取 手 形）	37,000
		（前 渡 金）	2,200
（保 証 債 務 費 用）	740	（保 証 債 務）	740

(2)　当期売上高

（現　　　　　　金）	49,300	（売　　　　　　上）	480,000
（受 取 手 形）	65,000		
（売　　　掛　　　金）	340,000		
（支 払 手 形）	23,000		
（前　　　受　　　金）	2,700		

(3)　手形の割引き

（当 座 預 金）	5,900	（受 取 手 形）	6,000
（手 形 売 却 損）	100		
（保 証 債 務 費 用）	120	（保 証 債 務）	120

(4) 為替手形の振出し

| （買　　掛　　金） | 18,000 | （売　　掛　　金） | 18,000 |

(5) 売掛金の貸倒れ

| （貸　倒　引　当　金） | 500 | （売　　掛　　金） | 500 |

(6) 前受金受領及び前渡金支払

| （現　　　　　金） | 2,400 | （前　　受　　金） | 2,400 |
| （前　　渡　　金） | 1,500 | （現　　　　　金） | 1,500 |

(7) 売掛金の回収及び受取手形の決済

（当　座　預　金）	120,100	（売　　掛　　金）	310,900
（受　取　手　形）	190,800		
（当　座　預　金）	211,400	（受　取　手　形）	211,400

(8) 買掛金の支払及び支払手形の決済

（買　　掛　　金）	157,100	（当　座　預　金）	32,900
		（支　払　手　形）	124,200
（支　払　手　形）	135,100	（当　座　預　金）	135,100

(9) 裏書手形・割引手形の決済

| （保　証　債　務） | 860 | （保証債務取崩益） | 860 |

2　集計作業の方法

　　仕訳を書き、Ｔ勘定で集計する方法が最も確実である。「仕訳→Ｔ勘定」という作業は、面倒で時間がかかりそうな印象があるが、この作業を確実に行うほうが、頭が混乱することなく、無駄な時間も使わないため、結局、スピーディーで正確な解答につながる。計算用紙のＴ勘定はこんな感じである。

売　　上		売掛金		受取手形		前受金	
	480,000	39,700	18,000	17,800	37,000	2,700	1,000
		340,000	500	65,000	6,000		2,400
			310,900	190,800	211,400		

貸倒引当金		支払手形		買掛金		仕　　入	
500	1,150	23,000	15,700	18,000	28,800	297,000	
		135,100	54,000	157,100	172,000		
			124,200				

保証債務費用		保証債務		前渡金	
740		860	740	1,200	2,200
120			120	1,500	

決算整理後残高試算表（一部）　　　　（単位：円）

電 子 記 録 債 権 （	4,000,000 ）	電 子 記 録 債 務 （	5,500,000 ）
売 掛 金 （	1,560,000 ）	買 掛 金 （	2,400,000 ）
クレジット売掛金 （	4,580,000 ）	未 払 金 （	3,750,000 ）
前 払 費 用 （	150,000 ）	売 上	98,000,000 ）
車 両 （	5,800,000 ）		
支 払 手 数 料 （	420,000 ）		
減 価 償 却 費 （	200,000 ）		
支 払 利 息 （	100,000 ）		
電子記録債権売却損 （	110,000 ）		
売 上 債 権 売 却 損 （	300,000 ）		

本問のポイント

　適切な勘定科目の選択がポイントである。本問では勘定科目は残高試算表の中から選択すればよいので楽だが、勘定科目の指定がない仕訳問題などでは、ファクタリングの買取手数料を支払手数料としがちなので注意が必要である。

解答手順・思考過程 ………………………………………………………………………

1　ファクタリング

　買取手数料の処理については、支払手数料でも間違いではないが、売上債権売却損という勘定科目があるためこちらで処理する。買取手数料の計算は単純に2,000,000円 × 5 ％ ＝ 100,000円となる。

（ 当 座 預 金 ）	1,900,000	（ 売 掛 金 ）	2,000,000
（ 売 上 債 権 売 却 損 ）	100,000		

2　電子記録債務の発生

　買掛金1,000,000円を電子記録債務に振り替える。

（ 買 掛 金 ）	1,000,000	（ 電 子 記 録 債 務 ）	1,000,000

3　電子記録債権の割引

　割引料は手形売却損と同じ性格の勘定科目である電子記録債権売却損で処理する。

（ 当 座 預 金 ）	1,470,000	（ 電 子 記 録 債 権 ）	1,500,000
（ 電子記録債権売却損 ）	30,000		

4　クレジット売上

　クレジット販売による販売代金は信販会社等に対する債権のため、通常の売掛金とは区別してクレジット売掛金で処理する。クレジット売掛金は手数料を差し引いた残額（手取額）で販売時に計上する。クレジット手数料は支払手数料で処理する。手数料の計算は単純に3,000,000円×4％＝120,000円となる。

| （クレジット売掛金） | 2,880,000 | （売　　　　　上） | 3,000,000 |
| （支　払　手　数　料） | 120,000 | | |

5　車両の購入

　金利相当額を含む分割返済の場合、処理方法が複数考えられるため、解答用紙の勘定科目から処理方法を判断するが、下記の方法以外に、購入時に計上する金利相当額について前払費用で処理する方法がある。この場合は、決算時に当期分を支払利息に振替える。さらに、前払費用から支払利息への振替は支払時に行うこともできる。

　購入時は、車両は現金販売価格で計上し、金利相当額を含む支払総額を未払金、金利相当額250,000円は支払利息で処理する。

| （車　　　　　両） | 6,000,000 | （未　　払　　金） | 6,250,000 |
| （支　払　利　息） | 250,000 | | |

支払時は、未払金を減額する。2回分をまとめて示すと次のとおり。

| （未　　払　　金） | 2,500,000 | （当　座　預　金） | 2,500,000 |

　決算時は、支払利息250,000円のうち翌期分を前払費用に振替える。5回分割なので1回分の利息は250,000円÷5回＝50,000円となり、翌期分は150,000円（3回分）となる。

| （前　払　費　用） | 150,000 | （支　払　利　息） | 150,000 |

車両の減価償却費を計上する。

$$6,000,000 \div 5 \text{年} \times \frac{2\text{月}}{12\text{月}} = 200,000$$

| （減　価　償　却　費） | 200,000 | （車　　　　　両） | 200,000 |

紙の手形・小切手の廃止

　政府は、2026年度までに紙の手形の利用廃止、小切手の全面的な電子化の方針を示している。金融界は、2026年度末までに紙の手形・小切手から電子的決済サービス（電子記録債権やインターネットバンキング）への移行を強力に推進している。また、これまで紙の手形・小切手の交換業務を行ってきた手形交換所を廃止し、2022年11月から、手形・小切手を電子データ化して交換する電子交換所に移行されている。これに伴い、手形・小切手はQRコード付きの新デザイン用紙に変更されている。なお、QRコードの付いていない手形・小切手も引き続き利用できることになっている。

決算整理後残高試算表（一部）　　　　　（単位：千円）

借　方　科　目	金　　額	貸　方　科　目	金　　額
受　取　手　形	170,000	貸　倒　引　当　金	16,180
売　　掛　　金	93,000		
破　産　更　生　債　権　等	17,000		
貸　倒　引　当　金　繰　入	15,180		

本問のポイント

　　貸倒引当金の算定については、期末債権残高の算定が何よりも重要である。ここを間違えると自動的に貸倒引当金も違ってくるため、決算整理での債権の修正処理を丁寧に行う必要がある。

解答手順・思考過程

　　貸倒引当金の算定の手順は、①債権の修正処理（債権の増減を整理前T／Bに加減）、②期末債権残高の確定、③確定した期末債権残高について債権の区分ごとに貸倒引当金を算定、④債権の区分ごとに算定した貸倒引当金を集計、⑤差額補充法または洗替法による貸倒引当金の処理、という手順で解答を進めていく。

1　債権の修正処理

（1）　売掛金の修正

　　売掛金4,000が貸し倒れた際、誤った処理が行われているため、修正しなければならない。そのために、まず正しい仕訳を考える。

　　　　（借）現　金　預　金　1,500　　（貸）売　　掛　　金　4,000
　　　　　　　貸　倒　引　当　金　2,500

　　次に、実際に行った仕訳を考える。

　　　　（借）現　金　預　金　1,500　　（貸）雑　　収　　入　1,500

　　両者の仕訳を比較し、修正仕訳を考える。修正仕訳は以下のようになる（なお、正しい仕訳と実際に行った仕訳の順番は逆でもよい）。

（雑　　収　　入）	1,500	（売　　掛　　金）	4,000
（貸　倒　引　当　金）	2,500		

（2）　破産更生債権等への振替え

　　受取手形12,000と売掛金5,000を破産更生債権等へ振り替える。

（破産更生債権等）	17,000	（受　取　手　形）	12,000
		（売　　掛　　金）	5,000

(3) 期末債権残高の確定

上記(1)と(2)の処理を整理前T/Bに加減し、この段階で、答案用紙の受取手形、売掛金、破産更生債権等に、それぞれ170,000、93,000、17,000の答えを記入する。これで、期末債権残高が確定する。

2 貸倒実績率の算定

問題の表に以下のような書込みを行い、貸倒実績率を算定する。なお、当期の貸倒実績額は、倒産したＸ社に対する売掛金4,000から回収できた1,500を控除した2,500となる。

	前々々期	前々期	前　期	当　期
一般債権期末残高	200,000千円	240,000千円	250,000千円	（各自計算）
貸 倒 実 績 額	―	2,800千円	3,600千円	（各自計算）
	0.014	0.015	0.01	2,500

上記により、過去３年間の貸倒実績率は以下のようになる。

$(0.014＋0.015＋0.01)÷3年＝0.013$

3 貸倒引当金の算定

(1) 貸倒見積高の算定

ミス防止のため、債権の区分ごとに計算式を書いて算定するのが確実である。その際、注意しなければならないのは、期末売掛金の中に貸倒懸念債権3,000が含まれていることである。一般債権の貸倒引当金を算定する際、この3,000を控除することを忘れてはいけない。

一般債権　（受取手形170,000＋売掛金93,000－貸倒懸念債権3,000）×0.013＝3,380

貸倒懸念債権　3,000×60％＝1,800

破産更生債権等　（17,000－担保6,000）×100％＝11,000

貸倒引当金合計　3,380＋1,800＋11,000＝16,180

(2) 差額補充法の仕訳

貸倒引当金合計16,180－貸倒引当金残高1,000＝15,180

（貸倒引当金繰入）　　　　15,180　　　（貸　倒　引　当　金）　　　　15,180

①	81,697	円
②	20,000	円
③	25,915	円
④	27,211	円

本問のポイント

　キャッシュ・フロー見積法に限らないが、現在価値の算定において頭を悩ますのは、どのタイミングで端数処理を行うのかという点である。本問では、「円未満の端数が生じる場合は、そのまま計算を続け、最終段階で円未満を四捨五入」とあるため、この指示に従って計算することになる。

解答手順・思考過程

1　×3年3月31日の処理（貸倒引当金の算定）

(1)　将来キャッシュ・フローの算定

　　×4年3月31日（利息）　$1,000,000 \times 2\% = 20,000$

　　×5年3月31日（利息）　$1,000,000 \times 2\% = 20,000$

　　×6年3月31日（利息＋元本）　$1,000,000 \times 2\% + 1,000,000 = 1,020,000$

(2)　将来キャッシュ・フローの現在価値の算定（円未満四捨五入）

　　将来キャッシュ・フローを「当初の約定利子率」で割引計算する。

　　×4年3月31日　$20,000 \div 1.05 = 19,047.61\cdots$

　　×5年3月31日　$20,000 \div 1.05 \div 1.05 = 18,140.58\cdots$ ⎫ 合計918,302.55…→918,303

　　×6年3月31日　$1,020,000 \div 1.05 \div 1.05 \div 1.05 = 881,114.35\cdots$ ⎭

(3)　貸倒引当金の算定

　　「貸付金－将来キャッシュ・フローの現在価値」で貸倒引当金を算定する。

　　貸付金1,000,000－将来キャッシュ・フローの現在価値918,303＝81,697

(4)　会計処理

　　（貸倒引当金繰入）　　　81,697　　　（貸　倒　引　当　金）　　　81,697

2　×4年3月31日の処理（利息の受取り及び貸倒引当金の取崩し）

(1)　将来キャッシュ・フローの現在価値の算定（円未満四捨五入）

　　×5年3月31日　$20,000 \div 1.05 = 19,047.61\cdots$ ⎫ 合計944,217.68…→944,218

　　×6年3月31日　$1,020,000 \div 1.05 \div 1.05 = 925,170.06\cdots$ ⎭

(2)　貸倒引当金の算定

貸付金1,000,000－将来キャッシュ・フローの現在価値944,218＝55,782

(3) 貸倒引当金の取崩し

×3年3月31日に算定された貸倒引当金との差額について取崩処理を行う。

×3年3月31日の貸倒引当金81,697－×4年3月31日の貸倒引当金55,782＝25,915

(4) 会計処理

利息受取額と貸倒引当金の取崩しについて、以下の仕訳を行う。

| （現　金　預　金） | 20,000 | （受　取　利　息） | 20,000 |
| （貸　倒　引　当　金） | 25,915 | （受　取　利　息） | 25,915 |

3　×5年3月31日の処理（利息の受取り及び貸倒引当金の取崩し）

(1) 将来キャッシュ・フローの現在価値の算定（円未満四捨五入）

×6年3月31日　1,020,000÷1.05＝971,428.57…→971,429

(2) 貸倒引当金の算定

貸付金1,000,000－将来キャッシュ・フローの現在価値971,429＝28,571

(3) 貸倒引当金の取崩額

×4年3月31日に算定された貸倒引当金との差額について取崩処理を行う。

×4年3月31日の貸倒引当金55,782－×5年3月31日の貸倒引当金28,571＝27,211

(4) 会計処理

利息受取額と貸倒引当金の取崩しについて、以下の仕訳を行う。

| （現　金　預　金） | 20,000 | （受　取　利　息） | 20,000 |
| （貸　倒　引　当　金） | 27,211 | （受　取　利　息） | 27,211 |

4　計算の別法

以下の方法でも、受取利息及び貸倒引当金取崩額を算定することができる。

(1) ×4年3月31日の処理

受取利息　（貸付金1,000,000－貸倒引当金81,697）×5％≒45,915（円未満四捨五入）

貸倒引当金取崩額　受取利息45,915－利息受取額20,000＝25,915

　　（借）現 金 預 金　20,000　　（貸）受 取 利 息　45,915 ◄----- 先に計算する

　　　　　貸 倒 引 当 金　25,915 ◄----- 差額で求める

この方法は、償却原価法（利息法）の計算と同じである。貸付金1,000,000から貸倒引当金81,697を控除した918,303が貸付金の帳簿価額であり、帳簿価額918,303に当初約定利子率5％（実効利子率）を乗じて利息配分額45,915を算定し、ここから利息受取額20,000を控除した25,915を貸倒引当金の取崩額とする。

(2) ×5年3月31日の処理

受取利息　（貸付金1,000,000－貸倒引当金55,782）×5％≒47,211（円未満四捨五入）

貸倒引当金取崩額　受取利息47,211－利息受取額20,000＝27,211

　　（借）現 金 預 金　20,000　　（貸）受 取 利 息　47,211

　　　　　貸 倒 引 当 金　27,211

解答14 有価証券(1)

(1) | 20,098 | 千円

(2) | 805 | 千円

本問のポイント

利息法の計算をいかにスピーディーに行うかがポイントになる。

解答手順・思考過程

　計算表を使う方法が速く正確である。この計算表は非常に便利なもので、表中の数値がそのまま仕訳の金額になり、また解答数値にもなる優れ物である。

1　X社債

$$償却原価 \times 実効利子率4.12\% \times \frac{6月}{12月}$$

日　付	利　息	クーポン	償却額	償却原価
×1年4月1日	—	—	—	9,500
×1年9月30日	196	150	46	9,546
×2年3月31日	197	150	47	9,593
×2年9月30日	198	150	48	9,641
×3年3月31日	199	150	49	9,690

当期末の償却原価

当期の有価証券利息

2　Y社債

$$償却原価 \times 実効利子率3.86\% \times \frac{6月}{12月}$$

日　付	利　息	クーポン	償却額	償却原価
×2年4月1日	—	—	—	10,600
×2年9月30日	205	300	△ 95	10,505
×3年3月31日	203	300	△ 97	10,408

当期末の償却原価

当期の有価証券利息

3　Ｘ社債の会計処理

計算表だけで解答金額が算定できるため仕訳を書く必要はないが、参考として示しておく。

(1)　×１年４月１日

（投資有価証券）	9,500	（現　金　預　金）	9,500

(2)　×１年９月30日

計算表と仕訳の関係は以下のようになる。

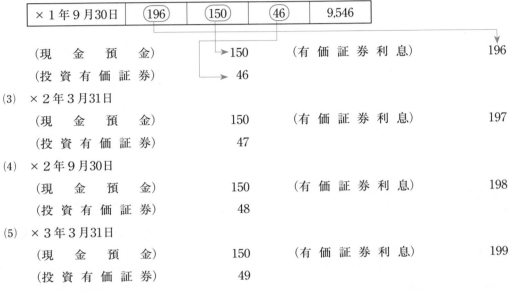

×１年９月30日	⑲⑥	⑮⓪	④⑥	9,546

（現　金　預　金）	→150	（有価証券利息）	196
（投資有価証券）	→46		

(3)　×２年３月31日

（現　金　預　金）	150	（有価証券利息）	197
（投資有価証券）	47		

(4)　×２年９月30日

（現　金　預　金）	150	（有価証券利息）	198
（投資有価証券）	48		

(5)　×３年３月31日

（現　金　預　金）	150	（有価証券利息）	199
（投資有価証券）	49		

4　Ｙ社債の会計処理

(1)　×２年４月１日

（投資有価証券）	10,600	（現　金　預　金）	10,600

(2)　×２年９月30日

計算表と仕訳の関係は以下のようになる。

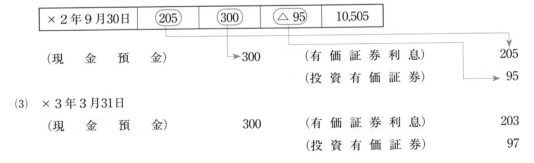

×２年９月30日	⑳⑤	③⓪⓪	△ 95	10,505

（現　金　預　金）	→300	（有価証券利息）	205
		（投資有価証券）	→95

(3)　×３年３月31日

（現　金　預　金）	300	（有価証券利息）	203
		（投資有価証券）	97

解答15　有価証券(2)

(1)

決算整理後残高試算表（一部）　　　　（単位：千円）

投 資 有 価 証 券	（192,000）	繰 延 税 金 負 債	（1,600）
繰 延 税 金 資 産	（4,000）	有 価 証 券 利 息	（3,000）
その他有価証券評価差額金	（3,600）		

(2)

決算整理後残高試算表（一部）　　　　（単位：千円）

投 資 有 価 証 券	（192,000）	繰 延 税 金 負 債	（1,600）
繰 延 税 金 資 産	（4,000）	その他有価証券評価差額金	（2,400）
投資有価証券評価損益	（8,000）	有 価 証 券 利 息	（3,000）
		法 人 税 等 調 整 額	（3,200）

本問のポイント

　部分純資産直入法では、前期末に計上した投資有価証券評価損益と、これに係る繰延税金資産の取扱いがポイントになる。

解答手順・思考過程

1　全部純資産直入法

　前期末において、X社株式は減損処理、Y社株式については評価差額が計上され、当期首に以下の洗替処理を行う。

（投 資 有 価 証 券）	2,000	（繰 延 税 金 資 産）	800
		（その他有価証券評価差額金）	1,200

　決算整理前残高試算表は以下のようになる。

決算整理前残高試算表

投 資 有 価 証 券	→ 197,000	有 価 証 券 利 息	→ 2,000

> X社株式40,000＋Y社株式60,000
> ＋Z社社債97,000＝197,000

> Z社社債のクーポン利息
> 100,000×2％＝2,000

　全部純資産直入法による決算整理仕訳は以下のようになる。

(1)　X社株式

　帳簿価額40,000を期末時価30,000に評価替えする。

（繰 延 税 金 資 産）	4,000	（投 資 有 価 証 券）	10,000
（その他有価証券評価差額金）	6,000		

(2) Ｙ社株式

帳簿価額60,000を期末時価63,000に評価替えする。

（投 資 有 価 証 券）	3,000	（繰 延 税 金 負 債）	1,200
		（その他有価証券評価差額金）	1,800

(3) Ｚ社社債

償却額は、（100,000－97,000）÷ 3 年＝1,000となる。

（投 資 有 価 証 券）	1,000	（有 価 証 券 利 息）	1,000

償却原価98,000を期末時価99,000に評価替えする。

（投 資 有 価 証 券）	1,000	（繰 延 税 金 負 債）	400
		（その他有価証券評価差額金）	600

2　部分純資産直入法

前期末において、Ｘ社株式は減損処理、Ｙ社株式については評価損が計上されるが、部分純資産直入法ではここから考えていかなければならない。Ｙ社株式に係る前期末の処理は以下のようになる。

（投資有価証券評価損益）	2,000	（投 資 有 価 証 券）	2,000
（繰 延 税 金 資 産）	800	（法 人 税 等 調 整 額）	800

当期首に以下の洗替処理を行う。なお、繰延税金資産800については洗替処理は行わない。この繰延税金資産は法人税等調整額の計算対象となるため、決算整理で処理を行う。

（投 資 有 価 証 券）	2,000	（投資有価証券評価損益）	2,000

決算整理前残高試算表は以下のようになる。

決算整理前残高試算表

投 資 有 価 証 券	197,000	有 価 証 券 利 息	2,000
繰 延 税 金 資 産	800	投資有価証券評価損益	2,000

部分純資産直入法による決算整理仕訳は以下のようになる。

(1) Ｘ社株式

帳簿価額40,000を期末時価30,000に評価替えする。評価損10,000が計上されるが、これと整理前Ｔ／Ｂの評価損益2,000との差額8,000が整理後Ｔ／Ｂの評価損益となる。

（投資有価証券評価損益）	10,000	（投 資 有 価 証 券）	10,000

(2) Ｙ社株式→全部純資産直入法と同じ

(3) Ｚ社社債→全部純資産直入法と同じ

(4) 税効果会計

Ｘ社株式の評価損益10,000に係る繰延税金資産は4,000である。これと整理前Ｔ／Ｂの繰延税金資産800との差額3,200が法人税等調整額となる。洗替方式での仕訳は以下のとおりである。

（法 人 税 等 調 整 額）	800	（繰 延 税 金 資 産）	800
（繰 延 税 金 資 産）	4,000	（法 人 税 等 調 整 額）	4,000

決算整理後残高試算表（一部）　　　（単位：円）

借　方　科　目	金　　額	貸　方　科　目	金　　額
未　　収　　金	1,980,000	繰　延　税　金　負　債	840,000
投　資　有　価　証　券	13,650,000	その他有価証券評価差額金	1,260,000
		投　資　有　価　証　券　売　却　益	330,000

本問のポイント

　株数の増減とそれに伴う単価計算を慎重に行う必要がある。また、購入時及び売却時における手数料の処理に注意しなければならない。

解答手順・思考過程

　資料の流れに沿って、追加購入、株式分割、単価計算、売却、期末評価の順に仕訳を書きながら処理を行っていけばよい。その際、保有株数の増減と移動平均単価をわかりやすいように整理して書いておくと、売却と期末評価をスムーズに処理することができる。

1　追加購入に関する修正仕訳

　購入に係る手数料は取得原価に加算する。10,000株×@675円＋50,000＝6,800,000

　　　（投 資 有 価 証 券）　　6,800,000　　　（仮　　払　　金）　　6,800,000

2　株式分割

　追加購入した時点で保有株数は20,000株である。この20,000株について1株を2株に分割するのだから、20,000株増加し、株式分割後の保有株数は40,000株となる。

　　　　　　　　　　　　　　　　仕　訳　な　し

3　単価の計算

　移動平均法により単価を算定する。なお、追加購入した時点で移動平均単価は660となるが、この計算は省略してかまわない。

	株　　数	取得原価	単　価
期　　　首	10,000株	6,400,000	@640
追加購入	10,000株	6,800,000	@680
合　　　計	20,000株	13,200,000	@660
株式分割	20,000株	―	―
合　　　計	40,000株	13,200,000	@330

　株式分割後の移動平均単価330が、売却時の売却原価になるとともに、決算時の帳簿価額となる。

4　売却

「有価証券の売買については、売買の約定日において認識するものとし」とあるので約定日基準で処理する。また、「売却に係る手数料は売却損益に含めることとする」とあるので、売却に係る手数料は純額法で処理する。

売却原価　@330円×5,000株＝1,650,000

（未　　収　　金）	1,980,000	（投 資 有 価 証 券）	1,650,000
		（投資有価証券売却益）	330,000

5　期末評価

売却後の保有株数は、40,000株－5,000株＝35,000株である。したがって、投資有価証券の期末帳簿価額は、以下のように計算される。

@330円×35,000株＝11,550,000（または13,200,000－1,650,000＝11,550,000でもよい）

また期末時価は、

@390円×35,000株＝13,650,000

となるため、帳簿価額11,550,000を期末時価13,650,000に評価替えする。

（投 資 有 価 証 券）	2,100,000	（繰 延 税 金 負 債）	840,000
		（その他有価証券評価差額金）	1,260,000

支払手数料の処理

(1)　購入時

購入時の支払手数料は、有価証券の取得原価に加算する。

(2)　売却時

①　総額法

売却時の支払手数料は、支払手数料勘定で処理する。本問の売却処理を総額法で行うと、以下の仕訳となる。

（未　　収　　金）	1,980,000	（投 資 有 価 証 券）	1,650,000
（支 払 手 数 料）	20,000	（投資有価証券売却益）	350,000

②　純額法

売却時の支払手数料は、売却損益と相殺する（本問の処理）。

決算整理後残高試算表（一部）　　　　　　　　（単位：円）

借　方　科　目	金　　　額	貸　方　科　目	金　　　額
未　　収　　収　　益	60,000	有　価　証　券　利　息	31,000
投　資　有　価　証　券	57,426,000		
繰　延　税　金　資　産	1,400,000		
その他有価証券評価差額金	2,100,000		
投　資　有　価　証　券　評　価　損	1,850,000		

本問のポイント

　　債券の購入に際して経過利息を支払い、その後、決算日（または利払日）に有価証券利息の計算を行う場合、計算の起点となるのは前回の利払日の翌日からであるが、うっかり購入日を起点として計算してしまうことがあるので注意が必要である。

解答手順・思考過程

1　N社社債

　　経過利息を支払った場合は、必ずタイムテーブルを書いて有価証券利息の計算をしたほうがよい。タイムテーブルは、前回の利払日を起点にして以下のように作成する。

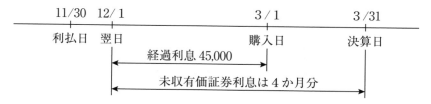

(1)　債券購入の処理

　　投資有価証券の取得原価は@96円×60,000口＝5,760,000、経過利息は有価証券利息（借方）で処理する。

　　　（投 資 有 価 証 券）　　5,760,000　　　（現　　金　　預　　金）　　5,805,000
　　　（有 価 証 券 利 息）　　　 45,000

(2)　有価証券利息の見越計上

　　額面金額@100円×60,000口× 3 %× $\frac{4月}{12月}$ ＝60,000

　　　（未　　収　　収　　益）　　60,000　　　（有 価 証 券 利 息）　　　60,000

(3)　償却原価法

　　償却額は、（6,000,000－5,760,000）× $\frac{1月}{15月}$ ＝16,000となる。

| （投　資　有　価　証　券） | 16,000 | （有　価　証　券　利　息） | 16,000 |

2　株式

資料の表に期末における1株当たりの市場価格と純資産額が与えられているが、市場価格のある有価証券については純資産額は不要な資料である。

（1）　H社株式

帳簿価額52,500,000を、期末時価@700円×70,000株＝49,000,000に評価替えする。

| （繰　延　税　金　資　産） | 1,400,000 | （投　資　有　価　証　券） | 3,500,000 |
| （その他有価証券評価差額金） | 2,100,000 | | |

（2）　I社株式

期末時価は@150円×5,000株＝750,000であり、帳簿価額2,000,000より50%以上下落しているため減損処理となる。

| （投資有価証券評価損） | 1,250,000 | （投　資　有　価　証　券） | 1,250,000 |

（3）　J社株式

期末実質価額は@400円×1,000株＝400,000であり、帳簿価額1,000,000より50%以上下落しているため減損処理となる。

| （投資有価証券評価損） | 600,000 | （投　資　有　価　証　券） | 600,000 |

（4）　K社株式

期末実質価額は@600円×2,000株＝1,200,000、帳簿価額は1,500,000であるが、50%以上の下落ではないため処理不要である。

仕　訳　な　し

決算整理後残高試算表（一部）　　　　（単位：円）

借　方　科　目	金　　額	貸　方　科　目	金　　額
投　資　有　価　証　券	19,700,000	繰　延　税　金　負　債	160,000
関　係　会　社　株　式	340,000,000	受　取　配　当　金	2,400,000
繰　延　税　金　資　産	560,000	有　価　証　券　運　用　損　益	440,000
その他有価証券評価差額金	600,000		

本問のポイント

　保有目的区分を変更した場合に評価差額が計上されるのは、変更前の区分が売買目的有価証券の場合と、その他有価証券から売買目的有価証券に変更した場合の2つである。これは暗記していないと処理ができない。

　その他資本剰余金を財源とする配当金を受け取った場合、売買目的有価証券以外の場合は帳簿価額を減額しなければならない。

解答手順・思考過程

1　X社株式

（1）区分変更の処理

　売買目的有価証券からその他有価証券に区分を変更する場合は、変更時の時価で振り替える。振替時の評価差額は、変更前の区分の損益として処理する。

（投 資 有 価 証 券）	4,800,000	（有　　価　　証　　券）	5,000,000
（有価証券運用損益）	200,000		

（2）期末評価

　帳簿価額4,800,000を、期末時価@650円×8,000株＝5,200,000に評価替えする。

（投 資 有 価 証 券）	400,000	（繰 延 税 金 負 債）	160,000
		（その他有価証券評価差額金）	240,000

2　Y社株式

　その他有価証券から関係会社株式に区分を変更する場合は、帳簿価額で振り替える。なお、当期末の時価を計算してみると、@1,500円×200,000株＝300,000,000となり、時価が下落しているが、関係会社株式であるため処理不要である。

（関 係 会 社 株 式）	340,000,000	（投 資 有 価 証 券）	340,000,000

3　Z社株式

（1）配当金の修正

　配当金を受け取った場合、その財源がその他利益剰余金の場合は受取配当金で処理する

が、財源がその他資本剰余金の場合には、投資有価証券を減額しなければならないため、決算において修正を行う。

| （受　取　配　当　金） | 100,000 | （投　資　有　価　証　券） | 100,000 |

(2)　期末評価

配当金の修正後の帳簿価額は16,000,000－100,000＝15,900,000となる。これを期末時価@2,900円×5,000株＝14,500,000に評価替えする。

| （繰　延　税　金　資　産） | 560,000 | （投　資　有　価　証　券） | 1,400,000 |
| （その他有価証券評価差額金） | 840,000 | | |

保有目的区分の変更のまとめ

変更前の区分	変更後の区分	変更時の振替価額		振替時の評価差額
売買目的有価証券	関係会社株式	変更時の時価		有価証券運用損益
	その他有価証券			
満期保有目的債券	売買目的有価証券	変更時の償却原価		
	その他有価証券			
関係会社株式	売買目的有価証券	帳簿価額		
	その他有価証券			
その他有価証券	売買目的有価証券	変更時の時価		投資有価証券評価損益
	関係会社株式	全部純資産直入法	帳簿価額	
		部分純資産直入法　評価益	帳簿価額	
		部分純資産直入法　評価損	前期末時価	投資有価証券評価損益

問1

(1) 約定日基準

（単位：千円）

	日付	借方勘定科目	金　額	貸方勘定科目	金　額
A社	×7年 3月30日	未　　収　　金	25,000	投 資 有 価 証 券	20,000
				投資有価証券売却益	5,000
	×7年 3月31日	仕　訳　な　し			
B社	×7年 3月30日	投 資 有 価 証 券	25,000	未　　払　　金	25,000
	×7年 3月31日	投 資 有 価 証 券	1,000	その他有価証券評価差額金	1,000

(2) 修正受渡日基準

（単位：千円）

	日付	借方勘定科目	金　額	貸方勘定科目	金　額
A社	×7年 3月30日	仕　訳　な　し			
	×7年 3月31日	投 資 有 価 証 券	5,000	投資有価証券売却益	5,000
B社	×7年 3月30日	仕　訳　な　し			
	×7年 3月31日	投 資 有 価 証 券	1,000	その他有価証券評価差額金	1,000

問2

（単位：千円）

	借方勘定科目	金　額	貸方勘定科目	金　額
(1)	有 価 証 券	41,300	現　　　　　金	35,000
			有 価 証 券	5,600
			有 価 証 券 運 用 損 益	700
(2)	投 資 有 価 証 券	40,600	現　　　　　金	35,000
			投 資 有 価 証 券	5,600

なお、すべての欄に記入するとは限らないので、必要のない欄は空欄のままにすること。

解答手順・思考過程

問1

1　約定日基準

日　付	A社（売手）	B社（買手）
×7年3月30日	有価証券の消滅を認識	有価証券の発生を認識
×7年3月31日	仕訳なし	時価評価

2　修正受渡日基準

日　付	A社（売手）	B社（買手）
×7年3月30日	仕訳なし	仕訳なし
×7年3月31日	売却損益を認識（注）	時価の変動のみ認識

（注）　金融商品会計に関する実務指針において、「売買目的有価証券については、約定日に売却損益を認識する。なお、実務上は決算日に売却損益を認識することも認められる。その他有価証券については、決算日に売却損益を認識する」とされている。本問はその他有価証券のため決算日に売却損益を認識する。

問2

1　新株予約権を売買目的有価証券に区分した場合

　株式の取得原価は、「払込金額＋新株予約権の権利行使時の時価」で算定する。また、新株予約権の取得原価と権利行使時の時価との差額は有価証券運用損益（または有価証券評価損益）とする。

(1)　払込金額　取得総数100個×70%×@500＝35,000

(2)　新株予約権の取得原価　取得総額8,000×70%＝5,600

(3)　株式の取得原価　払込金額35,000＋新株予約権の時価100個×70%×@90＝41,300

(4)　有価証券運用損益　100個×70%×時価@90－新株予約権の取得原価5,600＝700

2　新株予約権をその他有価証券に区分していた場合

　株式の取得原価は、「払込金額＋新株予約権の取得原価」で算定する。

(1)　払込金額　取得総数100個×70%×@500＝35,000

(2)　新株予約権の取得原価　取得総額8,000×70%＝5,600

(3)　株式の取得原価　払込金額35,000＋新株予約権の取得原価5,600＝40,600

決算整理後残高試算表（一部）　　　　　　（単位：円）

建　　　　物	(84,500,000)	建物減価償却累計額	(18,250,000)
備　　　　品	(4,200,000)	備品減価償却累計額	(2,350,000)
車　　　　両	(8,700,000)	車両減価償却累計額	(2,915,000)
減 価 償 却 費	(5,715,000)	車 両 売 却 益	(50,000)
修　　繕　　費	(10,400,000)		

本問のポイント

個々の計算及び仕訳はそれほど難しいものではないが、資料がすべて文章で与えられているため、どのように集計作業を行うかがポイントになる。

解答手順・思考過程

1　建物

(1) 残存耐用年数と資本的支出

残存耐用年数　当初耐用年数20年＋延長年数10年－経過年数4年＝26年

資本的支出　支出額16,900,000×$\dfrac{\text{延長年数10年}}{\text{残存耐用年数26年}}$＝6,500,000

（建　　　　　物）　6,500,000　　（修　　繕　　費）　6,500,000

(2) 減価償却

資本的支出後の減価償却計算について耐用年数の指示がないが、このような場合には必ず「残存耐用年数」により計算を行う。

既存部分　（取得原価78,000,000－減価償却累計額15,600,000）÷26年＝2,400,000

資本的支出部分　6,500,000÷26年＝250,000

（減 価 償 却 費）　2,650,000　　（建物減価償却累計額）　2,650,000

2　備品

(1) 備品Eの取得原価の算定

備品Eの取得原価の算定は、備品Fの減価償却累計額→備品Eの減価償却累計額→備品Eの取得原価の順に行う。

備品Fの減価償却累計額　2,700,000÷6年＝450,000

備品Eの減価償却累計額　前T／B 950,000－備品Fの減価償却累計額450,000＝500,000

備品Eの取得原価　X÷6年×2年＝500,000　∴X＝1,500,000

(2) 減価償却

　　定額法から定率法への変更は会計上の見積りの変更によるものであり、当期首に変更を行っているため、「残存耐用年数の償却率」により償却計算を行う。

　　備品Eの減価償却費　$(1,500,000 - 500,000) \times 0.500 = 500,000$

　　備品Fの減価償却費　$(2,700,000 - 450,000) \times 0.400 = 900,000$

　　（減　価　償　却　費）　　　1,400,000　　　（備品減価償却累計額）　　　1,400,000

3　車両

(1) 買換えの修正

　　支払額は、車両Zの取得原価4,500,000 − 車両Yの下取価額1,100,000 = 3,400,000であり、買換時は、（借）車両　3,400,000　（貸）現金預金　3,400,000という仕訳のみを行っている。

　　車両Yの減価償却累計額、減価償却費、修正仕訳は以下のとおりである。

　　減価償却累計額　$3,000,000 \div 5 \text{年} \times 3 \text{年} = 1,800,000$

　　減価償却費　$3,000,000 \div 5 \text{年} \times \dfrac{3 \text{月}}{12 \text{月}} = 150,000$

（車両減価償却累計額）	1,800,000	（車　　　　　両）	3,000,000
（減　価　償　却　費）	150,000	（車　両　売　却　益）	50,000
（車　　　　　両）	1,100,000		

(2) 車両Xの取得原価と減価償却累計額

　　車両Xの取得原価は、前T/B車両10,600,000 − 車両Yの取得原価3,000,000 − 車両Zの支払額3,400,000 = 4,200,000となる。減価償却累計額は、前T/B減価償却累計額3,200,000 − 車両Yの減価償却累計額1,800,000 = 1,400,000となる。

(3) 車両Xと車両Zの減価償却

　　車両X　$4,200,000 \div 5 \text{年} = 840,000$

　　車両Z　$4,500,000 \div 5 \text{年} \times \dfrac{9 \text{月}}{12 \text{月}} = 675,000$

　　（減　価　償　却　費）　　　1,515,000　　　（車両減価償却累計額）　　　1,515,000

4　集計方法

　　集計方法については、①整理前T/Bに加減、②T勘定で集計、③表で集計の3つがあるが、このうち③の方法を紹介しよう。計算、仕訳したものを以下のようにまとめるのである。

資　　　産		取得原価	期首減価償却累計額	減価償却費
建物	既存	78,000,000	15,600,000	2,400,000
	資本的支出	6,500,000	—	250,000
備品	E	(1,500,000)	(500,000)	500,000
	F	2,700,000	450,000	900,000
車両	X	(4,200,000)	(1,400,000)	840,000
	Y	3,000,000	1,800,000	150,000
	Z	4,500,000	—	675,000

解答21　有形固定資産(2)

決算整理後残高試算表（一部）　　　　　　（単位：円）

借　方　科　目	金　額	貸　方　科　目	金　額
建　　　　物	67,200,000	車　両　売　却　益	66,400
車　　　　両	5,460,000		
器　具　備　品	1,440,000		
減　価　償　却　費	5,710,400		

本問のポイント

車両の買換えについては、新車両に係る値引きと付随費用の取扱いがポイントとなる。

解答手順・思考過程

1　建物の減価償却

$80,000,000 \div 25年 = 3,200,000$

（減　価　償　却　費）　　3,200,000　　（建　　　　物）　　3,200,000

2　車両の買換え

(1)　買換えの処理

まず、旧車両の減価償却費を計算する。「11月まで」の指示を見落とさないように。

$864,000 \times 0.400 \times \dfrac{8月}{12月} = 230,400$

次に新車両の値引きを計算する。これは下取価額と適正時価の差額である。

下取価額900,000 − 適正時価700,000 = 値引200,000

そして、新車両の定価（値引控除前の価格）を計算する。定価の計算では付随費用の取扱いがポイントになる。

車両本体価格	6,000,000円
車両付属品	450,000円 ◀‑‑‑‑ 車両の付随費用
登録諸費用	50,000円
下取価額	△　900,000円
差引支払額	5,600,000円 ◀‑‑‑‑‑ 仮払金で処理している

新車両の定価は、6,000,000 + 450,000 + 50,000 = 6,500,000となり、ここから値引きを控除する。よって、新車両の取得原価は次のようになる。

定価6,500,000 − 値引き200,000 = 取得原価6,300,000

最後に修正仕訳を考える。なお、車両売却益は修正仕訳の差額で算定すればよいが、次の

ように計算してもよい。

　適正時価700,000 − 売却時の簿価(864,000 − 230,400) = 66,400

(減 価 償 却 費)	230,400	(車　　　　　両)	864,000
(車　　　　　両)	6,300,000	(仮　払　金)	5,600,000
		(車 両 売 却 益)	66,400

　買換えに係る修正仕訳は上記のとおりであるが、買換えの仕訳が苦手な人は、次のように考えると非常に簡単である。

　買換えは、旧車両の売却と新車両の取得が一体となった取引であるため、この２つを切り離して考える。

　まず、旧車両の売却を考える。売却価額は下取価額ではなく適正時価である。

　(借) 減 価 償 却 費　230,400　　(貸) 車　　　両　864,000
　　　　現 金 預 金　700,000　　　　　　車 両 売 却 益　66,400

次に新車両の取得原価を考える。これは計算のみである。

　定価6,500,000 − 値引き200,000 = 取得原価6,300,000

　以上で終了である。買換えの処理で求めるべきは、旧車両の減価償却費と売却損益、そして新車両の取得原価である。したがって、買換えの仕訳を考えなくても解答できるのである。

(2)　車両Ｂの減価償却

$$6,300,000 \times 0.400 \times \frac{4月}{12月} = 840,000$$

| (減 価 償 却 費) | 840,000 | (車　　　　　両) | 840,000 |

3　器具備品

　耐用年数を変更した場合で、それが「会計上の見積りの変更」に該当する場合には、残存耐用年数により償却計算を行う。

　残存耐用年数　変更後の耐用年数３年 − 経過年数１年 = ２年

　減価償却費　2,880,000 ÷ ２年 = 1,440,000

| (減 価 償 却 費) | 1,440,000 | (器 具 備 品) | 1,440,000 |

決算整理後残高試算表（一部）　　　　　（単位：円）

借　方　科　目	金　　額	貸　方　科　目	金　　額
建　　　　　物	162,500,000	繰 延 税 金 負 債	2,760,000
車　　　　　両	648,000	圧 縮 積 立 金	4,140,000
器　具　備　品	600,000	保 　険 　差 　益	7,200,000
減 価 償 却 費	7,548,000		

本問のポイント

　積立金方式による圧縮記帳では、税効果会計を適用した場合の会計処理と圧縮積立金の取崩しに関する理解がポイントとなる。

解答手順・思考過程 ………………………………………………………………………

1　建物

(1)　倉庫焼失に係る修正仕訳

　焼失した倉庫の減価償却費　$48,000,000 \div 10年 \times \dfrac{2月}{12月} = 800,000$

（減 価 償 却 費）	800,000	（建　　　　　　　物）	33,600,000
（仮　　受　　金）	40,000,000	（保 　険 　差 　益）	7,200,000

(2)　新倉庫の計上

（建　　　　　　　物）	60,000,000	（建 　設 　仮 　勘 　定）	60,000,000

(3)　減価償却費

　事務所　$120,000,000 \div 40年 = 3,000,000$

　新倉庫　$60,000,000 \div 10年 \times \dfrac{5月}{12月} = 2,500,000$

（減 価 償 却 費）	5,500,000	（建　　　　　　　物）	5,500,000

(4)　積立金方式による圧縮記帳

　圧縮額は保険差益の7,200,000であり、これについて圧縮記帳を行うが、積立金方式では税効果会計が適用されるため、7,200,000のうち40％部分の2,880,000は繰延税金負債を計上し、残りの60％部分の4,320,000について圧縮積立金を計上する。

（法 人 税 等 調 整 額）	2,880,000	（繰 延 税 金 負 債）	2,880,000
（繰 越 利 益 剰 余 金）	4,320,000	（圧 　縮 　積 　立 　金）	4,320,000

　上記で計上した繰延税金負債と圧縮積立金は、新倉庫の耐用年数10年間で取崩しを行う。

　取崩しの計算は減価償却費の計上と連動して行うため、当期については５か月分の取崩しを

行う。

取崩額　$7,200,000 \div 10年 \times \dfrac{5月}{12月} = 300,000$

　　取崩しに関しても税効果会計が適用されるため、300,000のうち40％部分の120,000は繰延税金負債を減額し、残りの60％部分の180,000について圧縮積立金を減額する。

| （繰 延 税 金 負 債） | 120,000 | （法 人 税 等 調 整 額） | 120,000 |
| （圧 縮 積 立 金） | 180,000 | （繰 越 利 益 剰 余 金） | 180,000 |

　　上記の処理については、積立金方式の圧縮記帳を理解をしてもらうため、少々面倒な説明を行ったが、実戦的には、繰延税金負債と圧縮積立金の計算は次のように行うのが簡単である。

圧縮額7,200,000 − 取崩額300,000 = 6,900,000
　　　$\times 40\% =$ 繰延税金負債2,760,000
　　　$\times 60\% =$ 圧縮積立金4,140,000

2　車両

　　定率法において、「期首帳簿価額×定率法償却率＝調整前償却額」が「取得原価×保証率＝償却保証額」に満たない場合には、その最初に満たないこととなる事業年度の期首帳簿価額を改定取得原価とし、「改定取得原価×改定償却率＝改定償却額」を、各事業年度の償却限度額として減価償却計算を行う。

調整前償却額　$1,296,000 \times 0.400 = 518,400$

償却保証額　$6,000,000 \times 0.10800 = 648,000$

調整前償却額＜償却保証額となるため、減価償却費は次のように算定する。

改定償却額　$1,296,000 \times 0.500 = 648,000$

| （減 価 償 却 費） | 648,000 | （車 　 　 両） | 648,000 |

3　器具備品

(1)　総項数の計算

| 年度： | 1年目 | 2年目 | 3年目 | 4年目 | 5年目 |
| 項数： | 5 | 4 | 3 | 2 | 1 |

当期

総項数　$5 + 4 + 3 + 2 + 1 = 15$

(2)　当期の減価償却

$3,000,000 \times \dfrac{当期項数3}{総項数15} = 600,000$

| （減 価 償 却 費） | 600,000 | （器 具 備 品） | 600,000 |

決算整理後残高試算表（一部）　　　　　　（単位：円）

借　方　科　目	金　額	貸　方　科　目	金　額
建　　　　　物	285,000,000	未　　払　　金	118,000,000
建 物 付 属 設 備	18,000,000	建物減価償却累計額	24,375,000
構　　築　　物	6,000,000	建物付属設備減価償却累計額	500,000
車　　　　　両	4,000,000	構築物減価償却累計額	250,000
土　　　　　地	69,000,000	車両減価償却累計額	2,848,000
減 価 償 却 費	9,393,000		

本問のポイント

　取得原価の算定については方程式の作り方、建物付土地の購入については建物解体撤去費用の取扱いがポイントである。

解答手順・思考過程

1　直接法から間接法への変更・当期の減価償却費

（1）建物（定額法）

　　前期末までの経過年数は2年9か月である。定額法でこのような場合には、すべて月数で計算するのが簡単である。取得原価をXとして方程式により計算する。

$$X - X \times \frac{33月}{300月} = 133,500,000$$

$$X = 150,000,000$$

　　減価償却累計額の計上額　$150,000,000 - 133,500,000 = 16,500,000$

　　当期の減価償却費　$150,000,000 \div 25年 = 6,000,000$

（建　　　　　物）	16,500,000	（建物減価償却累計額）	16,500,000
（減 価 償 却 費）	6,000,000	（建物減価償却累計額）	6,000,000

（2）車両（定率法）

　　前期末までの経過年数は1年6か月である。定率法でこのような場合には、過年度の減価償却累計額を計算してから取得原価を算定するのが簡単である。取得原価をXとすると、過年度の減価償却累計額は以下のようになる。

　　1年目の減価償却費　$X \times 0.400 \times \frac{6月}{12月} = 0.2X$
　　2年目の減価償却費　$(X - 0.2X) \times 0.400 = 0.32X$ 　$\Big\}\ 0.52X$ ◀----- 減価償却累計額

　　次に、「取得原価 − 減価償却累計額 ＝ 簿価」により取得原価を計算する。

$$\text{X} - 0.52\,\text{X} = 1,920,000$$

$$\text{X} = 4,000,000$$

減価償却累計額の計上額　$4,000,000 - 1,920,000 = 2,080,000$

当期の減価償却費　$1,920,000 \times 0.400 = 768,000$

（車　　　　　両）	2,080,000	（車両減価償却累計額）	2,080,000
（減　価　償　却　費）	768,000	（車両減価償却累計額）	768,000

2　建物付土地の購入・新店舗建設

(1)　建物付土地の取得

　　土地と建物を取得したが、建物をすぐに取り壊しているため、これは「建物付土地の取得」に該当する。この場合は、建物の取得原価（本問では不明）と建物の取壊費用は、すべて土地の取得原価に算入しなければならない。また、工事代金の明細は以下のように分類する。

建物本体建設費用	135,000,000	◄----- 新建物の取得原価
建物付属設備工事費用	18,000,000	◄----- 建物付属設備の取得原価
建物解体撤去費用	4,000,000	
整地費用（造成・改良費用）	5,000,000	◄----- 土地の取得原価に算入
駐車場舗装工事費用	6,000,000	◄----- 構築物の取得原価
前受金入金	△ 50,000,000	◄----- 建設仮勘定に計上している
差引請求金額	118,000,000	◄----- 未払金に計上する

　　なお、土地の取得原価の総額は、建物付土地の購入代金30,000,000に、建物解体撤去費用4,000,000と整地費用（造成・改良費用）5,000,000を加えた39,000,000となる。

（建　　　　　物）	135,000,000	（建　設　仮　勘　定）	80,000,000
（建　物　付　属　設　備）	18,000,000	（未　　払　　金）	118,000,000
（構　　築　　物）	6,000,000		
（土　　　　　地）	39,000,000		

(2)　減価償却費

新建物　　　　$135,000,000 \div 30年 \times \dfrac{5月}{12月} = 1,875,000$

建物付属設備　$18,000,000 \div 15年 \times \dfrac{5月}{12月} = 500,000$

構築物　　　　$6,000,000 \div 10年 \times \dfrac{5月}{12月} = 250,000$

（減　価　償　却　費）	2,625,000	（建物減価償却累計額）	1,875,000
		（建物付属設備減価償却累計額）	500,000
		（構築物減価償却累計額）	250,000

決算整理後残高試算表（一部）　　　　（単位：円）

借　方　科　目	金　　額	貸　方　科　目	金　　額
建　　　　　　　物	112,320,000	未　　払　　金	9,000,000
建　物　付　属　設　備	9,462,000		
減　価　償　却　費	4,982,800		
固　定　資　産　除　却　損	5,367,200		

本問のポイント

　定額法で耐用年数と償却率の両方が与えられ、両者で計算結果が異なる場合には償却率を使って償却計算を行わなければならない。これは受験上の決まり事である。なお、耐用年数と償却率のどちらを使っても計算結果が同じとなる場合には（例：耐用年数20年）、どちらで計算してもかまわない。

解答手順・思考過程

1　建物の減価償却

$130,000,000 \times 0.034 = 4,420,000$

（減　価　償　却　費）　　　4,420,000　　　（建　　　　　　　物）　　　4,420,000

2　建物付属設備

(1)　内装改良工事

　内装改良工事は、新しい建物付属設備の計上だけでなく、既存の建物付属設備のうち60%を除却という2つの内容からなっているため、これをきちんと分けて考えなければならない。

　まず、請求書の内容について計算を行う。

内　　訳	金　　額	
内装改良代金	8,000,000	◀--- 値引額をマイナスする
付属設備除却費用	2,000,000	
値引額	△ 1,000,000	◀--- 上記の金額の割合で按分する
差引請求額	9,000,000	◀--- 未払金に計上する

値引控除後の内装改良代金　　$8,000,000 - 1,000,000 \times \dfrac{8,000,000}{10,000,000} = 7,200,000$

値引控除後の付属設備除却費用　　$2,000,000 - 1,000,000 \times \dfrac{2,000,000}{10,000,000} = 1,800,000$

(2) 新しい建物付属設備の計上

　　値引控除後の内装改良代金7,200,000は建物付属設備として計上する。

　　（建 物 付 属 設 備）　　　7,200,000　　　（未　　払　　金）　　　7,200,000

(3) 既存の建物付属設備の除却

　　既存の建物付属設備のうち60％について除却の処理を行うが、この段階で、既存の建物付

　属設備の取得原価と帳簿価額について、60％部分と40％部分に分けておくと、その後の計算

　が非常に楽になる。

$$\text{取得原価8,000,000} \begin{cases} \times 60\% = 4{,}800{,}000 \ （除却部分） \\ \times 40\% = 3{,}200{,}000 \end{cases}$$

$$\text{帳簿価額6,392,000} \begin{cases} \times 60\% = 3{,}835{,}200 \ （除却部分） \\ \times 40\% = 2{,}556{,}800 \end{cases}$$

　　除却した建物付属設備の減価償却費　　$4{,}800{,}000 \times 0.067 \times \dfrac{10月}{12月} = 268{,}000$

　　（減 価 償 却 費）　　　268,000　　　（建 物 付 属 設 備）　　　3,835,200

　　（固 定 資 産 除 却 損）　5,367,200　　　（未　　払　　金）　　　1,800,000

(4) 減価償却

　　既存分（40％部分）　　$3{,}200{,}000 \times 0.067 = 214{,}400$

　　新規取得分　　$7{,}200{,}000 \times 0.067 \times \dfrac{2月}{12月} = 80{,}400$

　　（減 価 償 却 費）　　　294,800　　　（建 物 付 属 設 備）　　　294,800

(1)

①	216,606	千円
②	1,098	千円
③	1,131	千円
④	5,854	千円

(2)

（単位：千円）

借　方　科　目	金　　額	貸　方　科　目	金　　額
減　価　償　却　費	78,056	減 価 償 却 累 計 額	78,056
利　　息　　費　　用	1,311	資　産　除　去　債　務	1,311
減 価 償 却 累 計 額	222,460	設　　　　　　　備	222,460
資　産　除　去　債　務	46,000	現　　　　　　　金	46,500
履　　行　　差　　額	500		

本問のポイント

　割引現在価値の算定と資産除去債務の調整額の計上においては、端数処理（本問では四捨五入）を慎重に行わなければならない。また、設備除去時の仕訳では、見積変更による設備と資産除去債務の増額分を考慮するのを忘れやすいので注意が必要である。

解答手順・思考過程

1　×1年4月1日（資産取得時）

　除去費用見積額40,000の割引現在価値を資産除去債務として計上するとともに、当該金額を設備の取得原価に加算する。割引計算は以下のように行う。

　$40,000 \div 1.03 \div 1.03 \div 1.03 = 36,606$（千円未満四捨五入）

（設　　　　　備）	216,606	（現　　　　　金）	180,000
		（資 産 除 去 債 務）	36,606

2　×2年3月31日（決算時）

　設備の減価償却費を計上する。また、時の経過による資産除去債務の調整額を計上する。時の経過による資産除去債務の調整額は、期首の資産除去債務に当初負債に計上したときの割引率を乗じて算定する。

　設備の減価償却費　$216,606 \div 3 \, \text{年} = 72,202$

時の経過による資産除去債務の調整額　36,606×0.03＝1,098（千円未満四捨五入）

| （減　価　償　却　費） | 72,202 | （減価償却累計額） | 72,202 |
| （利　　息　　費　　用） | 1,098 | （資　産　除　去　債　務） | 1,098 |

3　×3年3月31日（決算時）

設備の減価償却費と時の経過による資産除去債務の調整額を計上する。さらに、見積変更による除去費用の増額分6,000の割引現在価値を資産除去債務に追加計上する。

設備の減価償却費　216,606÷3年＝72,202

時の経過による資産除去債務の調整額　（36,606＋1,098）×0.03＝1,131（千円未満四捨五入）

見積変更による資産除去債務の増加額　6,000÷1.025＝5,854（千円未満四捨五入）

（減　価　償　却　費）	72,202	（減価償却累計額）	72,202
（利　　息　　費　　用）	1,131	（資　産　除　去　債　務）	1,131
（設　　　　　　備）	5,854	（資　産　除　去　債　務）	5,854

4　×4年3月31日（設備除去時）

設備除去の仕訳は以下の4つの内容からなっている。

(1)　減価償却

最終年度の減価償却費は、設備取得時に計上した分だけでなく、前年度に見積変更によって増加した5,854も加えた金額となる。

216,606÷3年＋5,854＝78,056

| （減　価　償　却　費） | 78,056 | （減価償却累計額） | 78,056 |

(2)　時の経過による資産除去債務の調整額

最終年度の資産除去債務の調整額は、前年度までに計上した資産除去債務の累積額と、除去費用見積額46,000（修正後）の差額として算定する。

前年度までに計上した資産除去債務の累積額　36,606＋1,098＋1,131＋5,854＝44,689

差額　46,000－44,689＝1,311

| （利　　息　　費　　用） | 1,311 | （資　産　除　去　債　務） | 1,311 |

(3)　設備の除去

設備と減価償却累計額を消去する。設備の取得原価は取得時に計上した216,606に前年度に見積変更によって増加した5,854も加えた金額となる。

216,606＋5,854＝222,460

| （減価償却累計額） | 222,460 | （設　　　　　　備） | 222,460 |

(4)　除去費用の支払

実際支払額と除去費用見積額46,000（修正後）の差額は履行差額として処理する。

| （資　産　除　去　債　務） | 46,000 | （現　　　　　　金） | 46,500 |
| （履　行　差　額） | 500 | | |

決算整理後残高試算表（一部）　　　　　　（単位：円）

借　方　科　目	金　　額	貸　方　科　目	金　　額
建　　　　　物	22,857,800	建物減価償却累計額	4,000,000
器　具　備　品	4,175,900	器具備品減価償却累計額	2,000,000
土　　　　　地	7,978,300		
減　価　償　却　費	1,500,000		
減　損　損　失	10,988,000		

本問のポイント

　　減損会計は、資産のグルーピング→減損の兆候の有無→帳簿価額の算定→割引前将来キャッシュ・フローの算定→減損損失の認識の判定→回収可能価額の算定→減損損失の測定→減損損失を構成資産に配分、という流れで進んでいく。この手順とそれぞれの計算方法が完全に頭に入っていないと、スムーズな解答ができない。

解答手順・思考過程 ......

1　減価償却

　減損会計を行う前に、建物と器具備品の減価償却を行う。

　建物　　30,000,000÷30年＝1,000,000

　器具備品　5,000,000÷10年＝500,000

（減　価　償　却　費）	1,500,000	（建物減価償却累計額）	1,000,000
		（器具備品減価償却累計額）	500,000

2　減損会計の計算手順

　減損会計は、ポイントで述べた手順を表にまとめて行うと非常に計算がやりやすい。では、手順と計算方法を説明していく。

手順1　減損処理前の帳簿価額を表に記入する。建物と器具備品は減価償却後の金額であることに注意する。

手順2　割引前将来キャッシュ・フローを計算する。この際、毎年のキャッシュ・フローだけでなく使用後の処分収入見込額も含めるのを忘れないようにする。

　　　　2,000,000×15年＋8,000,000＝38,000,000

手順3　減損損失を認識するかどうかの判定を行う。割引前将来キャッシュ・フローが帳簿価額を下回る場合には、減損損失を認識する。

　　　　割引前将来キャッシュ・フロー38,000,000＜帳簿価額40,000,000

∴減損損失を認識する

手順4　回収可能価額を算定する。回収可能価額は正味売却価額と使用価値のいずれか高いほうの金額である。なお、使用価値は割引前将来キャッシュ・フローの割引現在価値である。

正味売却価額　28,000,000

使用価値　2,000,000×11.938＋8,000,000×0.642＝29,012,000

回収可能価額　高いほうの29,012,000

手順5　減損損失を計算する。

40,000,000－29,012,000＝10,988,000

手順6　減損損失を構成資産の帳簿価額の比率で配分する。

建　　物　$10,988,000 \times \dfrac{26,000,000}{40,000,000} = 7,142,200$

器具備品　$10,988,000 \times \dfrac{3,000,000}{40,000,000} = 824,100$

土　　地　$10,988,000 \times \dfrac{11,000,000}{40,000,000} = 3,021,700$

これらを表にまとめると以下のようになる。

当期の減価償却費控除後の簿価を用いる

	建　　物	器具備品	土　　地	合　　計
減損処理前の簿価	26,000,000	3,000,000	11,000,000	40,000,000
割引前将来キャッシュ・フロー	－	－	－	38,000,000
減損損失の認識	する	する	する	する
回収可能価額	－	－	－	29,012,000
減損損失	7,142,200	824,100	3,021,700	10,988,000
減損処理後の簿価	18,857,800	2,175,900	7,978,300	29,012,000

整理後T/Bの金額ではないことに注意

正味売却価額と使用価値のいずれか高いほう

3　減損会計の仕訳

（減　損　損　失）	10,988,000	（建　　　　　物）	7,142,200
		（器　具　備　品）	824,100
		（土　　　　　地）	3,021,700

(1) | 140,000 | 千円

(2) | 20,000 | 千円

(3) | 420,000 | 千円

本問のポイント

　共用資産がある場合においても手順が大切である。共用資産がある場合の減損会計は、資産グループに係る減損損失の認識・測定→共用資産を含めたより大きな単位での減損損失の認識・測定→共用資産に減損損失を配分→配分しきれない減損損失を資産グループに配分、という流れになる。

解答手順・思考過程 ....

共用資産がある場合においても、以下のように表にまとめて行うと非常に計算がやりやすい。

	A	B	C	共用資産	合　　計
減損処理前の簿価	520,000	500,000	360,000	400,000	1,780,000
減損の兆候	なし	あり	あり	あり	あり
割引前将来キャッシュ・フロー	600,000	540,000	260,000	―	1,580,000
減損損失の認識	しない	しない	する	する	する
回収可能価額	500,000	420,000	220,000	180,000	1,320,000
減損損失	20,000	80,000	140,000	220,000	460,000
減損処理後の簿価	500,000	420,000	220,000	180,000	1,320,000

では、手順と計算方法を説明していく。

手順1　減損処理前の帳簿価額、減損の兆候の有無、割引前将来キャッシュ・フロー、回収可能価額など、資料に与えられている数値を表に記入する。なお、共用資産の回収可能価額は正味売却価額となる（減損の兆候の有無に関しては表に入れなくても別段計算に影響はないが、正確な手順を説明するためにあえて入れている）。

手順2　資産グループについて減損損失を認識するかどうかの判定を行う。

　　　　資産グループA

　　　　　減損の兆候がないため判定不要→認識しない

資産グループB

　　割引前将来キャッシュ・フロー540,000＞帳簿価額500,000→認識しない

　資産グループC

　　割引前将来キャッシュ・フロー　40,000×5年＋60,000＝260,000

　　割引前将来キャッシュ・フロー260,000＜帳簿価額360,000→認識する

手順3　資産グループCの回収可能価額を算定する。

　　正味売却価額　200,000

　　使用価値　40,000×4.33＋60,000×0.78＝220,000

　　回収可能価額　正味売却価額と使用価値のいずれか高いほう→220,000

手順4　資産グループCの減損損失を計算する。

　　360,000－220,000＝140,000

手順5　共用資産を含めたより大きな単位で減損損失を認識するかどうかの判定を行う。

　　割引前将来キャッシュ・フロー1,580,000＜帳簿価額1,780,000→認識する

手順6　共用資産を含めたより大きな単位の減損損失と減損損失の増加額を計算する。

　　より大きな単位の減損損失　1,780,000－1,320,000＝460,000

　　減損損失の増加額　460,000－資産グループCの減損損失140,000＝320,000

手順7　減損損失の増加額320,000を共用資産の正味売却価額を下回らないように配分する。

　　共用資産に配分する減損損失の増加額　簿価400,000－正味売却価額180,000＝220,000

　　共用資産に配分しきれない減損損失の増加額　320,000－220,000＝100,000

手順8　共用資産に配分しきれない減損損失の増加額100,000を資産グループA、Bの帳簿価額
　　　　と回収可能価額の差額の比率により配分する。

　　帳簿価額と回収可能価額の差額

　　　資産グループA　520,000－500,000＝20,000

　　　資産グループB　500,000－420,000＝80,000

　　共用資産に配分しきれない減損損失の増加額100,000の配分

　　　資産グループA　$100,000 \times \dfrac{20,000}{20,000＋80,000}＝20,000$

　　　資産グループB　$100,000 \times \dfrac{80,000}{20,000＋80,000}＝80,000$

(1) （単位：千円）

借　方　科　目	金　額	貸　方　科　目	金　額
支　払　利　息	1,747	現　　　　　金	6,000
リ　ー　ス　債　務	4,253		

(2) （単位：千円）

借　方　科　目	金　額	貸　方　科　目	金　額
支　払　利　息	1,598	現　　　　　金	6,000
リ　ー　ス　債　務	4,402		

(3) | 8,317 | 千円

本問のポイント

　ファイナンス・リース取引の判定、２つの利子率の使い方、割引現在価値の算定、利息法の利子率など、リース取引に関する正確な知識が要求される。

解答手順・思考過程

1　ファイナンス・リース取引の要件

　ファイナンス・リース取引とは、①解約不能であること、②フルペイアウトであることの２つの要件を満たすリース取引である。そして、フルペイアウトであるかどうかの具体的基準として、現在価値基準と経済的耐用年数基準があり、いずれかに該当すればファイナンス・リース取引と判定される。

2　ファイナンス・リース取引の判定

(1)　現在価値基準による判定

　リース料総額の割引現在価値の算定に用いる割引率は、貸手の計算利子率を知り得る場合は当該利子率を、知り得ない場合は借手の追加借入利子率を用いる。本問は貸手の計算利子率が不明のため、追加借入利子率６％で割引計算を行う。なお、５年で10回払いの年金現価係数が与えられているのは、リース料の支払が半年ごとのため、リース期間５年で10回のリース料の支払があるからである。

　リース料総額の割引現在価値　$6,000 \times 8.5302 = 51,181$　（千円未満四捨五入）

　$\dfrac{\text{リース料総額の割引現在価値} 51,181}{\text{見積現金購入価額} 49,900} \fallingdotseq 102\% > 90\%$

　90％以上であるためファイナンス・リース取引と判定される。

(2) 経済的耐用年数基準による判定

参考としてこちらも説明しておく。

$\dfrac{リース期間5年}{経済的耐用年数6年} \fallingdotseq 83\% > 75\%$

75％以上であるためファイナンス・リース取引と判定される。

3 所有権移転の判定

以下のいずれかに該当すれば所有権移転ファイナンス・リース取引となり、該当しない場合は所有権移転外ファイナンス・リース取引となる。

(1) 所有権移転条項が付されている。

(2) 割安購入選択権が付されている。

(3) 特別仕様になっている。

本問は、「リース期間終了後に所有権が無償で借手に移転される」とあるため、所有権移転ファイナンス・リース取引に該当する。

4 リース取引開始日

所有権移転ファイナンス・リース取引で貸手の購入価額が不明の場合、リース資産の計上価額は、リース料総額の割引現在価値と見積現金購入価額のいずれか低いほうとする。

リース料総額の割引現在価値51,181＞見積現金購入価額49,900　∴49,900

| （リ　ー　ス　資　産） | 49,900 | （リ　ー　ス　債　務） | 49,900 |

5 1回目のリース料支払

利息法に用いる利子率は、リース料総額の割引現在価値がリース資産の計上価額と等しくなる利子率であるため、追加借入利子率6％は利息法には用いない。7％の年金現価係数で計算してみると、6,000×8.3166＝49,900（千円未満四捨五入）となり、7％がリース料総額の割引現在価値がリース資産の計上価額と等しくなる利子率と判明する。よって、利息法には利子率7％を用いる。

支払利息　$49,900 \times 0.07 \times \dfrac{6 \text{月}}{12 \text{月}} = 1,747$（千円未満四捨五入）

| （支　払　利　息） | 1,747 | （現　　　　　金） | 6,000 |
| （リ　ー　ス　債　務） | 4,253 | | |

6 2回目のリース料支払

支払利息　$(49,900 - 4,253) \times 0.07 \times \dfrac{6 \text{月}}{12 \text{月}} = 1,598$（千円未満四捨五入）

| （支　払　利　息） | 1,598 | （現　　　　　金） | 6,000 |
| （リ　ー　ス　債　務） | 4,402 | | |

7 減価償却

所有権移転ファイナンス・リース取引の耐用年数は、経済的耐用年数である。

49,900÷6年＝8,317（千円未満四捨五入）

| （減　価　償　却　費） | 8,317 | （減価償却累計額） | 8,317 |

第7章

リース取引

161

解答29　リース取引(2)

決算整理後残高試算表（一部）　(単位：円)

借方科目	金額	貸方科目	金額
リース資産	4,640,000	リース債務	4,672,748
減価償却費	160,000		
支払利息	72,748		

本問のポイント

リース料の支払が毎月月末払いの場合、当然のことながら、リース料の支払ごとに支払利息の算定を月割り計算（1か月分）で行っていくことになる。

解答手順・思考過程

1　ファイナンス・リース取引の判定

答案用紙にリース資産勘定等があるため、判定を行わなくても所有権移転外ファイナンス・リース取引に間違いないが、確認のため現在価値基準だけやっておこう。

リース料総額の割引現在価値　100,000×49.3184＝4,931,840

$$\frac{\text{リース料総額の割引現在価値}4{,}931{,}840}{\text{見積現金購入価額}4{,}800{,}000} \fallingdotseq 102\% > 90\%$$

90%以上であるためファイナンス・リース取引と判定される。

2　リース取引開始日

所有権移転外ファイナンス・リース取引で貸手の購入価額が不明の場合、リース資産の計上価額は、リース料総額の割引現在価値と見積現金購入価額のいずれか低いほうとする。

リース料総額の割引現在価値4,931,840＞見積現金購入価額4,800,000　∴4,800,000

（リース資産）	4,800,000	（リース債務）	4,800,000

3　1回目のリース料支払

利息法に用いる利子率は、リース料総額の割引現在価値がリース資産の計上価額と等しくなる利子率である9.154%を用いる。

支払利息　$4{,}800{,}000 \times 0.09154 \times \frac{1\text{月}}{12\text{月}} = 36{,}616$

（支払利息）	36,616	（現金）	100,000
（リース債務）	63,384		

4　2回目のリース料支払

支払利息　$(4{,}800{,}000 - 63{,}384) \times 0.09154 \times \frac{1\text{月}}{12\text{月}} = 36{,}132$（円未満四捨五入）

（支払利息）	36,132	（現金）	100,000
（リース債務）	63,868		

5 減価償却

所有権移転外ファイナンス・リース取引の耐用年数は、リース期間である。

$$4,800,000 \div 5\,年 \times \frac{2月}{12月} = 160,000$$

| （減価償却費） | 160,000 | （リース資産） | 160,000 |

所有権移転と所有権移転外のまとめ

	所有権移転ファイナンス・リース	所有権移転外ファイナンス・リース
所有権移転の判定基準	① 所有権移転条項あり ② 割安購入選択権あり ③ 特別仕様になっている 上記のいずれかに該当すればよい。	左記に該当しないもの
リース資産の計上価額	① リース物件の貸手の購入価額が明らかな場合→当該価額 ② 明らかでない場合→見積現金購入価額とリース料総額の割引現在価値のいずれか低いほう	① リース物件の貸手の購入価額が明らかな場合→当該価額とリース料総額の割引現在価値のいずれか低いほう ② 明らかでない場合→見積現金購入価額とリース料総額の割引現在価値のいずれか低いほう
減価償却	① 耐用年数→経済的耐用年数 ② 残存価額→問題指示（平成19年4月1日以後取得したものはゼロ） ③ 償却方法→問題指示	① 耐用年数→リース期間 ② 残存価額→ゼロ ③ 償却方法→問題指示

163

決算整理後残高試算表（一部） （単位：千円）

借 方 科 目	金 額	貸 方 科 目	金 額
リ ー ス 資 産	28,356	リ ー ス 債 務	23,490
減 価 償 却 費	5,271	リース資産減価償却累計額	5,271
支 払 利 息	1,134		

本問のポイント

　リース契約において、リース期間終了時に、リース物件の処分価額が契約上取り決めた保証価額に満たない場合は、借手に対して、その不足額を貸手に支払う義務が課せられることがある。このような条件を「残価保証」という。リース契約上に残価保証の取決めがある場合には、残価保証額をリース料総額に含めなければならない。

　また、残価保証がある場合の減価償却費は、残価保証額を残存価額として計算を行う。

解答手順・思考過程

1　ファイナンス・リース取引の判定

（1）　リース料総額の割引現在価値

　　残価保証がある場合のリース料総額は、リース料の30,000に残価保証額の2,000を加えた32,000である。また、リース料総額の割引現在価値は以下のように計算する。

　　$6,000 \times 4.452 + 2,000 \times 0.822 = 28,356$

（2）　ファイナンス・リース取引の判定

　　答案用紙にリース資産勘定等があるため、判定を行わなくても所有権移転外ファイナンス・リース取引に間違いないが、現在価値基準だけやっておこう。

　　$\dfrac{\text{リース料総額の割引現在価値28,356}}{\text{見積現金購入価額29,000}} \fallingdotseq 97\% > 90\%$

　　90％以上であるためファイナンス・リース取引と判定される。

2　リース取引開始日

　所有権移転外ファイナンス・リース取引で貸手の購入価額が不明の場合、リース資産の計上価額は、リース料総額の割引現在価値と見積現金購入価額のいずれか低いほうとする。

　　リース料総額の割引現在価値28,356＜見積現金購入価額29,000　∴28,356

　　（リ ー ス 資 産）　　28,356　　（リ ー ス 債 務）　　28,356

3　リース料支払

　利息法に用いる利子率は、リース料総額の割引現在価値がリース資産の計上価額と等しくなる利子率である4％を用いる。

支払利息　28,356×0.04＝1,134（千円未満四捨五入）

（支　払　利　息）	1,134	（現　　　　　金）	6,000
（リ　ー　ス　債　務）	4,866		

4　減価償却

所有権移転外ファイナンス・リース取引の耐用年数は、リース期間である。また、残価保証額を残存価額として減価償却計算を行う。

（取得原価28,356－残存価額2,000）÷5年＝5,271（千円未満四捨五入）

（減　価　償　却　費）	5,271	（リース資産減価償却累計額）	5,271

解答31　リース取引(4)

決算整理後残高試算表（一部）　　　　　（単位：千円）

借　方　科　目	金　　額	貸　方　科　目	金　　額
リ　ー　ス　資　産	90,000	未　払　費　用	4,389
減　価　償　却　費	28,000	リ　ー　ス　債　務	87,770
支　払　利　息	4,389	長　期　前　受　収　益	6,000

本問のポイント

　　セール・アンド・リースバック取引では、資産売却時の売却損益の処理と当該売却損益を減価償却費に加減する処理が特徴的である。

　　また、リース料を前払いしているが、その場合における1回目のリース料の処理、支払利息の計算の理解が重要である。

解答手順・思考過程 ･･

1　ファイナンス・リース取引の判定

　　セール・アンド・リースバック取引においても、ファイナンス・リース取引の判定は必要であるが、答案用紙にリース資産勘定等があるため、判定を行わなくても解答上何ら問題はないが、参考として、現在価値基準だけ説明しておく。

　　なお、資料にあるように、リース料総額を貸手の計算利子率5％で割引計算を行うと120,000（千円未満四捨五入）と算定される。また、見積現金購入価額については、実際売却価額を用いる。

$$\frac{リース料総額の割引現在価値120,000}{実際売却価額120,000}＝100％＞90％$$

　　90％以上であるためファイナンス・リース取引と判定される。

2　リース取引開始日

　　リース取引開始日における処理は、以下の3つの内容からなっている。

(1)　資産売却

　　売却損益は、長期前受収益または長期前払費用として繰延経理し、リース資産の減価償却費の割合に応じて減価償却費に加減する。

（現　　　　　　　金）	120,000	（車　　　　　　　両）	112,000
		（長　期　前　受　収　益）	8,000

(2)　リース資産の計上

　　所有権移転外ファイナンス・リース取引におけるリース資産の計上価額は、リース料総額の割引現在価値と実際売却価額のいずれか低いほうとする。本問では同額であるため120,000

がリース資産の計上価額となる。

リース料総額の割引現在価値120,000＝実際売却価額120,000 ∴120,000

（リース資産）	120,000	（リース債務）	120,000

(3) リース料支払

リース料を前払いする場合、1回目のリース料は全額リース債務の返済となる。

（リース債務）	.32,230	（現金）	32,230

3　決算整理

(1) 減価償却

所有権移転外ファイナンス・リース取引の耐用年数は、リース期間である。

120,000÷4年＝30,000

（減価償却費）	30,000	（リース資産）	30,000

(2) 繰延経理した売却損益の減価償却費への加減処理

売却損益はリース資産の減価償却費の割合に応じて減価償却費に加減する。本問は定額法であるため、リース期間で均等配分する。

8,000÷4年＝2,000

（長期前受収益）	2,000	（減価償却費）	2,000

(3) 支払利息の見越計上

（120,000－32,230）×0.05＝4,389（千円未満四捨五入）

（支払利息）	4,389	（未払費用）	4,389

セール・アンド・リースバック取引のまとめ

	所有権移転ファイナンス・リース	所有権移転外ファイナンス・リース
所有権移転の判定基準	① 所有権移転条項あり ② 割安購入選択権あり ③ 特別仕様になっている 上記のいずれかに該当すればよい。	左記に該当しないもの
リース資産の計上価額	実際売却価額	リース料総額の割引現在価値と実際売却価額のいずれか低いほう
減価償却	① 耐用年数→経済的耐用年数 ② 残存価額→問題指示 ③ 償却方法→問題指示	① 耐用年数→リース期間 ② 残存価額→ゼロ ③ 償却方法→問題指示

(1)	75,000	千円
(2)	60,291	千円
(3)	48,000	千円
(4)	33,390	千円
(5)	7,604	千円

本問のポイント

　2つの会計処理方法における仕訳と計算、所有権移転と所有権移転外における勘定科目（所有権移転はリース債権、所有権移転外はリース投資資産）などがきちんと頭に入っていないと、スムーズに解答できない。また、リース料受取りが半年ごとのため、これをどのように計算していくかで解答時間がかなり違ってくる。

解答手順・思考過程 ···

1　機器A（所有権移転・リース取引開始日に売上高と売上原価を計上する方法）

(1)　リース取引開始日

　リース料総額で売上を計上し、同額でリース債権を計上する。また、リース物件の購入価額で売上原価を計上する。

　　売上（リース料総額）　6,000×10回＝60,000

　　売上原価　購入価額の48,665

（リ ー ス 債 権）	60,000	（売 　 上）	60,000
（売 上 原 価）	48,665	（買 掛 金）	48,665

(2)　1回目のリース料受取り

　リース料受取額について、リース債権を減額する。

（現 金）	6,000	（リ ー ス 債 権）	6,000

(3)　2回目のリース料受取り

（現 金）	6,000	（リ ー ス 債 権）	6,000

(4)　決算整理

　売上と売上原価の差額が利息相当額（リース利益）である。この利息相当額のうち代金未回収部分に対応する額を繰延リース利益として繰り延べる。計算は、「利息相当額の総額－当期の利息相当額＝繰り延べる利息相当額」で行う。利息相当額の総額は、売上60,000－売上原価48,665＝11,335で簡単に計算できるが、当期の利息相当額は、リース料受取りが半年ごとであるため、少々面倒である。このような場合は計算表を利用するのが便利である。

$$元本残高 \times 計算利子率8\% \times \frac{6月}{12月}$$

日　付	リース料	利息分	元本分	元本残高
×2年4月1日	—	—	—	(48,665)
×2年9月30日	6,000	(1,947)	4,053	44,612
×3年3月31日	6,000	(1,784)	4,216	40,396

（48,665）→ 売上原価

（1,947・1,784）→ 当期の利息相当額

利息相当額の総額11,335 − 当期の利息相当額3,731 = 7,604

（繰延リース利益繰入）　　　7,604　　　（繰延リース利益）　　　7,604

2　機器B（所有権移転外・リース料受取時に売上高と売上原価を計上する方法）

　前期の10月1日がリース取引開始日であり、前期末に1回目のリース料受取りがあり、当期に2回目と3回目のリース料受取があるため、これについても計算表を利用するのが便利である。

$$元本残高 \times 計算利子率8\% \times \frac{6月}{12月}$$

日　付	リース料	利息分	元本分	元本残高
×1年10月1日	—	—	—	50,496
×2年3月31日	7,500	2,020	5,480	45,016
×2年9月30日	(7,500)	1,801	(5,699)	39,317
×3年3月31日	(7,500)	1,573	(5,927)	(33,390)

（33,390）→ 当期末のリース投資資産

（7,500）→ 当期の売上高　（5,699・5,927）→ 当期の売上原価

(1)　2回目のリース料受取り

　　リース料受取額を売上に計上し、当該金額から利息相当額を控除した金額を売上原価として計上する。

（現　　　　　　金）　　　7,500　　　（売　　　　　　上）　　　7,500

（売　上　原　価）　　　5,699　　　（リース投資資産）　　　5,699

(2)　3回目のリース料受取り

　　リース料受取額を売上に計上し、当該金額から利息相当額を控除した金額を売上原価として計上する。

（現　　　　　　金）　　　7,500　　　（売　　　　　　上）　　　7,500

（売　上　原　価）　　　5,927　　　（リース投資資産）　　　5,927

ソフトウェア(1)

決算整理後残高試算表（一部） （単位：円）

借　方　科　目	金　　額	貸　方　科　目	金　　額
備　　　　　品	7,500,000		
ソ フ ト ウ ェ ア	18,000,000		
販売費・一般管理費	76,550,000		
備 品 減 価 償 却 費	3,250,000		
ソ フ ト ウ ェ ア 償 却	3,200,000		
ソ フ ト ウ ェ ア 廃 棄 損	7,200,000		
備 品 売 却 損	2,050,000		

本問のポイント

　社内利用目的のソフトウェアについては、ソフトウェア導入時における導入費用の分類がポイントであり、きちんと暗記していないと処理ができない。

解答手順・思考過程 ∙∙

1　備品（パソコン）の売却とソフトウェアの廃棄

　9月30日をもって使用を取りやめた備品（パソコン）及びソフトウェアについて、それぞれ売却及び廃棄の処理を行うが、いずれも9月30日までの減価償却費を計上する。

(1) 備品（パソコン）の売却

減価償却費　$3,000,000 \times 0.500 \times \dfrac{6月}{12月} = 750,000$

（備 品 減 価 償 却 費）	750,000	（備　　　　　　品）	3,000,000
（仮　　受　　金）	200,000		
（備 品 売 却 損）	2,050,000		

(2) ソフトウェアの廃棄

ソフトウェア償却　$12,000,000 \div 5年 \times \dfrac{6月}{12月} = 1,200,000$

（ソフトウェア償却）	1,200,000	（ソ フ ト ウ ェ ア）	8,400,000
（ソフトウェア廃棄損）	7,200,000		

2　新システムに関する処理

　「このソフトウェアの利用により将来の費用削減効果は確実と認められる」とあるため、ソフトウェアの取得原価は無形固定資産に計上する。導入時における諸費用は次のように分類する。

パソコン・サーバーの購入費用　　10,000,000円 ← 備　品

ソフトウェアの購入費用　　　　15,000,000円

ソフトウェアの仕様変更費用　　 3,000,000円 ← ソフトウェア

ソフトウェアの設定作業費用　　 2,000,000円

旧システムからのデータ移替え費用　1,000,000円 ← 販売費・一般管理費

新システム導入のためのトレーニング費用　600,000円

（備　　　　品）	10,000,000	（仮　　払　　金）	31,600,000
（ソフトウェア）	20,000,000		
（販売費・一般管理費）	1,600,000		

3　減価償却

(1)　新備品（パソコン・サーバー）の減価償却

$$10,000,000 \times 0.500 \times \frac{6月}{12月} = 2,500,000$$

| （備品減価償却費） | 2,500,000 | （備　　　　品） | 2,500,000 |

(2)　新ソフトウェアの減価償却

$$20,000,000 \div 5年 \times \frac{6月}{12月} = 2,000,000$$

| （ソフトウェア償却） | 2,000,000 | （ソフトウェア） | 2,000,000 |

ソフトウェア(2)

(1) | 242,424 | 千円

(2) | 254,546 | 千円

本問のポイント

　　見込販売数量（または見込販売収益）の見直しをした場合、見直しを行ったのが期首な
のか期末なのか、また、過去の見積りがその時点での合理的な見積りによるものかどうか
によって、計算方法が異なってくるため、資料を慎重に読み取らなければならない。

解答手順・思考過程 ………………………………………………………………………………

1　1年度

(1)　見込販売収益に基づく減価償却費

$$600{,}000 \times \frac{1\,\text{年度の実績販売収益}400{,}000}{\text{販売開始時の総見込販売収益}990{,}000} = 242{,}424\,(\text{千円未満四捨五入})$$

(2)　見込有効期間に基づく減価償却費

600,000÷見込有効期間3年＝200,000

(3)　減価償却費　(1)と(2)のいずれか大きい額→242,424

2　2年度

(1)　見込販売収益に基づく減価償却費

　　実績販売収益が見込販売収益を下回っているが、2年度末に見積りの変更をしているた
め、2年度期首における変更前の見込販売収益に基づき減価償却費を算定する。

$$(600{,}000 - 242{,}424) \times \frac{2\,\text{年度の実績販売収益}420{,}000}{2\,\text{年度期首の見込販売収益}590{,}000} = 254{,}546\,(\text{千円未満四捨五入})$$

(2)　見込有効期間に基づく減価償却費

(600,000－242,424)÷残存有効期間2年＝178,788

(3)　減価償却費　(1)と(2)のいずれか大きい額→254,546

3 表の読み取りのポイント

	1年度及び2年度の実績販売数量並びに3年度の見込販売数量 （個）	販売開始時の総見込販売数量及び各年度の期首の見込販売数量 （個）	1年度及び2年度の実績販売単価並びに3年度の見込販売単価 （千円）	1年度及び2年度の実績販売収益並びに3年度の見込販売収益 （千円）	販売開始時の総見込販売収益及び各年度の期首の見込販売収益 （千円）
1年度	2,000	7,000	200	400,000	990,000
2年度	2,800	5,000	150	420,000	590,000
3年度	1,600	1,600	70	112,000	112,000

実績販売数量 → 2,000, 2,800（1年度及び2年度の実績販売数量並びに3年度の見込販売数量）

期首時点の見込である点に注意（販売開始時の総見込販売数量及び各年度の期首の見込販売数量）

実績販売収益 → 400,000, 420,000

見込販売数量 → 1,600

見込販売収益 → 112,000

期首時点の見込販売収益 → 112,000

市場販売目的ソフトウェアの償却計算

1 見積りの変更を行った場合の減価償却費の算定

見込販売数量（または見込販売収益）の見直しの結果、見込販売数量（または見込販売収益）を変更した場合には、次のように減価償却費を算定する。

(1) 期首に見積りの変更を行った場合

① 前期までは変更前の見積りにより計算する。

② 当期からは変更後の見積りにより計算する。

(2) 期末に見積りの変更を行った場合

① 当期は変更前の見積りにより計算する。

② 翌期から変更後の見積りにより計算する。

なお、過去に見積もった見込販売数量（または見込販売収益）が、その時点での合理的な見積りに基づくものでなく、これを事後的に合理的な見積りに基づいたものに変更する場合には、会計上の見積りの変更ではなく、過去の誤謬の訂正に該当するため、遡及処理を行うことになる。

2 期末の未償却残高が翌期以降の見込販売収益を上回ることとなった場合

市場販売目的のソフトウェアの経済価値は、将来の収益獲得に基づくものと考えられるため、各年度の未償却残高は翌期以降の見込販売収益の額を超過することは認められず、したがって、翌期以降の見込販売収益の額を超過している場合の当該超過額は、一時の費用または損失として処理する。

ソフトウェア⑶

決算整理後残高試算表（一部） （単位：千円）

借　方　科　目	金　　額	貸　方　科　目	金　　額
仕　　掛　　品	55,050	製　品　売　上　高	135,000
ソ フ ト ウ ェ ア	27,000	受 注 制 作 売 上 高	900,000
製 品 売 上 原 価	10,650		
受 注 制 作 売 上 原 価	645,300		
研　究　開　発　費	64,800		

本問のポイント

　市場販売目的のソフトウェアの制作に要した費用については、研究開発費、販売費及び一般管理費、ソフトウェア及び仕掛品（販売分は売上原価に振替え）に分類されるが、これらについての正確な知識が求められる。

解答手順・思考過程

1　ソフトウェアX

⑴　制作に要した費用

　「前期末において適正な処理を行っている」とあるので、制作に要した費用は前期において以下のように処理されている。

製 品 マ ス タ ー の 開 発 費 用	46,200千円	◀---- 研究開発費として費用処理
製 品 マ ス タ ー の 機 能 の 改 良 費 用	11,700千円	◀---- ソフトウェアとして資産計上
ソ フ ト ウ ェ ア の 複 写 ・ 包 装 費 用	15,000千円	◀---- 仕掛品として計上

⑵　複写・包装費用の売上原価への振替え

$$15,000 \times \frac{\text{当期販売数量27,000個}}{\text{期首在庫数量60,000個}} = 6,750$$

　仕掛品から製品売上原価に振り替える。

（製 品 売 上 原 価）　　　6,750　　　（仕　　掛　　品）　　　6,750

⑶　ソフトウェアの減価償却

①　見込販売数量に基づく償却額

$$11,700 \times \frac{\text{当期の実績販売数量27,000個}}{\text{販売開始時点の総見込販売数量100,000個}} = 3,159$$

②　見込有効期間に基づく償却額

$$11,700 \div 3 \text{年} = 3,900$$

③ 減価償却費　①と②のいずれか大きい額→3,900

　　ソフトウェアの減価償却費は製品売上原価に振り替える。

　　（製品売上原価）　　　　　3,900　　　（ソフトウェア）　　　　　3,900

2　ソフトウェアY

　制作に要した費用は、当期末に以下のように処理する。

製品マスターの開発費用	64,800千円
製品マスターの機能の改良費用	19,200千円
ソフトウェアの複写・包装費用	―

←‥‥‥　研究開発費として費用処理

←‥‥‥　ソフトウェアとして資産計上。ただし、償却は翌期から行う

　仕掛品から研究開発費及びソフトウェアに振り替える。なお、まだ販売を行っていないため、ソフトウェアの償却は行わない。

　　（研究開発費）　　　　　64,800　　　（仕　　掛　　品）　　　　84,000
　　（ソフトウェア）　　　　19,200

3　受注制作ソフトウェア

(1)　年間の制作費総額

　　仮払金から仕掛品に振り替える。

　　（仕　　掛　　品）　　　662,700　　　（仮　　払　　金）　　　662,700

(2)　売上原価への振替え

　　仕掛品から受注制作売上原価に振り替える。

　　期首仕掛分29,400＋年間の制作費総額662,700－当期末仕掛分46,800＝645,300

　　（受注制作売上原価）　　645,300　　　（仕　　掛　　品）　　　645,300

市場販売目的ソフトウェア制作費のまとめ

　市場販売目的のソフトウェアの制作に要した費用は以下のように処理する。

(1)　研究開発が終了するまでの費用→研究開発費

　　なお、研究開発の終了は最初に製品化された製品マスターの完成時点とする。

(2)　研究開発が終了した時点以後のソフトウェア制作費

　① 製品マスターの著しい改良に要した費用→研究開発費

　② 製品マスターの機能の改良及び強化に要した費用→ソフトウェア（無形固定資産）

　③ バグ取り等の機能維持に要した費用→販売費及び一般管理費

　④ 製品としての制作原価（複写・包装費用等）→仕掛品

決算整理後残高試算表	（単位：円）		
金 利 ス ワ ッ プ （380,000）	貸 倒 引 当 金 （900,000）		
敷 金 （7,000,000）	繰 延 税 金 負 債 （114,000）		
ゴ ル フ 会 員 権 （3,200,000）	長 期 借 入 金 （40,000,000）		
長 期 前 払 費 用 （2,400,000）	繰 延 ヘ ッ ジ 損 益 （266,000）		
支 払 手 数 料 （600,000）			
支 払 利 息 （1,500,000）			
ゴルフ会員権評価損 （1,800,000）			
貸 倒 引 当 金 繰 入 （900,000）			

本問のポイント

　敷金は指示があるので指示どおり解答できたか。ゴルフ会員権は評価損と貸倒引当金の区分ができたか。長期借入金及び金利スワップは、①長期借入金の変動金利による利息の支払い、②長期借入金の返済、③スワップ金利（純額）の受取り、④金利スワップの時価評価の４つの処理を行うが、慣れていないとまごついてしまう。

解答手順・思考過程

1　敷金

　敷金を支払った場合は、「敷金」又は「差入保証金」として計上し、貸借対照表では投資その他の資産に計上される。ただし、敷金のうち一定額以上が返還されないことがあらかじめ決まっている部分については償却を行うが、償却年数及び会計処理方法については複数の方法があるため、指示に従って解答する。

(1)　敷金から長期前払費用への振替

　　敷金10,000,000円のうち返還されないことがあらかじめ決まっている3,000,000円を長期前払費用へ振替える。

（長 期 前 払 費 用）	3,000,000	（敷 金）	3,000,000

(2)　長期前払費用の償却

　　3,000,000÷5年＝600,000

（支 払 手 数 料）	600,000	（長 期 前 払 費 用）	600,000

2　ゴルフ会員権

　ゴルフ会員権には「預託金方式」と「株主方式」の２つがあり、預託金方式は投資その他の

資産、株主方式は有価証券として計上する。ゴルフ会員権の価値が著しく下落した場合には減損処理を行う。まず、取得原価と預託保証金との差額を評価損として計上する。そして、さらに預託保証金と時価との差額について貸倒引当金を設定する。

(1) 評価損の計上

取得原価5,000,000 − 預託保証金3,200,000 = 1,800,000

（ゴルフ会員権評価損）	1,800,000	（ゴ ル フ 会 員 権）	1,800,000

(2) 貸倒引当金の計上

預託保証金3,200,000 − 時価2,300,000 = 900,000

（貸 倒 引 当 金 繰 入）	900,000	（貸 倒 引 当 金）	900,000

3　長期借入金及び金利スワップ

金利スワップとは、同一通貨間で異なる金利を交換する取引をいう。最も一般的なのは固定金利と変動金利の交換である。金利スワップでは、元本は想定元本で取引される。100億円の取引でも、実際に動かすのは交換する金利の金額（純額）だけである。金利スワップはデリバティブに該当するため、時価評価が原則であるが、金利スワップがヘッジ会計の適用要件を満たしており、かつ、その想定元本、金利条件、契約期間がヘッジ対象となる元本の契約内容とほぼ同一である場合には、時価評価は行わない特例処理が認められる（本問は原則処理）。

(1) 長期借入金の処理

① 借入金利息の支払

50,000,000 × 変動3.2% = 1,600,000

（支 払 利 息）	1,600,000	（現 金 預 金）	1,600,000

② 長期借入金の返済

（長 期 借 入 金）	10,000,000	（現 金 預 金）	10,000,000

(2) 金利スワップの処理

① 金利スワップの純受取額

受取金利　50,000,000 × 変動3.2% = 1,600,000

支払金利　50,000,000 × 固定3.0% = 1,500,000

純受取額　1,600,000 − 1,500,000 = 100,000

純受取額は受取利息ではなく、長期借入金の支払利息に加減する。

（現 金 預 金）	100,000	（支 払 利 息）	100,000

② 金利スワップの時価評価

正味の債権380,000は金利スワップとして資産計上する。繰延税金負債は380,000 × 30% = 114,000、差額を繰延ヘッジ損益として計上する。

（金 利 ス ワ ッ プ）	380,000	（繰 延 税 金 負 債）	114,000
		（繰 延 ヘ ッ ジ 損 益）	266,000

解答37　人件費(1)

決算整理後残高試算表（一部）　　（単位：千円）

給 与 手 当	（	342,330 ）	預　　　り　　　金	（	1,880 ）
賞 与 手 当	（	60,560 ）	未 払 費 用	（	5,280 ）
法 定 福 利 費	（	52,960 ）	賞 与 引 当 金	（	31,000 ）
賞与引当金繰入	（	31,000 ）			

本問のポイント

従業員の給与から社会保険料（従業員負担額）を徴収する方法には、翌月徴収と当月徴収の２つの方法があるため、問題文をよく確認する必要がある（本問は翌月徴収）。

解答手順・思考過程

1　3月中の給与等に関する取引

(1) 源泉所得税（2月分）の支払

2月末日の残高試算表の預り金1,860が2月の給与支払時に徴収された源泉所得税であり、これは3月10日に支払う。

（預　　　り　　　金）	1,860	（現　金　預　金）	1,860

(2) 給与の支払

給与支給総額	23,600千円
源泉所得税額（3月分）	1,880千円 ◄--- 4月10日までに納付する
社会保険料従業員負担額（2月分）	2,140千円 ◄--- 会社負担分と合わせて3月末に納付する
差引支給額	19,580千円

（給　与　手　当）	23,600	（現　金　預　金）	19,580
		（預　　　り　　　金）	4,020

(3) 社会保険料（2月分）の支払

2月分の社会保険料を3月末日までに支払う。3月の給与から徴収された2,140（従業員負担額）に同額の会社負担額を合わせて4,280を支払う。

（預　　　り　　　金）	2,140	（現　金　預　金）	4,280
（法 定 福 利 費）	2,140		

2　決算整理事項

(1) 3月分の社会保険料の会社負担額

$$4,360 \times \frac{1}{2} = 2,180$$

（法 定 福 利 費）	2,180	（未 払 費 用）	2,180

(2) 賞与引当金

賞与引当金　$46,500 \times \dfrac{4\,月}{6\,月} = 31,000$

法定福利費　$31,000 \times 10\% = 3,100$

（賞 与 引 当 金 繰 入）	31,000	（賞 与 引 当 金）	31,000
（法 定 福 利 費）	3,100	（未 払 費 用）	3,100
（賞 与 引 当 金）	30,500	（賞 与 手 当）	30,500

社会保険料のまとめ

(1) 社会保険料の負担

　社会保険料は、基本的に会社と従業員が折半して負担する。従業員負担分を毎月の給与から徴収し、これに会社負担分を合わせて納付する。

(2) 社会保険料の納付

　社会保険料は、当月の保険料を、従業員負担分に会社負担分を合わせて、翌月末までに支払うことになっている。納付すべき金額は社会保険事務所のほうで計算し「納入告知書」を送ってくる。たとえば、2月分の社会保険料ならば、3月20日前後に「納入告知書」が送られてくるので、3月末日までに納付することになる。

(3) 社会保険料の徴収

　従業員の給与から社会保険料を徴収するタイミングには次の2つの方法がある。

①　3月に支給する給与から2月分を徴収する方法（翌月徴収）

　　3月20日　社会保険事務所から2月分の納入告知書が送られてくる。

　　3月25日　給与を支払う。2月分の社会保険料を徴収する。

　　3月31日　2月分の社会保険料を支払う。

②　2月に支給する給与から2月分を徴収する方法（当月徴収）

　　2月25日　給与を支払う。2月分の社会保険料を徴収する。

　　3月20日　社会保険事務所から2月分の納入告知書が送られてくる。

　　3月31日　2月分の社会保険料を支払う。

　なお、翌月徴収であろうが当月徴収であろうが、2月分の社会保険料を支払うのは3月末日が納付期限となる。

決算整理後残高試算表（一部）　　　（単位：円）

借　方　科　目	金　額	貸　方　科　目	金　額
人　　件　　費	215,310,000	退 職 給 付 引 当 金	200,310,000
早 期 割 増 退 職 金	4,500,000		

本問のポイント

　人件費の集計と、退職金のうち割増金の取扱いがポイントである。

解答手順・思考過程

　問題文中に「退職給付費用は人件費として処理する」との指示がある。このような場合は、1つ1つ仕訳を書き、「人件費」についてはT勘定で集計するのが確実である。

1　人件費の内訳

　まず、整理前T/Bの人件費の内訳を分類しておく。

給与及び賞与	164,300,000円
退職金（注）	19,500,000円 ◀---- このうち4,500,000は早期割増退職金で処理する。15,000,000は退職給付引当金を減額する
企業年金拠出金額	23,000,000円 ◀---- 退職給付引当金を減額する
その他人件費	16,700,000円
合計	223,500,000円

2　退職給付引当金

(1)　退職金の修正

　　退職金を支払った場合、通常は退職給付引当金を減額するが、割増金4,500,000は「退職金制度に基づくものではない」ため退職給付引当金を減額してはならない。また、割増金は人件費ではなく早期割増退職金勘定で処理する。

（退 職 給 付 引 当 金）	15,000,000	（人　　　件　　　費）	19,500,000
（早 期 割 増 退 職 金）	4,500,000		

(2)　企業年金拠出金額の修正

　　企業年金拠出金額は退職給付引当金を減額する。

（退 職 給 付 引 当 金）	23,000,000	（人　　　件　　　費）	23,000,000

(3)　退職給付費用の計上

　　期首の未認識数理計算上の差異は、「退職給付引当金の積立不足となるもの」とあるため、これは損失（借方差異、不利差異ともいう）である。

　　また、整理前T/Bの退職給付引当金204,000,000が期首残高であるか確認を行う。

期首退職給付引当金の計算

年金資産 175,000,000	退職給付債務 428,000,000
数理差異 49,000,000	
退職給付引当金 204,000,000	

退職給付費用の計算は以下のとおりである。なお、数理計算上の差異の償却額は、発生額が与えられているため、まとめて計算すればよい。

勤務費用　22,500,000

利息費用　$428,000,000 \times 2\% = 8,560,000$

期待運用収益　$175,000,000 \times 1\% = 1,750,000$

数理差異償却額　$(10,000,000 + 40,000,000) \div 10年 = 5,000,000$

退職給付費用　$22,500,000 + 8,560,000 - 1,750,000 + 5,000,000 = 34,310,000$

（人　　件　　費）　34,310,000　　（退 職 給 付 引 当 金）　34,310,000

(4)　退職給付費用と退職給付引当金の集計

退職給付費用と退職給付引当金の集計は、T勘定で行うのが確実である。

退職給付費用（人件費）

勤務費用 22,500,000	期待運用収益 1,750,000
利息費用 8,560,000	費用計上額 34,310,000
数理差異償却 5,000,000	

退職給付引当金

退職金 15,000,000	期首残高 204,000,000
掛金拠出額 23,000,000	
期末残高 200,310,000	退職給付費用 34,310,000

(5)　人件費の集計

人　件　費

整 理 前 T／B	223,500,000	退　職　　金	19,500,000
退 職 給 付 費 用	34,310,000	企業年金拠出金額	23,000,000

決算整理後残高試算表（一部）　　　　　（単位：円）

借　方　科　目	金　　額	貸　方　科　目	金　　額
人　　件　　費	452,000,000	退 職 給 付 引 当 金	688,000,000
		役 員 退 職 慰 労 引 当 金	250,000,000

本問のポイント

　簡便法における会計処理では、以下の2点が特徴である。

(1)　退職給付費用は、決算において退職給付引当金勘定の差額で算定する。

(2)　数理計算を行わないため、数理計算上の差異、過去勤務費用は生じない。

解答手順・思考過程

　問題文中に特に指示はないが、答案用紙の整理後T/Bに費用勘定は人件費しかないため、退職給付費用及び役員退職慰労引当金繰入は「人件費」で処理すると判断する。

1　人件費の内訳

　まず人件費の内訳を分類しておく。

内　　容	金　　額
給与	128,000,000円
従業員退職金一時金	46,000,000円
企業年金拠出金	70,000,000円
役員退職慰労金	40,000,000円
合計	284,000,000円

退職給付引当金を減額する ←------ （従業員退職金一時金・企業年金拠出金）

役員退職慰労引当金を減額する ←------ （役員退職慰労金）

2　退職給付引当金

(1)　人件費の修正

　　従業員退職一時金と企業年金拠出金は、いずれも退職給付引当金を減額する。

　（退 職 給 付 引 当 金）　　116,000,000　　（人　　件　　費）　　116,000,000

(2)　退職給付費用の計上

　　簡便法では、まず期首と期末の退職給付引当金の額を算定する。ここでのポイントは、会計基準変更時差異の償却である。前期までに2回償却を行っているため、残存償却年数は8年である。したがって、当期の償却額は、192,000,000 ÷ 8 年 = 24,000,000と計算しなければならない。よって、会計基準変更時差異の期末未償却残高は、192,000,000 − 24,000,000 = 168,000,000となる。

期首の退職給付引当金

| 年金資産 270,000,000 | 自己都合要支給額 540,000,000... |

次に退職給付費用を計算する。退職給付費用は退職給付引当金勘定の差額で算定する。

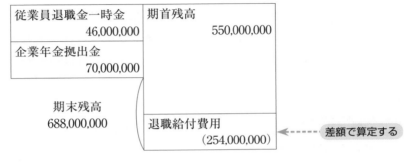

（人　　件　　費）　254,000,000　　（退 職 給 付 引 当 金）　254,000,000

3　役員退職慰労引当金

(1)　役員退職慰労金の修正

支払額について役員退職慰労引当金を取り崩す。

（役員退職慰労引当金）　40,000,000　　（人　　件　　費）　40,000,000

(2)　役員退職慰労引当金繰入

役員退職慰労引当金の繰入れは、算式より勘定で考えるほうがわかりやすい。以下のように、役員退職慰労引当金勘定の差額で算定する。

（人　　件　　費）　70,000,000　　（役員退職慰労引当金）　70,000,000

決算整理後残高試算表（一部）　　　　　　（単位：円）

借　方　科　目	金　　額	貸　方　科　目	金　　額
前 払 年 金 費 用	13,380,000		
退 職 給 付 費 用	13,620,000		

本問のポイント

　　前払年金費用が生じている場合であっても、①退職給付費用の計上と②支払額（退職一時金、年金掛金拠出）に関する処理は、通常の場合と何ら変わりはない。違いは、決算において、退職給付引当金の残高（借方または貸方）を前払年金費用に加減する処理を行うことである。

解答手順・思考過程

1　期首前払年金費用の推定

（1）未認識数理計算上の差異

　　「実際運用収益が期待運用収益を上回ったことにより発生」とあるため利得（貸方差異）である。

（2）未認識過去勤務費用

　　「給付水準を引き上げたことにより発生」とあるため損失（借方差異）である。

（3）前払年金費用の期首残高

前払年金費用の期首残高

年金資産 340,000,000	退職給付債務 321,000,000
	数理差異 5,000,000
過去勤務費用 9,000,000	前払年金費用 23,000,000

2　退職給付費用の計上

勤務費用　13,500,000

利息費用　$321,000,000 \times 2\% = 6,420,000$

期待運用収益　$340,000,000 \times 2\% = 6,800,000$

数理差異の償却　$5,000,000 \div 10年 = 500,000$

過去勤務費用の償却　$9,000,000 \div 9年 = 1,000,000$

退職給付費用　$13,500,000 + 6,420,000 - 6,800,000 - 500,000 + 1,000,000 = 13,620,000$

前払年金費用がある場合でも、退職給付費用を計上する際の相手勘定は退職給付引当金で仕訳を行う。

| （退 職 給 付 費 用） | 13,620,000 | （退 職 給 付 引 当 金） | 13,620,000 |

3 支払額

年金基金への掛金拠出額4,000,000は退職給付引当金を減額する（前払年金費用を減額してはいけない）。なお、年金基金からの支給額6,000,000は仕訳不要である。

| （退 職 給 付 引 当 金） | 4,000,000 | （仮 払 金） | 4,000,000 |

4 決算整理

退職給付引当金の残高を前払年金費用に加減する。

| （退 職 給 付 引 当 金） | 9,620,000 | （前 払 年 金 費 用） | 9,620,000 |

5 退職給付費用、退職給付引当金、前払年金費用の集計

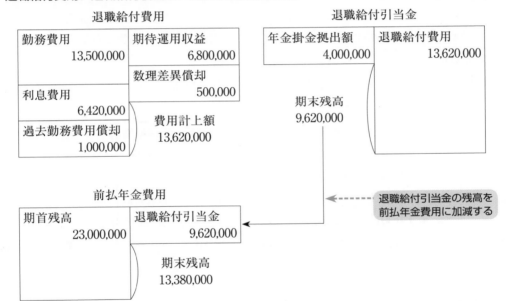

解答41 ┃ 社債(1)

(1) | 999,310 | 千円

(2) | 34,867 | 千円

本問のポイント

利息法の計算をいかにスピーディーに行うかがポイントになる。

解答手順・思考過程・・

　利息法の計算では、計算表を使う方法が速く正確である。この計算表は非常に便利なもので、表中の数値がそのまま仕訳の金額になり、また解答数値にもなる優れ物である。

1　普通社債1

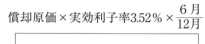

$$償却原価 \times 実効利子率3.52\% \times \frac{6月}{12月}$$

日　　付	社債利息	クーポン	償却額	償却原価
×1年4月1日	—	—	—	585,800
×1年9月30日	10,310	9,000	1,310	587,110
×2年3月31日	10,333	9,000	1,333	588,443
×2年9月30日	10,357	9,000	1,357	589,800
×3年3月31日	10,380	9,000	1,380	591,180

当期末の償却原価 ◄---- 591,180

当期の社債利息 ---► 10,380

2　普通社債2

$$償却原価 \times 実効利子率3.45\% \times \frac{6月}{12月}$$

日　　付	社債利息	クーポン	償却額	償却原価
×2年4月1日	—	—	—	410,000
×2年9月30日	7,073	8,000	△ 927	409,073
×3年3月31日	7,057	8,000	△ 943	408,130

当期末の償却原価 ◄---- 408,130

当期の社債利息 ---► 7,057

3 社債と社債利息

計算表より解答数値を集計する。

当期末の社債の額　591,180＋408,130＝999,310

当期の社債利息の額　10,357＋10,380＋7,073＋7,057＝34,867

4 普通社債1の仕訳

計算表だけで解答数値を算定できるので仕訳を書く必要はないが、参考として示す。

(1)　×1年4月1日

（現　金　預　金）	585,800	（社　　　　　　債）	585,800

(2)　×1年9月30日

（社　債　利　息）	10,310	（現　金　預　金）	9,000
		（社　　　　　　債）	1,310

(3)　×2年3月31日

（社　債　利　息）	10,333	（現　金　預　金）	9,000
		（社　　　　　　債）	1,333

(4)　×2年9月30日

（社　債　利　息）	10,357	（現　金　預　金）	9,000
		（社　　　　　　債）	1,357

(5)　×3年3月31日

（社　債　利　息）	10,380	（現　金　預　金）	9,000
		（社　　　　　　債）	1,380

5 普通社債2の仕訳

(1)　×2年4月1日

（現　金　預　金）	410,000	（社　　　　　　債）	410,000

(2)　×2年9月30日

（社　債　利　息）	7,073	（現　金　預　金）	8,000
（社　　　　　　債）	927		

(3)　×3年3月31日

（社　債　利　息）	7,057	（現　金　預　金）	8,000
（社　　　　　　債）	943		

社債(2)

(1)	115,643 千円	
(2)	13,696 千円	
(3)	社債償還（ **益** ）	767 千円

　社債の買入償還を行った場合は、買入償還日の償却原価と裸相場との差額が償還損益となるため、買入償還日の償却原価の算定がポイントになる。また、社債利息の計算が、買入償還分とその他の分に分かれてしまうため、集計漏れがないように注意しなければならない。

解答手順・思考過程

　×3年9月30日（利払日）までの償却計算については計算表を使用するが、それ以降の計算については計算表に織り込むことが困難であるため（できないことはないが、かえって煩雑になってしまう）、買入償還と×4年3月31日の利払日の処理については、計算式及び仕訳で考えていく。

1　×3年9月30日（利払日）までの償却計算

(1)　計算表

$$償却原価×実効利子率8\%×\frac{6月}{12月}$$

日　付	社債利息	クーポン	償却額	償却原価
×1年4月1日	—	—	—	183,777
×1年9月30日	7,351	6,000	1,351	185,128
×2年3月31日	7,405	6,000	1,405	186,533
×2年9月30日	7,461	6,000	1,461	187,994
×3年3月31日	7,520	6,000	1,520	189,514
×3年9月30日	(7,581)	6,000	1,581	(191,095)

4月1日〜9月30日の社債利息

9月30日の償却原価

(2)　9月30日の償却原価の按分

　9月30日の償却原価を、買入償還分とその他の分に按分する。

買入償還分　$191,095 \times \dfrac{80,000}{200,000} = 76,438$

その他の分　$191,095 \times \dfrac{120,000}{200,000} = 114,657$

2　×3年9月30日（利払日）の処理

（社　債　利　息）	7,581	（現　金　預　金）	6,000
		（社　　　　　債）	1,581

3　×3年12月31日（買入償還日）の処理

(1)　社債利息等の処理

10月1日から買入償還日の12月31日までの社債利息及びクーポン利息（経過利息）を算定する。

社債利息　$76,438 \times 8\% \times \dfrac{3月}{12月} = 1,529$（千円未満四捨五入）

クーポン　$80,000 \times 6\% \times \dfrac{3月}{12月} = 1,200$（経過利息）

償却額　$1,529 - 1,200 = 329$

償却原価　$76,438 + 329 = 76,767$ ◀------ 買入社債の12月31日の償却原価

（社　債　利　息）	1,529	（現　金　預　金）	1,200
		（社　　　　　債）	329

(2)　買入償還の処理

12月31日の償却原価76,767と買入価額76,000（裸相場）との差額が償還損益となる。

（社　　　　　債）	76,767	（現　金　預　金）	76,000
		（社　債　償　還　益）	767

4　×4年3月31日（利払日）の処理

買入償還以外の社債について利払日の処理を行う。

社債利息　$114,657 \times 8\% \times \dfrac{6月}{12月} = 4,586$（千円未満四捨五入）

クーポン　$120,000 \times 6\% \times \dfrac{6月}{12月} = 3,600$

償却額　$4,586 - 3,600 = 986$

（社　債　利　息）	4,586	（現　金　預　金）	3,600
		（社　　　　　債）	986

5　社債と社債利息

(1)　当期末の社債

9月30日の償却原価114,657 + 償却額986 = 115,643

(2)　当期の社債利息

9月30日計上分7,581 + 買入償還分1,529 + 3月31日計上分4,586 = 13,696

決算整理後残高試算表（一部）　　　　（単位：千円）

借　方　科　目	金　　額	貸　方　科　目	金　　額
社　債　利　息	14,400	社　　　　　　債	296,400
		社　債　償　還　益	1,000

本問のポイント

定額法の場合、償却額とクーポンの計算が別になるため（利息法は一体で計算）、利息法より社債利息の算定が難しい。また、仕訳を書いて解答していく方法は、本問では時間がかかりすぎて賢明な方法ではない。いかに効率よく整理後Ｔ／Ｂの金額を算定するかがポイントとなる。

解答手順・思考過程 ....

1　償却額と償却原価の計算

定額法の場合、以下の図解を用いると、償却額と償却原価をスピーディーに計算することができる。なお、図解は償還期限の×６年３月31日まで書く必要はなく、当期末の×４年３月31日までで十分である。

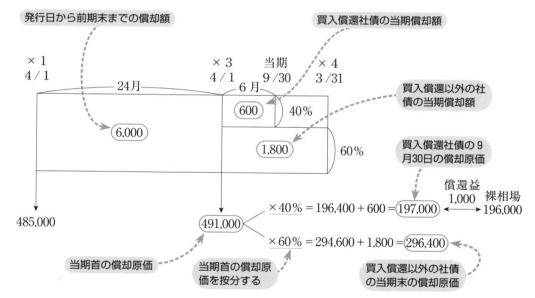

(1) 前期末までの償却額は次のように計算する。

$$(500,000 - 485,000) \times \frac{24月}{60月} = 6,000$$

(2) 買入償還した社債の期首から買入償還日までの償却額は次のように計算する。

$$(500,000 - 485,000) \times 40\% \times \frac{6月}{60月} = 600$$

(3) 買入償還以外の社債の期首から期末までの償却額は次のように計算する。

$$(500,000 - 485,000) \times 60\% \times \frac{12月}{60月} = 1,800$$

2 クーポン利息の計算

クーポン利息の処理は、①9月30日の経過利息、②3月31日の利払日となる。

買入償還した社債のクーポン利息　額面$200,000 \times 3\% \times \frac{6月}{12月} = 3,000$

買入償還以外の社債のクーポン利息　額面$300,000 \times 3\% = 9,000$

3 社債利息の集計

整理後T/Bの社債利息は、償却額とクーポン利息の合計である。

買入償還した社債の償却額	600
買入償還以外の社債の償却額	1,800
買入償還した社債のクーポン利息	3,000
買入償還以外の社債のクーポン利息	9,000
合　計	14,400

4 買入償還の処理（社債償還益の算定）

買入償還時に199,000を支出しているが、これには経過利息3,000が含まれているため裸相場は、199,000 - 3,000 = 196,000となる。9月30日の償却原価197,000と裸相場196,000との差額1,000が償還益となる。

(1)

決算整理後残高試算表（一部）　　　　　　　（単位：千円）

借　方　科　目	金　　額	貸　方　科　目	金　　額
社　債　利　息	15,600	社　　　　債	294,600

(2)

決算整理後残高試算表（一部）　　　　　　　（単位：千円）

借　方　科　目	金　　額	貸　方　科　目	金　　額
社　債　利　息	15,629	社　　　　債	294,360

本問のポイント

　本問の場合、社債発行から3年後の整理後T/Bが解答要求になっている。このような問題の場合、定額法でも利息法でも、発行時から仕訳を書いて解答していく方法は時間がかかりすぎるうえに、途中で訳がわからなくなることが多い。定時分割償還では、ちょっとしたテクニックを使うだけで仕訳も書かずに驚くほど速く解答できる。

解答手順・思考過程

1　定額法

　定額法では、タイムテーブルと図解を書いて計算していくのが一番よい。次の手順で行うといいだろう。

(1)　発行日から償還日までのタイムテーブルを書く。

(2)　5回ある償還日について、1回目を①、2回目を②というように書いていく。「1年間据置」とあるが、重要なのは1回目の償還日がいつかということと、5回目の償還日と償還期間（×7年3月31日）がピタリと一致することであって、「据置期間○年」というのは特に気にする必要はない。

(3)　タイムテーブルに合わせて社債額面残高を記入する。1年目と2年目は500,000で、その後は償還を行うごとに100,000ずつ減少していく。

(4)　クーポン利息は社債額面残高×クーポン利子率で計算する。

(5)　償還スケジュール（社債額面残高)に合わせて、級数法の図解を書く。総項数は、5＋5＋4＋3＋2＋1＝20となる。注意するのは1年目と2年目の項数はいずれも5ということである（項数と社債額面残高の減少比率は同じである）。

(6)　項数1個当たりの償却額は、次のように計算する。

　　　（額面金額500,000－発行価額482,000）÷総項数20＝900

　　　項数5ならば900×項数5＝4,500となる。

(7)　図解は次のようになるが、実戦的にはこれほど丁寧に書く必要はない。

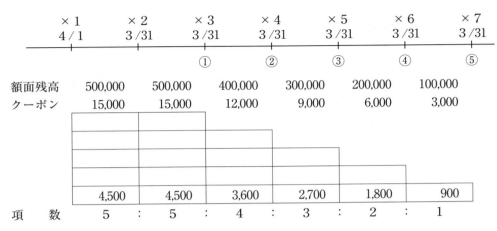

(8) 社債利息

　社債利息はクーポン利息と償却額の合計額であるから、3年目の社債利息は次のように計算する。

　　クーポン利息12,000 + 償却額3,600 = 15,600

(9) 社債

　2回目の定時償還後の社債額面残高は300,000である。この金額から、これに対応する償却額（4年目～6年目の償却額）を控除した額が×4年3月31日の社債の償却原価となる。

　　300,000 −（4年目償却額2,700 + 5年目償却額1,800 + 6年目償却額900）= 294,600

2　利息法

　利息法では、定時分割償還においても計算表を使う方法が速く正確である。これまでの計算表との違いは、償還前の償却原価と償還額の2つを追加する点にある。

償還後の償却原価×実効利子率4％

日　付	社債利息	クーポン	償却額	償還前の償却原価	償還額	償還後の償却原価
×1年4月1日	―	―	―	―	―	482,000
×2年3月31日	19,280	15,000	4,280	―	―	486,280
×3年3月31日	19,451	15,000	4,451	490,731	△100,000	390,731
×4年3月31日	15,629	12,000	3,629	394,360	△100,000	294,360

3年目の社債利息

償還前の償却原価から100,000をマイナスする

×4年3月31日の社債の償却原価

当期末の残高勘定（一部） （単位：千円）

借　方　科　目	金　　額	貸　方　科　目	金　　額
自　己　株　式	25,000	資　　本　　金	440,000
		資　本　準　備　金	61,800
		その他資本剰余金	75,200
		利　益　準　備　金	21,800
		別　途　積　立　金	140,000
		繰　越　利　益　剰　余　金	284,200

本問のポイント

　配当基準日における配当の対象となる株式数の算定がポイントになる。特に２回目の配当では、株式分割と募集株式の発行を行った後であり、さらに自己株式もあるためなかなか難しい。

解答手順・思考過程

　個々の処理については仕訳を書いて考えていくとともに、同時進行でタイムテーブルを書いて発行済株式総数及び自己株式数の変動を計算していく。

1　×１年６月28日の配当

　保有自己株式には配当は行わないため、配当の対象となる株式数は、発行済株式総数200,000株から自己株式数20,000株を控除した180,000株となる。

(1)　その他資本剰余金を財源とする配当

　　配当額　180,000株×@100円＝18,000

　　資本準備金積立額　$18,000 \times \frac{1}{10} = 1,800$

（その他資本剰余金）	19,800	（現　金　預　金）	18,000
		（資　本　準　備　金）	1,800

(2)　繰越利益剰余金を財源とする配当

　　配当額　180,000株×@200円＝36,000

　　利益準備金積立額　$36,000 \times \frac{1}{10} = 3,600$

（繰越利益剰余金）	39,600	（現　金　預　金）	36,000
		（利　益　準　備　金）	3,600

(3)　別途積立金の積立

（繰越利益剰余金）	40,000	（別　途　積　立　金）	40,000

2　×１年７月15日の株式分割

　　仕訳は不要であるが、株式数が増加する。注意すべきは発行済株式総数だけでなく自己株式数も増加するということである。また、保有自己株式の単価の修正も必要となる。

　　　株式分割後の発行済株式総数　200,000株×2＝400,000株（200,000株増加）

　　　株式分割後の保有自己株式数　20,000株×2＝40,000株（20,000株増加）

　　　株式分割後の保有自己株式の単価　簿価50,000÷40,000株＝@1,250円

3　募集株式の発行

　　自己株式の処分は自己株式数の減少となり、新株の発行は発行済株式総数の増加となる。

　　　自己株式の簿価　@1,250円×20,000株＝25,000

　　　自己株式処分差益　@2,000円×20,000株−自己株式の簿価25,000＝15,000

　　　資本金及び資本準備金　@2,000円×40,000株÷2＝40,000

（現　金　預　金）	120,000	（自　己　株　式）	25,000
		（その他資本剰余金）	15,000
		（資　　本　　金）	40,000
		（資　本　準　備　金）	40,000

4　×１年11月20日の配当

　(1)　配当基準日の株式数

	3/31	7/15	8/1	9/30
	配当基準日	株式分割	募集株式の発行	配当基準日
発行済株式総数	200,000株	＋200,000株	＋40,000株	440,000株
保有自己株式数	20,000株	＋20,000株	△20,000株	20,000株
配当対象株式数	180,000株			420,000株

　(2)　配当額

　　　配当の対象となる株式数は、発行済株式総数440,000株から自己株式数20,000株を控除した420,000株となる。

　　　配当額　420,000株×@100円＝42,000

　　　利益準備金積立額　$42,000 \times \frac{1}{10} = 4,200$

（繰越利益剰余金）	46,200	（現　金　預　金）	42,000
		（利　益　準　備　金）	4,200

5　決算

（損　　　　　益）	150,000	（繰越利益剰余金）	150,000

解答46 　純資産(2)

(1)	23,400 千円
(2)	14,400 千円
(3)	△ 7,000 千円
(4)	570 千円
(5)	800 千円
(6)	10,300 株

本問のポイント

　　自己株式の取得、処分、消却に伴う付随費用については、正確に暗記していないと混乱してしまう。また、発行済株式総数の変動については、自己株式の消却と発行済株式総数との関係がポイントである。

解答手順・思考過程

1　自己株式の購入

取得に伴う付随費用については支払手数料で処理する。

自己株式の取得原価　　@96×400株=38,400

（自　己　株　式）	38,400	（現　金　預　金）	38,600
（支　払　手　数　料）	200		

2　自己株式の追加購入

自己株式の取得原価　　@92×600株=55,200

移動平均単価　　(38,400＋55,200)÷(400株＋600株)=@93.6

（自　己　株　式）	55,200	（現　金　預　金）	55,470
（支　払　手　数　料）	270		

3　自己株式の無償取得

自己株式を無償で取得した場合、仕訳は不要であるが自己株式の単価の修正が必要となる。

移動平均単価　　(38,400＋55,200)÷(400株＋600株＋200株)=@78

4　自己株式の処分

処分に伴う付随費用については株式交付費で処理する。

払込金額　　@80×400株=32,000

自己株式の帳簿価額　　@78×400株=31,200

自己株式処分差益　　払込金額32,000－自己株式の帳簿価額31,200=800

（現　金　預　金）	32,000	（自　己　株　式）	31,200
		（その他資本剰余金）	800
（株　式　交　付　費）	300	（現　金　預　金）	300

5　自己株式の処分と新株の発行

　　自己株式の処分と新株の発行を同時に行い、自己株式処分差損が生じた場合は、新株の払込金額から自己株式処分差損を控除した金額を資本金等としなければならない。

　　自己株式の払込金額　@75×400株＝30,000

　　自己株式の帳簿価額　@78×400株＝31,200

　　自己株式処分差損　自己株式の払込金額30,000－自己株式の帳簿価額31,200＝△1,200

　　新株の払込金額　@75×400株＝30,000

　　資本金及び資本準備金　（新株の払込金額30,000－自己株式処分差損1,200）÷ 2 ＝14,400

（現　金　預　金）	60,000	（自　己　株　式）	31,200
		（資　　本　　金）	14,400
		（資　本　準　備　金）	14,400
（株　式　交　付　費）	500	（現　金　預　金）	500

6　自己株式の消却

　　消却に伴う付随費用については支払手数料で処理する。なお、自己株式の消却は自己株式数が減少するだけでなく、発行済株式総数も減少することに注意しなければならない。

　　自己株式　@78×100株＝7,800

| （その他資本剰余金） | 7,800 | （自　己　株　式） | 7,800 |
| （支　払　手　数　料） | 100 | （現　金　預　金） | 100 |

7　発行済株式数の変動

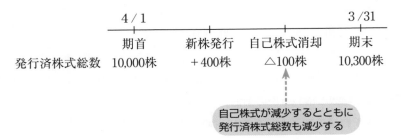

決算整理後残高試算表（一部）　　　　（単位：千円）

借　方　科　目	金　　額	貸　方　科　目	金　　額
社　債　利　息	6,000	社　　　　　債	169,200
		資　　本　　金	4,561,800
		資　本　準　備　金	2,061,800
		新　株　予　約　権	18,000

　　権利行使時の処理が最大のポイントであるが、新株予約権の総数から権利行使の割合を
計算し、そこからクーポン利息、償却額等を算定しなければならないため、かなり難易度
の高い問題である。

解答手順・思考過程

　整理前T/Bの社債利息、社債、新株予約権が各自推定となっているため、発行時の処理から
1つ1つ考えていかなければならない。

1　発行時の処理

　　まず、前期首の発行時の仕訳を考える。

　　社債　額面総額300,000×社債の対価部分90％＝270,000

　　新株予約権　額面総額300,000×新株予約権の対価部分10％＝30,000

　　　（現　金　預　金）　　　　300,000　　　（社　　　　　　　債）　　　270,000
　　　　　　　　　　　　　　　　　　　　　　　（新　株　予　約　権）　　　　30,000

　　なお、前期は権利行使がないため、整理前T/Bの新株予約権は30,000ということになる。

2　新株予約権の総数と権利行使の割合

　　次に、新株予約権の総数と、総数に占める権利行使の割合を計算する。これがわからない
と、クーポン利息、償却額、新株予約権の計算ができない。

　　新株予約権の総数　額面総額300,000÷額面100＝3,000個

　　権利行使の割合　$\dfrac{\text{権利行使の個数1,200個}}{\text{新株予約権の総数3,000個}}=40\%$

3　クーポン利息の計算

　　整理前T/Bの社債利息はクーポン利息である。クーポン利息については、9月30日には額
面総額300,000に対して半年分の利息を支払っているが、10月1日に額面総額300,000のうち
40％について権利行使があったため、3月31日には権利行使のなかった残り60％の社債の利息

を支払うことになる。

$$9月30日支払額 \quad 300,000 \times 0.5\% \times \frac{6月}{12月} = 750$$

$$3月31日支払額 \quad 300,000 \times 60\% \times 0.5\% \times \frac{6月}{12月} = 450$$

$\left.\right\}$ 1,200 ◄----

4 権利行使の処理

社債部分は定額法で償却計算を行うため、図解により償却額及び償却原価を計算する。

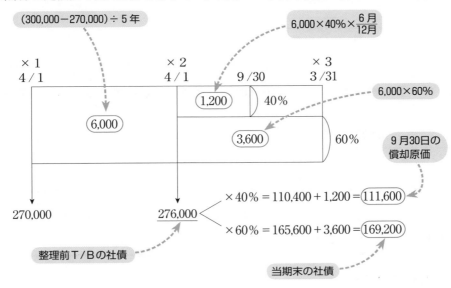

(300,000−270,000)÷5年

$6,000 \times 40\% \times \dfrac{6月}{12月}$

×1
4/1

×2
4/1 9/30

×3
3/31

1,200

40%

6,000×60%

6,000

3,600

60%

9月30日の
償却原価

270,000

276,000

×40% = 110,400 + 1,200 = 111,600

×60% = 165,600 + 3,600 = 169,200

整理前T/Bの社債

当期末の社債

権利行使の処理は、権利行使日である9月30日の社債の償却原価111,600と新株予約権のうち権利行使された40%の合計額を資本金及び資本準備金に振り替える。

新株予約権　30,000×40% = 12,000

資本金及び資本準備金　(111,600 + 12,000) ÷ 2 = 61,800

（社　債　利　息）	1,200	（社　　　　　債）	1,200
（社　　　　　債）	111,600	（資　　本　　金）	61,800
（新　株　予　約　権）	12,000	（資　本　準　備　金）	61,800

5 権利行使以外の社債の償却額

（社　債　利　息）	3,600	（社　　　　　債）	3,600

(1) | 36,600,000 | 円

(2) | 372,000,000 | 円

(3) （単位：円）

借　方　科　目	金　　額	貸　方　科　目	金　　額
現　金　預　金	960,000,000	自　己　株　式	800,000,000
新　株　予　約　権	32,000,000	その他資本剰余金	192,000,000

(4) | 16,800,000 | 円

本問のポイント

　ストック・オプションについては、株式報酬費用の算定がポイントであり、これについては計算式が頭に入っていればさほど難しいものではない。

解答手順・思考過程

1　対象勤務期間と株式報酬費用の算定

　ストック・オプションで勤務期間が権利確定条件となる場合には、対象勤務期間及び株式報酬費用算定日までの月数が計算に必要となるため、まずタイムテーブルを書き、付与日から決算日及び権利確定までの月数を確認しておくことが必要である。

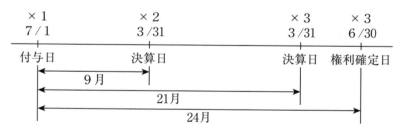

　株式報酬費用は以下の計算式により算定する。

　ストック・オプションの公正な評価単価×１人当たりの付与数×（付与人数－失効見込人数）

$$\times \frac{\text{付与日から算定日までの月数}}{\text{対象勤務期間の月数}} - 既計上額 = 株式報酬費用$$

2 **×2年3月31日（決算日）の処理**

失効見込みの修正はないため、当初の失効見込人数24人で計算する。

$$@20,000 \times 20個 \times (200人 - 24人) \times \frac{9月}{24月} = 26,400,000$$

（株式報酬費用）	26,400,000	（新株予約権）	26,400,000

3 **×3年3月31日（決算日）の処理**

失効見込みが修正されたため、修正後の失効見込人数20人で計算する。

$$@20,000 \times 20個 \times (200人 - 20人) \times \frac{21月}{24月} - 26,400,000 = 36,600,000$$

（株式報酬費用）	36,600,000	（新株予約権）	36,600,000

4 **×3年6月30日（権利確定日）の処理**

権利確定日には実際失効人数で計算する。実際失効人数は6人＋8人＋4人＝18人となる。

$$@20,000 \times 20個 \times (200人 - 18人) - (26,400,000 + 36,600,000) = 9,800,000$$

（株式報酬費用）	9,800,000	（新株予約権）	9,800,000

5 **×3年9月の権利行使の処理**

交付株式数　60人×20個×10株＝12,000株

払込金額　@60,000×12,000株＝720,000,000

新株予約権　60人×20個×@20,000＝24,000,000

資本金及び資本準備金　（720,000,000＋24,000,000）÷2＝372,000,000

（現金預金）	720,000,000	（資本金）	372,000,000
（新株予約権）	24,000,000	（資本準備金）	372,000,000

6 **×4年9月の権利行使の処理**

交付株式数　80人×20個×10株＝16,000株

払込金額　@60,000×16,000株＝960,000,000

新株予約権　80人×20個×@20,000＝32,000,000

自己株式　@50,000×16,000株＝800,000,000

自己株式処分差益　（960,000,000＋32,000,000）－800,000,000＝192,000,000

（現金預金）	960,000,000	（自己株式）	800,000,000
（新株予約権）	32,000,000	（その他資本剰余金）	192,000,000

7 **×5年3月31日の新株予約権の残高**

$$(26,400,000 + 36,600,000 + 9,800,000) - (24,000,000 + 32,000,000) = 16,800,000$$

①	△	300	千円
②		5,500	千円
③		2,859,800	千円
④		1,906,900	千円
⑤		409,910	千円
⑥		56,000	千円
⑦	△	5,250	千円
⑧		2,879,160	千円

本問のポイント

　　解答要求が貸借対照表の純資産の部という点に注意しなければならない。問題文に「減少のときは金額の前に△をつけること」という指示があるように、純資産の部の表示では、自己株式は必ず△表示になる。また、その他有価証券評価差額金は借方残高の場合には△表示になる。単に金額を算定すればよいという問題ではない。

解答手順・思考過程

　　当期末の残高については、仕訳を書きT勘定で集計するのがよいだろう。ただし、その他有価証券に関しては、前期末及び当期末の仕訳を考えればその他有価証券評価差額金は算定できるため、T勘定を設ける必要はない。

1　剰余金の配当等

(1)　配当金の支払

　　　（繰越利益剰余金）　　　10,000　　　（現　金　預　金）　　　10,000

(2)　任意積立金の積立て

　　　（繰越利益剰余金）　　　3,000　　　（任　意　積　立　金）　　　3,000

(3)　利益準備金の積立て

　　　配当額 $10,000 \times \dfrac{1}{10} = 1,000$

　　　資本金 $1,900,000 \times \dfrac{1}{4} - （資準350,000 + 利準100,000）= 25,000$ ⎱ 少ないほう　∴1,000

　　　（繰越利益剰余金）　　　1,000　　　（利　益　準　備　金）　　　1,000

202

2　自己株式

(1)　前期末保有分の取得原価

@5,400円×1,000株＝5,400

(2)　追加取得

取得原価　　@5,000円×600株＝3,000

移動平均単価　（5,400＋3,000）÷（1,000株＋600株）＝@5,250円

（自 己 株 式）	3,000	（現 金 預 金）	3,000

(3)　処分

払込金額　　@4,800円×200株＝960

自己株式簿価　@5,250円×200株＝1,050

（現 金 預 金）	960	（自 己 株 式）	1,050
（その他資本剰余金）	90		

(4)　新株発行及び自己株式の処分

自己株式簿価　@5,250円×400株＝2,100

自己株式処分差損　$5,000×\dfrac{400株}{1,000株}$ － 自己株式簿価2,100＝△100

新株の払込金額　$5,000×\dfrac{600株}{1,000株}$＝3,000

資本金　新株の払込金額3,000－自己株式処分差損100＝2,900

（現 金 預 金）	5,000	（自 己 株 式）	2,100
		（資 本 金）	2,900

3　その他有価証券

(1)　前期末の処理

　　X社株式は時価が50％以上下落しているため減損処理を行う。したがって、Y社株式とZ社株式の処理だけを考えればよい。

〈Y社株式〉

（投 資 有 価 証 券）	500	（繰 延 税 金 負 債）	200
		（その他有価証券評価差額金）	300

〈Z社株式〉

（繰 延 税 金 資 産）	400	（投 資 有 価 証 券）	1,000
（その他有価証券評価差額金）	600		

　　その他有価証券評価差額金は借方残高300となるので、純資産の部の表示は△300となる。

(2) 当期首の処理

　　Y社株式とZ社株式について振戻処理を行う（仕訳は省略する）。

(3) 当期末の処理

　　Z社株式は時価が50％以上下落しているため減損処理を行う。したがって、X社株式とY社株式の処理だけを考えればよい。

〈X社株式〉

（投 資 有 価 証 券）	1,500	（繰 延 税 金 負 債）	600
		（その他有価証券評価差額金）	900

〈Y社株式〉

（繰 延 税 金 資 産）	200	（投 資 有 価 証 券）	500
（その他有価証券評価差額金）	300		

その他有価証券評価差額金は貸方残高600となるので、純資産の部の表示は600となる。

4 新株予約権

(1) 発行

（現　金　預　金）	2,000	（新 株 予 約 権）	2,000

(2) 権利行使

資本準備金　（払込金額5,000＋新株予約権1,000）－資本金4,000＝2,000

（現　金　預　金）	5,000	（資　　本　　金）	4,000
（新 株 予 約 権）	1,000	（資 本 準 備 金）	2,000

(3) 未行使の新株予約権

（新 株 予 約 権）	1,500	（新株予約権戻入益）	1,500

(4) 当期首の新株予約権

新株予約権

権利行使	1,000	当期首	（5,500）	←----- 差額で求める
行使期限到来	1,500			
当期末	5,000	発行	2,000	

5 当期純利益

（損　　　　　益）	20,000	（繰 越 利 益 剰 余 金）	20,000

6 T勘定による集計

資本金	
	1,900,000
	2,900
	4,000

資本準備金	
	350,000
	2,000

その他資本剰余金	
90	410,000

利益準備金	
	100,000
	1,000

任意積立金	
	50,000
	3,000

繰越利益剰余金	
10,000	50,000
3,000	20,000
1,000	

自己株式	
5,400	1,050
3,000	2,100

7 貸借対照表の純資産の部

純　資　産　の　部	×3年3月31日	×4年3月31日
資　　　本　　　金	1,900,000	1,906,900
資　本　準　備　金	350,000	352,000
その他資本剰余金	410,000	409,910
利　益　準　備　金	100,000	101,000
任　意　積　立　金	50,000	53,000
繰　越　利　益　剰　余　金	50,000	56,000
自　己　株　式	△　5,400	△　5,250
その他有価証券評価差額金	△　300	600
新　株　予　約　権	5,500	5,000
純　資　産　合　計	2,859,800	2,879,160

問1

（単位：千円）

	借　方　科　目	金　額	貸　方　科　目	金　額
1	仕　訳　な　し			
2	報　酬　費　用	40,500	株　式　引　受　権	40,500
3	報　酬　費　用	43,500	株　式　引　受　権	43,500
4	株　式　引　受　権	12,000	報　酬　費　用	12,000
5	株　式　引　受　権	72,000	資　本　金 資　本　準　備　金	36,000 36,000

問2

（単位：千円）

	借　方　科　目	金　額	貸　方　科　目	金　額
5	株　式　引　受　権	72,000	自　己　株　式 その他資本剰余金	48,000 24,000

本問のポイント

　取締役への報酬としての株式無償交付のうち事後交付型は、ストック・オプションとよく似ており、株式報酬費用が報酬費用に、新株予約権が株式引受権に変わるが、費用計上額の算定及び株式交付のタイミングはほぼ同じであり、株式交付が有償か無償かが大きな違いとなる。

解答手順・思考過程

問1・問2

1　報酬費用の算定

　報酬費用の算定はストック・オプションとほぼ同じであるが、報酬費用がマイナスになった場合は、報酬費用の戻し入れを行うことに注意する。

⑴　決算日

$$株式の公正な評価単価×1人当たり付与数×（付与人数－失効見込人数）$$
$$×\frac{付与日から決算日までの月数}{対象勤務期間の月数}－既計上額＝報酬費用$$

※1　失効見込人数がゼロまたは不明の場合は実際退職人数（累計）を控除する。

※2　報酬費用がマイナスになった場合は、報酬費用の戻し入れを行う。

(2)　権利確定日

> 株式の公正な評価単価×1人当たり付与数×（付与人数－実際失効人数）－既計上額
> ＝報酬費用

※　報酬費用がマイナスになった場合は、報酬費用の戻し入れを行う。

(3)　×2年3月31日の報酬費用

$$@6{,}000円 \times 2{,}000株 \times (10名 - 1名) \times \frac{9月}{24月} = 40{,}500千円$$

(4)　×3年3月31日の報酬費用

$$@6{,}000円 \times 2{,}000株 \times (10名 - 2名) \times \frac{21月}{24月} - 40{,}500千円 = 43{,}500千円$$

(5)　×3年6月30日の報酬費用

$$@6{,}000円 \times 2{,}000株 \times (10名 - 4名) - (40{,}500千円 + 43{,}500千円) = \triangle12{,}000千円$$

2　会計処理

	新株の発行	自己株式の処分
1	仕　訳　な　し	同　左
2	（報酬費用）40,500　（株式引受権）40,500 ※　報酬費用と同額を株式引受権に計上する。	同　左
3	（報酬費用）43,500　（株式引受権）43,500 ※　報酬費用と同額を株式引受権に計上する。	同　左
4	（株式引受権）12,000　（報酬費用）12,000 ※　報酬費用の戻し入れを行う。	同　左
5	（株式引受権）72,000　（資　本　金）36,000 　　　　　　　　　　（資本準備金）36,000 ※　株式引受権を取崩し、資本金及び資本準備金に振替える。	（株式引受権）72,000　（自己株式）48,000 　　　　　　　　　　（その他資本剰余金）24,000 ※　株式引受権を取崩し、自己株式の帳簿価額48,000千円（@4,000円×2,000株×6名）との差額をその他資本剰余金に計上する。

問1

(単位：千円)

	借　方　科　目	金　額	貸　方　科　目	金　額
1	仕　訳　な　し			
2	報　酬　費　用	24,000	資　　本　　金	24,000
3	報　酬　費　用	25,000	資　　本　　金	25,000
4	その他資本剰余金	1,000	報　酬　費　用	1,000

問2

(単位：千円)

	借　方　科　目	金　額	貸　方　科　目	金　額
1	その他資本剰余金	70,000	自　己　株　式	70,000
2	報　酬　費　用	24,000	その他資本剰余金	24,000
3	報　酬　費　用	25,000	その他資本剰余金	25,000
	自　己　株　式	14,000	その他資本剰余金	14,000
4	その他資本剰余金	1,000	報　酬　費　用	1,000
	自　己　株　式	14,000	その他資本剰余金	14,000

本問のポイント

　取締役への報酬としての株式無償交付のうち事前交付型は、報酬費用は事後交付型と同じであるが、事前交付型は株式引受権は計上されず、また、新株発行と自己株式の処分では会計処理がまったく異なるため難度が高い。

解答手順・思考過程

問1・問2

1　報酬費用の算定

　報酬費用の算定は事後交付型とまったく同じである。

(1)　×2年3月31日の報酬費用

$$@8,000円×1,000株×(10名-2名)×\frac{9月}{24月}=24,000千円$$

(2) ×3年3月31日の報酬費用

$$@8,000円 \times 1,000株 \times (10名 - 3名) \times \frac{21月}{24月} - 24,000千円 = 25,000千円$$

(3) ×3年6月30日の報酬費用

$$@8,000円 \times 1,000株 \times (10名 - 4名) - (24,000千円 + 25,000千円) = \triangle 1,000千円$$

2 会計処理

	新株の発行	自己株式の処分
1	**仕 訳 な し** ※ 新株10,000株（10名×1,000株）を交付する。無償交付のため発行済株式総数の増加のみ認識する。資本金は対象勤務期間にわたって計上する。	（その他資本剰余金）70,000（自己株式）70,000 ※ 自己株式10,000株（10名×1,000株）を交付する。自己株式の帳簿価額70,000千円（@7,000円×10,000株）を減額し、同額のその他資本剰余金を減額する。
2	（報酬費用）24,000（資本金）24,000 ※ 報酬費用と同額を資本金とする。	（報酬費用）24,000（その他資本剰余金）24,000 ※ 報酬費用と同額をその他資本剰余金とする。
3	（報酬費用）25,000（資本金）25,000 ※ 報酬費用と同額を資本金とする。	（報酬費用）25,000（その他資本剰余金）25,000 ※ 報酬費用と同額をその他資本剰余金とする。
	没収に関する仕訳なし ※ 2,000株を没収するが、自己株式の無償取得であるため、自己株式数の増加のみ認識する。	（自己株式）14,000（その他資本剰余金）14,000 ※ 2,000株を没収し、割当日に交付した自己株式の帳簿価額14,000千円（@7,000円×2,000株）とその他資本剰余金について割当日の逆仕訳を行う。
4	（その他資本剰余金）1,000（報酬費用）1,000 ※ 報酬費用の戻し入れを行い、その他資本剰余金を減額する。	（その他資本剰余金）1,000（報酬費用）1,000 ※ 報酬費用の戻し入れを行い、その他資本剰余金を減額する。
	没収に関する仕訳なし ※ 2,000株を没収するが、自己株式の無償取得であるため、自己株式数の増加のみ認識する。	（自己株式）14,000（その他資本剰余金）14,000 ※ 2,000株を没収し、割当日に交付した自己株式の帳簿価額14,000千円（@7,000円×2,000株）とその他資本剰余金について割当日の逆仕訳を行う。

解答52 商品売買⑴

（1）

① 決算整理前残高試算表 （単位：円）

商　　　品	（ 33,100 ）	商 品 販 売 益	（ 48,600 ）

② 決算整理前残高試算表 （単位：円）

		商　　　品	（ 15,500 ）

③ 決算整理前残高試算表 （単位：円）

商　　　品	（ 150,000 ）	売　　　上	（ 165,500 ）

④ 決算整理前残高試算表 （単位：円）

商　　　品	（ 33,100 ）	売　　　上	（ 165,500 ）
売 上 原 価	（ 116,900 ）		

⑤ 決算整理前残高試算表 （単位：円）

繰 越 商 品	（ 32,000 ）	売　　　上	（ 165,500 ）
仕　　　入	（ 118,000 ）		

（2） （単位：円）

	借 方 科 目	金　　額	貸 方 科 目	金　　額
①分記法	仕 訳 不 要			
②総記法	商　　　品	48,600	商 品 販 売 益	48,600
③二分法	売 上 原 価	116,900	商　　　品	116,900
④売上原価対立法	仕 訳 不 要			
⑤三分法	仕　　　入	32,000	繰 越 商 品	32,000
	繰 越 商 品	33,100	仕　　　入	33,100

本問のポイント

　それぞれの会計処理方法について、特徴、仕訳、勘定、整理前及び整理後T/Bの勘定の金額の意味がわかっていると、スピーディーに解答することができる。

1 整理前T/Bの金額の算定

会計処理方法が異なっても、期首商品、仕入高、期末商品、売上高、売上原価、商品販売益の金額に違いはないため、まずこれらの数値を算定する。

(1) 期首商品　資料より32,000

(2) 純仕入高　総仕入120,000－戻し1,400－値引割戻600＝118,000

(3) 売上原価　総売上の原価119,000－戻りの原価2,100＝116,900

(4) 期末商品　期首商品32,000＋純仕入高118,000－売上原価116,900＝33,100

(5) 純売上高　総売上170,000－戻り3,000－値引割戻1,500＝165,500

(6) 商品販売益　純売上高165,500－売上原価116,900＝48,600

次に、上記の金額を整理前T/Bの勘定に当てはめていく。

会計処理方法	整理前T/B	勘定の金額の意味	金額
①分記法	商品	期末商品	上記(4)
	商品販売益	商品販売益	上記(6)
②総記法	商品	意味のない金額	下記参照
③二分法	商品	期首商品＋純仕入高	上記(1)＋上記(2)＝150,000
	売上	純売上高	上記(5)
④売上原価対立法	商品	期末商品	上記(4)
	売上原価	売上原価	上記(3)
	売上	純売上高	上記(5)
⑤三分法	繰越商品	期首商品	上記(1)
	仕入	純仕入高	上記(2)
	売上	純売上高	上記(5)

総記法の商品勘定残高は商品勘定を書いて算定する。下記左側が実際の商品勘定だが、下記右側のような簡便的な商品勘定でも算定することができる。

商　品（実際の記入）

期首商品	32,000	仕入戻し	1,400
総仕入高		仕入値引割戻	600
	120,000	総売上高	
			170,000
売上戻り	3,000		
売上値引割戻	1,500		
前T/B	15,500		

商　品（簡便的な計算）

期首商品	32,000	純売上高	
純仕入高			165,500
	118,000		
前T/B	15,500		

2 決算整理仕訳

(1) 総記法　上記1(6)の金額を使用して仕訳を行う。

(2) 二分法　上記1(3)の金額を使用して仕訳を行う。

(3) 三分法　上記1(1)及び(4)の金額を使用して仕訳を行う。

(1)

（単位：千円）

借　方　科　目	金　　額	貸　方　科　目	金　　額
売　　掛　　金	4,800	商　　　　　品	3,600
		商　品　販　売　益	1,200

(2)	①	1,140　千円
	②	2,270　千円
(3)		9,230　千円
(4)		6,960　千円

本問のポイント

　　分記法の会計処理については、仕入と仕入の返品・値引・割戻に関する仕訳は単純である。これに対して売上関係の仕訳については、売上と売上返品については商品原価と販売益とを分けて計上するが、売上値引・割戻については販売益のみをマイナスするため、勘定の読み取りが少々難しい。日付と相手勘定を慎重に読み取りながら、取引の内容を考えていかなければならない。

解答手順・思考過程

1　7月15日の取引

　　商品勘定と商品販売益勘定から掛売上と判明する。商品勘定の2,100は原価であるから、原価率を用いて売上を算定する。

　　売　　上　　原価2,100÷原価率75％＝2,800

　　販売益　　売上2,800－原価2,100＝700（または売上2,800×利益率25％＝700でもよい）

2　7月25日の取引

　　商品勘定と商品販売益勘定から掛売上と判明する。商品販売益勘定の1,200は利益であるから、利益率を用いて売上を算定する。

　　売　　上　　販売益1,200÷利益率25％＝4,800

　　原　　価　　売上4,800－販売益1,200＝3,600（または売上4,800×原価率75％＝3,600でもよい）

3　空欄①と②

　(1)　商品の前月繰越は商品勘定の差額で算定する。

　(2)　商品販売益の損益勘定振替額は商品販売益勘定の差額で算定する。

4 商品勘定と商品販売益勘定の内容

商品

月初棚卸高→	7/1 前月繰越	(1,140)	7/7 現 金	1,500	←現金売上(原価)
現金仕入→	3 現 金	1,700	12 買掛金	200	←仕入返品値引等
掛仕入→	10 買掛金	3,400	15 売掛金	2,100	←掛売上(原価)
売上返品(原価)→	16 売掛金	240	25 〃	(3,600)	←掛売上(原価)
掛仕入→	20 買掛金	1,900	31 次月繰越	980	←月末棚卸高
		(8,380)		(8,380)	

商品販売益

売上返品(利益)→	7/16 売掛金	80	7/7 現 金	500	←現金売上(利益)
売上値引割戻→	28 〃	50	15 売掛金	(700)	←掛売上(利益)
商品販売益→	31 損 益	(2,270)	25 〃	1,200	←掛売上(利益)
		(2,400)		(2,400)	

5 7月の純売上高

7/7	現金売上	2,000 （＝原価1,500＋販売益500）
7/15	掛売上	2,800 （＝原価2,100＋販売益700）
7/25	掛売上	4,800 （＝原価3,600＋販売益1,200）
7/16	返品	△ 320 （＝原価240＋販売益80）
7/28	値引・割戻	△ 50
純売上高		9,230

6 7月の売上原価

純売上高9,230－商品販売益2,270＝6,960

または次のように計算してもよい。

7/7売上原価1,500＋7/15売上原価2,100＋7/25売上原価3,600－7/16返品原価240＝6,960

収益認識基準と商品売買の会計処理

「収益認識に関する会計基準」の適用により、商品売買の会計処理は以下のようになる。

(1) 分記法及び総記法は帳簿への記帳方法であるため無くなることはない。

(2) 仕入の返品、値引、割戻は、従来の処理と同じである。

(3) 返品権付販売、交渉中の値引、売上割戻契約などは、変動対価として扱われるが、偶発的な返品、値引、割戻は変動対価には該当しないため、従来どおり、商品販売時にその全額を収益として認識し、返品があったときはそのつど収益を取り消す会計処理を行う。

	先入先出法	総平均法	移動平均法
①繰越商品	755,000 円	708,100 円	742,410 円
②仕入	3,590,000 円	3,637,500 円	3,602,250 円
③棚卸減耗損	20,000 円	19,400 円	20,340 円

本問のポイント

払出単価計算の基本問題である。いかに要領よく計算を行い、スピーディーに解答できるかがポイントになる。

解答手順・思考過程

このような問題では、共通する数値を最初に計算しておき、そのあと各評価方法による払出単価の計算を行うと、スムーズに解答することができる。

1　共通する数値の算定

各評価方法に共通するのは、受入数量（前期繰越含む）、払出数量、期末帳簿数量、棚卸減耗数量、そして期首商品と当期仕入の金額である。

(1) 受入数量　期首100個＋仕入数量（300個＋400個＋100個）＝900個

(2) 払出数量　300個＋400個＋50個＝750個

(3) 期末帳簿数量　受入数量900個－払出数量750個＝150個

(4) 棚卸減耗数量　期末帳簿数量150個－期末実地数量146個＝4個

(5) 期首商品　100個×@4,000＝400,000

(6) 当期仕入　300個×@4,800＋400個×@5,000＋100個×@5,250＝3,965,000

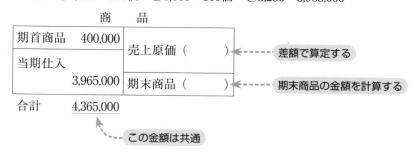

商　　品

期首商品　400,000	売上原価（　　　）	◄---- 差額で算定する
当期仕入 　　　3,965,000	期末商品（　　　）	◄---- 期末商品の金額を計算する
合計　　4,365,000		

この金額は共通

2　先入先出法

(1) 期末帳簿棚卸高

先入先出法の場合、期末商品は新しい商品から構成される。したがって、期末帳簿数量150個は、10月5日仕入の100個と5月25日仕入のうちの50個から構成される。

5月25日仕入　50個×@5,000＝250,000
10月5日仕入　100個×@5,250＝525,000　｝775,000

(2) 棚卸減耗損

先入先出法のルールに従い、古い商品から減耗が生じたと考える。

4個×@5,000＝20,000

(3) 売上原価

期首商品と当期仕入の合計4,365,000－期末帳簿棚卸高775,000＝3,590,000

3　総平均法

(1) 総平均単価の算定

期首商品と当期仕入の合計4,365,000÷受入数量900個＝@4,850

(2) 期末帳簿棚卸高

150個×@4,850＝727,500

(3) 棚卸減耗損

4個×@4,850＝19,400

(4) 売上原価

期首商品と当期仕入の合計4,365,000－期末帳簿棚卸高727,500＝3,637,500

または、払出数量750個×@4,850＝3,637,500でもよい。

4　移動平均法

(1) 期末帳簿棚卸高の算定

期首	100個	@4,000	400,000
仕入	＋300個	@4,800	1,440,000
合計	400個	@4,600	1,840,000
売上	△300個	@4,600	△1,380,000
残高	100個	@4,600	460,000
仕入	＋400個	@5,000	2,000,000
合計	500個	@4,920	2,460,000
売上	△400個	@4,920	△1,968,000
残高	100個	@4,920	492,000
仕入	＋100個	@5,250	525,000
合計	200個	@5,085	1,017,000
売上	△ 50個	@5,085	△ 254,250
期末	150個	@5,085	762,750

(2) 棚卸減耗損

4個×@5,085＝20,340

(3) 売上原価

期首商品と当期仕入の合計4,365,000－期末帳簿棚卸高762,750＝3,602,250

(1) | 6,760 | 円

(2)

損　益　計　算　書（一部）　　（単位：千円）

科　　目	金	額
売　上　高		（ 1,501,200 ）
売　上　原　価		
商品期首たな卸高	（ 270,000 ）	
当期商品仕入高	（ 1,163,760 ）	
合　計	（ 1,433,760 ）	
商品期末たな卸高	（ 202,800 ）	
差　引	（ 1,230,960 ）	
棚卸減耗損	（ 676 ）	
収益性低下評価損	（ 1,794 ）	（ 1,233,430 ）
売上総利益		（ 267,770 ）

本問のポイント

　商品売買に関する、①七分法の会計処理、②当初の原価率（事前原価率ともいう）の考え方、③損益計算書の作成という3つの論点が問われている。なかでも、売上に係る返品、値引き、割戻しと当初の原価率との関係がポイントである。

解答手順・思考過程

　整理前T/Bの仕入割引は営業外収益であるからこれは無視すればよい。また、P/L作成であるから、仕訳で考えていく必要はなく、P/Lの数値をダイレクトに算定すればよい。

1　P/Lの売上高と当期商品仕入高

　七分法で会計処理しているので、整理前T/Bの仕入は総仕入高、売上は総売上高である。

　P/Lの売上高は純売上高、当期商品仕入高は純仕入高であるので、まずこの金額を算定する。

（1）　純売上高　総売上高1,564,200－値引割戻37,500－返品25,500＝1,501,200

（2）　純仕入高　総仕入高1,219,140－値引割戻21,600－返品33,780＝1,163,760

2　期末商品の算定

（1）　期末商品帳簿棚卸高の算定

　　「商品の売価は、当初において、売価の20％が利益となるように設定されている」とある

ので、当初の原価率は80％である。当初の原価率が与えられた場合の売上原価の算定は、「(総売上－返品)×当初の原価率」または「(純売上高＋値引割戻)×当初の原価率」で行う。また、期末商品帳簿棚卸高は差額で算定する。

商品原価

期首	270,000	売上原価	
純仕入	1,163,760	(1,230,960)	← (総売上1,564,200 － 返品25,500)×80％
		期末　(202,800)	← 差額で求める

返品のみ控除する

(2) 帳簿単価　202,800÷30,000個＝@6.76 （＝6,760円）

(3) 棚卸減耗損　(30,000個－29,900個)×@6,760円＝676

(4) 収益性低下評価損　(@6,760円－@6,700円)×29,900個＝1,794

3　会計処理

参考として決算整理仕訳と整理後T/Bを示しておく。

(1) 値引割戻・返品と売上の相殺

(売　　　　　上)	63,000	(売 上 値 引 割 戻)	37,500
		(売　上　戻　り)	25,500

(2) 値引割戻・返品と仕入の相殺

(仕 入 値 引 割 戻)	21,600	(仕　　　　　入)	55,380
(仕　入　戻　し)	33,780		

(3) 売上原価算定

(仕　　　　　入)	270,000	(繰　越　商　品)	270,000
(繰　越　商　品)	202,800	(仕　　　　　入)	202,800

(4) 棚卸減耗損と収益性低下評価損の原価処理

(仕　　　　　入)	2,470	(繰　越　商　品)	2,470

決算整理後残高試算表（一部）　　　　　（単位：千円）

繰　越　商　品	200,330	売　　　　　上	1,501,200
仕　　　　　入	1,233,430	仕　入　割　引	1,480

①	41,000	千円
②	38,500	千円
③	498	千円
④	42,000	千円
⑤	△ 502	千円
⑥	42,848	千円

本問のポイント

　　切放法と洗替法における帳簿処理の違いは、収益性低下評価損益の期首に振戻処理をするかしないかであるが、それにより期首商品棚卸高、決算整理後の収益性低下評価損益の残高などに違いが出てくる。しかし、収益低下評価損益を原価処理した場合の売上原価は同じになる。

解答手順・思考過程

　洗替法における収益性低下評価損益については、仕訳及び勘定を書いて算定したほうがよいが、それ以外は仕訳を考える必要はなく、直接損益計算書の数値を計算すればよい。

1　期首商品棚卸高

（1）前期末の処理

　　前期末における収益性低下評価損益の処理は、切放法も洗替法も同じであり、繰越商品勘定の次期繰越高は41,000となる。

　　（収益性低下評価損益）　　　　　1,000　　　（繰　越　商　品）　　　　　1,000

（2）当期の処理

　　切放法については何の処理も行われないため繰越商品は41,000のままであるが、洗替法では前期末の処理の逆仕訳（振戻処理）が行われる。この結果、振戻処理後の繰越商品は42,000となる。

　　（繰　越　商　品）　　　　　1,000　　　（収益性低下評価損益）　　　　　1,000

2　売上高及び当期商品仕入高

　売上高及び当期商品仕入高については、切放法も洗替法も同じである。

3　期末商品棚卸高

　先入先出法を採用しているため、期末商品は切放法も洗替法も同じ数値となる（総平均法及び移動平均法を採用している場合には切放法と洗替法では期末商品の金額が異なる）。

（1）帳簿棚卸高　　@7,700円×5,000個＝38,500

(2) 棚卸減耗損　@7,700円×(5,000個−4,980個)＝154

(3) 正味売却価額　@8,000円−@8,000円×5％＝@7,600円

(4) 収益性低下評価損　(@7,700円−@7,600円)×4,980個＝498

(5) 洗替法による収益性低下評価損益

　　収益性低下評価損益は、前期末に計上した評価損1,000と当期末に計上した評価損498を相殺した額となる。本問の場合は貸方残高（評価益ということ）であるため、損益計算書の表示は△502となる。

収益性低下評価損益

当期末評価損	498	前期末評価損	1,000
	502		

4　損益計算書

期首商品の金額が異なる

切　放　法		
項　　目	金　　額	
売上高		430,000
売上原価		
期首商品棚卸高	41,000	
当期商品仕入高	384,000	
合　計	425,000	
期末商品棚卸高	38,500	
差　引	386,500	
棚卸減耗損	154	
収益性低下評価損益	498	387,152
売上総利益		42,848

洗　替　法		
項　　目	金　　額	
売上高		430,000
売上原価		
期首商品棚卸高	42,000	
当期商品仕入高	384,000	
合　計	426,000	
期末商品棚卸高	38,500	
差　引	387,500	
棚卸減耗損	154	
収益性低下評価損益	△　502	387,152
売上総利益		42,848

売上原価と売上総利益は同じ

前期末と当期末の評価損を相殺した額

決算整理後残高試算表（一部）　　　　（単位：円）

借　方　科　目	金　額	貸　方　科　目	金　額
売　　掛　　金	13,276,400	売　　　　　上	174,547,800
繰　越　商　品	5,089,920		
仕　　　　　入	132,926,400		
棚　卸　減　耗　損	108,000		
収益性低下評価損益	55,680		

本問のポイント

　洗替処理について未処理となっているため、洗替処理を行って期首商品の金額を修正してから総平均単価の算定を行わなければならない。

解答手順・思考過程

1　売掛金の修正

（1）値引きの未処理

　　（売　　　　　上）　　　8,800　　　（売　　掛　　金）　　　8,800

（2）返品の未処理

　　（売　　　　　上）　　23,000　　　（売　　掛　　金）　　23,000

2　商品の会計処理

（1）洗替処理

　　整理前T/Bの繰越商品4,740,000に60,000を加算して4,800,000に修正しなければならない。

　　（繰　越　商　品）　　60,000　　　（収益性低下評価損益）　　60,000

（2）商品の引取運賃

　　引取運賃は付随費用であるから、仕入に計上する。これにより仕入は、132,790,000＋650,000＝133,440,000となる。

　　（仕　　　　　入）　　650,000　　　（営　　業　　費）　　650,000

（3）年間総平均法による帳簿単価

　　商品原価総額　期首4,800,000＋仕入133,440,000＝138,240,000

　　商品数量合計　期首3,200個＋124,800個＝128,000個

　　平均単価　138,240,000÷128,000個＝@1,080

（4）期末棚卸数量・棚卸減耗数量の算定

　　「実地棚卸数量には、甲商事からの返品20個が含まれている」とあるが、帳簿棚卸数量に

含まれているかどうかについては何もコメントがない。しかし、返品の仕訳が未処理であったことから、商品有高帳も未記入であったと判断して、帳簿棚卸数量に20個をプラスする。

　　　帳簿棚卸数量　　4,900個＋20個＝4,920個

　　　実地棚卸数量　　4,820個

　　　棚卸減耗数量　　4,920個－4,820個＝100個

(5)　平均売価・正味売却価額

　　　平均売価　　販売金額7,920,000÷7,200個＝@1,100

　　　正味売却価額　　@1,100－@1,100×4％＝@1,056

(6)　期末帳簿棚卸高

　　　期末帳簿棚卸高　　平均単価@1,080×帳簿棚卸数量4,920個＝5,313,600

(7)　売上原価算定

| （仕　　　　　　　　入） | 4,800,000 | （繰　越　商　品） | 4,800,000 |
| （繰　越　商　品） | 5,313,600 | （仕　　　　　　　　入） | 5,313,600 |

(8)　棚卸減耗損と収益性低下評価損の計上

　　　棚卸減耗損　　（帳簿数量4,920個－実地数量4,820個）×平均単価@1,080＝108,000

　　　収益性低下評価損　　実地数量4,820個×（平均単価@1,080－正味売却価額@1,056）＝115,680

| （棚　卸　減　耗　損） | 108,000 | （繰　越　商　品） | 223,680 |
| （収益性低下評価損益） | 115,680 | | |

(9)　収益性低下評価損益

収益性低下評価損益

| 当期末評価損　115,680 | 前期末評価損　　60,000 |
| | 整理後T／B　　55,680 |

解答58 商品売買(7)

決算整理後残高試算表（一部）　　　　　（単位：円）

借　方　科　目	金　　額	貸　方　科　目	金　　額
売　　掛　　金	29,573,300	売　　　　　　上	268,317,630
繰　越　商　品	11,498,000		
仕　　　　　入	190,295,640		
棚　卸　減　耗　損	55,000		
品　質　低　下　評　価　損	60,000		
収　益　性　低　下　評　価　損	22,000		

本問のポイント

　期末商品の評価がポイントであるが、3種類の商品があるため、ひとつひとつ丁寧にやっていく以外にない。

解答手順・思考過程

1　売掛金の修正

(1)　返品の未処理

300個×@750＝225,000

（売　　　　　上）　225,000　（売　　掛　　金）　225,000

(2)　商品得意先未到着

売上の認識基準は出荷基準を採用しているため、仕訳は不要である。

(3)　割戻しの未処理

（売　　　　　上）　25,400　（売　　掛　　金）　25,400

2　期末商品の評価

　B商品の返品300個は「商品有高帳に記帳せず」とあるので帳簿棚卸数量にプラスする。

　また、正味売却価額は「平均販売単価×95%」で計算するのが速い。正味売却価額は問題の余白に書き込んで、収益性低下の判定を行うとよい。

商　品	帳簿棚卸数量	実地棚卸数量	帳簿単価	平均販売単価	正味売却価額
A商品	8,700個	8,600個	550円	660円	627円
B商品	(+300)6,900個	7,200個	600円	740円	703円
C商品	5,500個	5,500個	460円	480円	(456円)

収益性の低下はない

返品をプラスする

収益性が低下している

(1) 帳簿棚卸高

A商品　帳簿数量8,700個×帳簿単価@550＝4,785,000

B商品　帳簿数量7,200個×帳簿単価@600＝4,320,000

C商品　帳簿数量5,500個×帳簿単価@460＝2,530,000

　　合　計　　　　　　　　　　　11,635,000

(2) 棚卸減耗損

A商品　（帳簿数量8,700個－実地数量8,600個）×帳簿単価@550＝55,000

(3) 品質低下評価損

B商品　300個×（帳簿単価@600－見積処分価額@400）＝60,000

(4) 収益性低下評価損

C商品　5,500個×（帳簿単価@460－正味売却価額@456）＝22,000

(5) 売上原価算定

整理前T/Bの仕入値引を見落さないように注意する。

（仕　入　値　引）	1,475,000	（仕　　　　　入）	1,475,000
（仕　　　　　入）	16,300,000	（繰　越　商　品）	16,300,000
（繰　越　商　品）	11,635,000	（仕　　　　　入）	11,635,000

(6) 棚卸減耗損・品質低下評価損・収益性低下評価損の計上

（棚　卸　減　耗　損）	55,000	（繰　越　商　品）	137,000
（品 質 低 下 評 価 損）	60,000		
（収 益 性 低 下 評 価 損）	22,000		

損 益 計 算 書 (一部) （単位：千円）

科　　目	金	額
売　上　高		（　7,738,400）
売　上　原　価		
商品期首たな卸高	（　895,160）	
当期商品仕入高	（　6,811,000）	
合　　計	（　7,706,160）	
他勘定振替高	（　2,700）	
商品期末たな卸高	（　738,900）	
差　　引	（　6,964,560）	
棚卸減耗損	（　1,800）	
収益性低下評価損	（　16,380）	（　6,982,740）
売上総利益		（　755,660）

本問のポイント

　売価還元法における原価率算定は、さほど難しいものではない。それより、原価率算定後の棚卸減耗売価の算定や期末商品棚卸高などの算定がポイントである。

解答手順・思考過程 ……………………………………………………………………

　本問の解答に必要な数値の算定を計算式で示すと次のようになる。

1　原価率の算定

（1）原価法原価率

$$\frac{895,160 + 6,811,000}{973,000 + 6,811,000 + 681,100 + (350,300 - 58,400) - (233,500 - 38,900)} = 0.9$$

　（注）　原始値入額　6,811,000 × 10% = 681,100

（2）低価法原価率

$$\frac{895,160 + 6,811,000}{973,000 + 6,811,000 + 681,100 + (350,300 - 58,400)} = 0.88$$

2　期末帳簿売価及び棚卸減耗売価の算定

（1）期末帳簿売価　原価法売価8,562,400 − 売上7,738,400 − 見本品3,000 = 821,000

（2）棚卸減耗売価　期末帳簿売価821,000 − 実地棚卸売価819,000 = 2,000

3 売上原価、見本品費、棚卸減耗損、期末商品の算定

(1) 売上原価　売上7,738,400 × 0.9 = 6,964,560

(2) 見本品費　見本売価3,000 × 0.9 = 2,700

(3) 棚卸減耗損　棚卸減耗売価2,000 × 0.9 = 1,800

(4) 期末帳簿棚卸原価　帳簿棚卸売価821,000 × 0.9 = 738,900

(5) 期末実地棚卸原価　実地棚卸売価819,000 × 0.9 = 737,100

(6) 収益性低下評価損　実地棚卸売価819,000 × (原価法0.9 − 低価法0.88) = 16,380

4 売価還元法における図解

売価還元法では、上記の計算を次のような図解にまとめて計算していくのが便利である。

売　価		商品原価				売　価	
期首	973,000	期首	895,160	売原	(6,964,560)	売上	7,738,400
仕入	6,811,000	仕入	6,811,000	見本	(2,700)	見本	3,000
原始値入	681,100			減耗	(1,800)	減耗	(2,000)
純値上	291,900			評価損	(16,380)	実地	819,000
純値下	△194,600			実地	(720,720)		

帳簿棚卸高（821,000）

原価法　8,562,400 ◀──────▶ 7,706,160

原価法原価率0.9

低価法　8,757,000 ◀──────

低価法原価率0.88

8,562,400

右側の売価に原価率を乗じて算定する

原価法の売価を用いる

5 決算整理仕訳

(1) 見本品費の計上

見本品原価は、損益計算書において他勘定振替高として表示する。

（見　本　品　費）	2,700	（仕　　　　　入）	2,700

(2) 売上原価算定

売上原価を算定する際の期末商品は帳簿棚卸高であることに注意する。

（仕　　　　　入）	895,160	（繰　越　商　品）	895,160
（繰　越　商　品）	738,900	（仕　　　　　入）	738,900

(3) 棚卸減耗損と収益性低下評価損の計上

棚卸減耗損1,800及び収益性低下評価損16,380は売上原価に含める。

（仕　　　　　入）	18,180	（繰　越　商　品）	18,180

問1

(単位：円)

	借 方 科 目	金 額	貸 方 科 目	金 額
(1)	現　　　　　金	570,000	売　　　　　上	475,000
			契　約　負　債	95,000
(2)	契　約　負　債	47,500	売　　　　　上	47,500
(3)	契　約　負　債	47,500	売　　　　　上	47,500

問2

設問①

(単位：円)

	借 方 科 目	金 額	貸 方 科 目	金 額
(1)	売　掛　金	200,000	売　　　　　上	200,000
(2)	売　　　　　上	4,000	売　掛　金	4,000

設問②

(単位：円)

	借 方 科 目	金 額	貸 方 科 目	金 額
(1)	売　掛　金	200,000	売　　　　　上	197,000
			返　金　負　債	3,000
(2)	返　金　負　債	3,000	売　掛　金	4,000
	売　　　　　上	1,000		

本問のポイント

　問1の保守サービスについては、従来、現金受領時に前受金とする処理が行われていたが、「収益認識に関する会計基準」では、前受金ではなく「契約負債」を計上する。問2の設問①については、従来行われてきた処理と何ら変わらない。設問②については、売上値引の見積額を「返金負債」に計上する。そのため、売上収益は返金負債を除いて計上する。なお、本問では問われていないが、売上値引の見積りは、最頻値による方法又は期待値による方法のいずれかの方法で行う。

問1

「収益認識に関する会計基準」では、次の5つのステップに基づき、売上収益を認識する。

ステップ1：顧客との契約を識別する

顧客と「商品の販売と保守サービスの提供」を契約した。

ステップ2：契約における履行義務を識別する

「商品の販売」と「保守サービスの提供」の2つを履行義務として識別する。

ステップ3：取引価格を算定する

「いくらで」収益を認識するかを算定する。なお、値引、リベート等の変動対価がある場合は、その金額を見積り、変動対価部分を増減して取引価格を算定する。本問では、契約書に記載された570,000円が取引価格となる（変動対価はない）。

ステップ4：契約における履行義務に取引価格を配分する

取引価格570,000円を2つの履行義務に配分する。取引価格の配分は、商品と保守サービスのそれぞれの「独立販売価格」の比率に基づいて行う。

商品　　　$570,000 \times \dfrac{500,000}{500,000 + 100,000} = 475,000$

保守サービス　$570,000 \times \dfrac{100,000}{500,000 + 100,000} = 95,000$

ステップ5：履行義務を充足した時に又は充足するにつれて収益を認識する

「商品の販売」は販売時点で履行義務が充足するため、販売時に売上収益475,000円を認識する。「保守サービスの提供」は2年間に渡って履行義務が充足するため、95,000円を2年間に期間配分して売上収益を認識する。そのため、販売時点では契約負債95,000円を計上し、決算時に契約負債を取り崩して1年分の売上収益47,500円を認識する。

問2

設問①

将来の売上値引をゼロと見積った場合でも、商品運送中における商品の汚損、劣化等により売上値引を行うことがある。このような偶発的なケースでは、事前に売上値引を予想することができないため、「収益認識に関する会計基準」を適用していても、従来と同様に、商品販売時は売上値引がないという前提で売上を計上し、その後売上値引が行われた時点で売上を取り消す処理を行う。

設問②

商習慣、過去の実績等により売上値引を事前に予想することができる場合は、商品販売時にその金額をあらかじめ見積り、返金負債に計上する。本問では、売上値引の見積額3,000円を返金負債に計上し、その金額を控除して売上197,000円を計上する。その後売上値引が行われた時点で返金負債3,000円を取り崩すが、実際の値引4,000円との差額1,000円は売上を取り消す処理を行う。

（単位：円）

	借　方　科　目	金　　額	貸　方　科　目	金　　額
(1)	売　　掛　　金	1,200,000	売　　　　　　上	1,176,000
			返　金　負　債	24,000
(2)	売　　掛　　金	1,200,000	売　　　　　　上	1,174,200
			返　金　負　債	25,800

本問のポイント

　　リベートについては、従来、売上割戻引当金による処理が行われていたが、「収益認識に関する会計基準」の適用に伴い売上割戻引当金は廃止となった。「収益認識に関する会計基準」では、将来リベートを支払うと予想される部分については、売上収益を認識せず「返金負債」を計上する。そのため、売上収益は返金負債を除いて計上する。リベートは変動対価であり、その見積りにあたっては、最頻値による方法又は期待値による方法の2つがあり、企業は、どちらか適切な方法を選んで処理を行うことになる。

解答手順・思考過程

1　最頻値による方法

(1) リベート率

　　販売個数が5,000個〜7,499個の発生確率が45％と一番高いため、最頻値法を適用する場合には当該発生確率のリベート率である2％を採用する。

(2) リベートの見積額

　　@800円×販売数量1,500個×2％＝24,000円

(3) 商品販売時の仕訳

　　将来リベートを支払うと見込まれる24,000円については、売上収益を認識せず「返金負債」を計上する。そのため商品販売時の売上収益の額は、返金負債を除いた金額で計上する。

　　売掛金　@800円×販売数量1,500個＝1,200,000円

　　返金負債　24,000円

　　売上　1,200,000円－返金負債24,000円＝1,176,000円

2　期待値による方法

(1) リベート率

　　加重平均値として算出されたリベート率を採用する。リベート率は次のように算定する。

販売個数	リベート率	発生確率	リベート率×発生確率
10,000個～	10%	5%	0.50%
7,500個～9,999個	5%	15%	0.75%
5,000個～7,499個	2%	45%	0.90%
0個～4,999個	0%	35%	0.00%
合計（加重平均値）			2.15%

(2) リベートの見積額

@800円×販売数量1,500個×2.15％＝25,800円

(3) 商品販売時の仕訳

将来リベートを支払うと見込まれる25,800円については、売上収益を認識せず「返金負債」を計上する。そのため商品販売時の売上収益の額は、返金負債を除いた金額で計上する。

売掛金　@800円×販売数量1,500個＝1,200,000円

返金負債　25,800円

売上　1,200,000円－返金負債25,800円＝1,174,200円

変動対価のまとめ

(1) 変動対価

変動対価とは、顧客と約束した対価のうち変動する可能性のある部分をいい、値引、リベート、返品権付きの販売等の対価が減少する場合だけでなく、インセンティブ、業績に基づく割増金等の対価が増加する場合も該当する。顧客と約束した対価に変動対価が含まれる場合には、その変動部分の金額を見積り、見積額は売上収益から控除する。

(2) 変動対価の見積り

変動対価は、次のいずれかより適切に予測できる方法により見積る。

① 最頻値による方法：最も可能性の高い単一の金額（最頻値）による。

② 期待値による方法：確率で加重平均した金額（期待値）による。

(3) 変動対価の見積りの見直し

見積った取引価格は、各決算日において見直しを行い、取引価格が変動し、以前に見積った取引価格の改定が必要と判断される場合には、当該時点において収益の額を修正する。

（単位：円）

借　方　科　目	金　額	貸　方　科　目	金　額
現　　　　　金	800,000	売　　　　　上	750,000
		返　金　負　債	50,000
売　上　原　価	450,000	商　　　　　品	480,000
返　品　資　産	30,000		
返　金　負　債	50,000	現　　　　　金	50,000
商　　　　　品	30,000	返　品　資　産	30,000

(1) は上4行、(2) は下2行

本問のポイント

　　返品権付き販売については、従来、返品調整引当金による処理が行われていたが、「収益認識に関する会計基準」の適用に伴い返品調整引当金は廃止となった。「収益認識に関する会計基準」では、将来返品されると見込まれる金額については、売上収益を認識せず「返金負債」を計上する。そのため、売上収益は返金負債を除いて計上する。また、返金負債の決済時（返品時）に顧客から製品を回収する権利は「返品資産」として計上する。なお、返品権付き販売は変動対価であり、その見積りは、最頻値による方法又は期待値による方法のいずれかの方法で行う。

解答手順・思考過程 ....

1　商品の販売時

　　会計処理は売上原価対立法であるため、売上の計上とともに売上原価も計上する。ただし、売上及び売上原価ともに返品見込50個を除いて計上する。

(1) 現金　　売価@1,000円×販売数量800個＝800,000円

(2) 売上　　売価@1,000円×（販売数量800個−返品見込50個）＝750,000円

(3) 返金負債　　売価@1,000円×返品見込50個＝50,000円

(4) 商品　　原価@600円×販売数量800個＝480,000円

(5) 売上原価　　原価@600円×（販売数量800個−返品見込50個）＝450,000円

(6) 返品資産　　原価@600円×返品見込50個＝30,000円

2　商品の返品時

　　返品された50個の製品代金を返金するとともに、製品を回収する。いずれも、販売時の逆仕訳を行う。

(1) 返金負債　　売価@1,000円×返品見込50個＝50,000円

(2) 返品資産　　原価@600円×返品見込50個＝30,000円

(参考)

　本問は売上原価対立法による会計処理が解答要求となっているが、三分法による場合は次のように処理する。

1　商品の販売時

（現　　　　金）	800,000	（売　　　　上）	750,000
		（返　金　負　債）	50,000
（返　品　資　産）	30,000	（仕　　　　入）	30,000

2　商品の返品時

（返　金　負　債）	50,000	（現　　　　金）	50,000
（仕　　　　入）	30,000	（返　品　資　産）	30,000

売上返品のまとめ

(1)　返品権付き販売

　　出版社や通信販売を営む企業などでは、一定の条件のもとで、販売した商品の返品を認めることがある。これを返品権付き販売という。従来は返品調整引当金による処理が行われていたが、「収益認識に関する会計基準」では、将来返品されると見込まれる金額については、売上収益を認識せず「返金負債」を計上する。また、返金負債の決済時（返品時）に顧客から商品を回収する権利は「返品資産」として計上する。

(2)　品違い等による返品

　　品違い、破損等により返品が行われることがある。このような偶発的な返品は変動対価には該当しないため、従来どおり、商品販売時にその全額を売上収益として認識し、返品があったときはそのつど売上収益を取り消す会計処理を行う。

（単位：円）

	借　方　科　目	金　　額	貸　方　科　目	金　　額
(1)	現　　　　　　　金	1,000,000	売　　　　　　　上	956,938
			契　約　負　債	43,062
(2)	契　約　負　債	23,923	売　　　　　　　上	23,923
(3)	契　約　負　債	12,726	売　　　　　　　上	12,726

本問のポイント

　ポイント制度については、従来、ポイント引当金による処理が行われていたが、「収益認識に関する会計基準」の適用に伴いポイント引当金は廃止となった。「収益認識に関する会計基準」では、ポイントを付与したときは契約負債を計上し、ポイントが使用されたときに契約負債から売上に振替えるが、ポイント付与時、ポイント使用時、いずれの時点においても按分計算が必要となる。

解答手順・思考過程

1　商品の販売時

　取引価格1,000,000円を商品とポイントの独立販売価格の比率で配分する。商品は売上を計上するが、ポイントは履行義務を充足していないため契約負債を計上する。なお、ポイントの独立販売価格45,000円をそのまま契約負債に計上しないように注意が必要である。

(1)　売上（商品）

$$1,000,000 \times \frac{商品独立販売価格1,000,000}{商品独立販売価格1,000,000 + ポイント独立販売価格45,000} = 956,938（四捨五入）$$

(2)　契約負債（ポイント）

$$1,000,000 \times \frac{ポイント独立販売価格45,000}{商品独立販売価格1,000,000 + ポイント独立販売価格45,000} = 43,062（四捨五入）$$

2　×10年度末

　ポイントが使用された場合は、それに相当する収益を認識する。なお、ポイント使用25,000円をそのまま売上に計上しないように注意が必要である。

$$契約負債43,062 \times \frac{×10年度に使用されたポイント数25,000}{使用見込ポイント総数45,000} = 23,923（四捨五入）$$

3　×11年度末

　使用されるポイント総数の見積りを変更した場合には、会計上の見積りの変更として、変更後のポイント使用見込に基づいて次のように算定する。これは、建設業における見積工事原価の変更と同じである。

$$\text{契約負債} \times \frac{\text{当期末までの使用ポイントの累計}}{\text{変更後の使用見込ポイント総数}} - \frac{\text{前期までの}}{\text{売上計上額}} = \frac{\text{変更年度の}}{\text{売上計上額}}$$

本問の場合は次のように算定する。

$$\text{契約負債}43,062 \times \frac{\times 11\text{年度末までの使用ポイントの累計}40,000}{\text{変更後の使用見込ポイント総数}47,000}$$

$$- \times 10\text{年度までの売上計上額}23,923 = 12,726 \;(\text{四捨五入})$$

ポイント制度の基本処理

【設　例】円未満の端数は四捨五入

(1) 顧客へ10,000円の商品を販売し、代金は現金で受け取った。顧客に対して販売価格の10%の1,000ポイントを付与した。顧客は、1ポイント＝1円で利用することができる。

(2) (1)で付与したポイントのうち500ポイントが使用され、500円の商品を販売した。

	ポイント使用率を100%と見積もった場合	ポイント使用率を90%と見積もった場合
(1)	① 商品の独立販売価格→10,000円 ② ポイントの独立販売価格→1,000ポイント×1円×100%＝1,000円 ③ 取引価格の配分 商品への配分 $10,000 \times \dfrac{10,000}{10,000+1,000} = 9,091$ ポイントへの配分 $10,000 \times \dfrac{1,000}{10,000+1,000} = 909$ ④ 仕訳 （現　金）10,000（売　上）9,091 　　　　　　　　　（契約負債）　909	① 商品の独立販売価格→10,000円 ② ポイントの独立販売価格→1,000ポイント×1円×90%＝900円 ③ 取引価格の配分 商品への配分 $10,000 \times \dfrac{10,000}{10,000+900} = 9,174$ ポイントへの配分 $10,000 \times \dfrac{900}{10,000+900} = 826$ ④ 仕訳 （現　金）10,000（売　上）9,174 　　　　　　　　　（契約負債）　826
(2)	① 契約負債909のうち売上に計上する金額 $909 \times \dfrac{\text{使用ポイント}500}{\text{使用見込ポイント}1,000} = 455$ ② 仕訳 （契約負債）　455（売　上）　455	① 契約負債826のうち売上に計上する金額 $826 \times \dfrac{\text{使用ポイント}500}{\text{使用見込ポイント}900} = 459$ ② 仕訳 （契約負債）　459（売　上）　459

解答64　収益認識(5)

(1)

	×10年度	×11年度	×12年度
完成工事高	75,000　千円	135,000　千円	90,000　千円
完成工事原価	50,000　千円	90,000　千円	61,000　千円
完成工事利益	25,000　千円	45,000　千円	29,000　千円

(2)

	×10年度	×11年度	×12年度
完成工事高	50,000　千円	90,000　千円	160,000　千円
完成工事原価	50,000　千円	90,000　千円	61,000　千円
完成工事利益	0　千円	0　千円	99,000　千円

本問のポイント

「収益認識に関する会計基準」の適用に伴い「工事契約に関する会計基準」は廃止となった。工事契約は「収益認識に関する会計基準」に従って処理を行う。基本的な処理は従来のものとほぼ同じであるが、新たに原価回収基準が導入された。

解答手順・思考過程

1　履行義務の充足に係る進捗度を合理的に見積ることができる場合

　この場合には、原価比例法による工事進捗度に基づき、工事期間にわたり収益を認識する。従って、従来の工事進行基準と同じである。

(1)　×10年度

①　完成工事原価：実際工事原価50,000

②　工事進捗度

$$\frac{×10年度の実際工事原価50,000}{見積工事原価総額200,000} = 0.25$$

③　完成工事高

契約価額300,000×工事進捗度0.25＝75,000

(2)　×11年度

①　完成工事原価：実際工事原価90,000

②　工事進捗度

$$\frac{×11年度までの実際工事原価50,000＋90,000}{見積工事原価総額200,000} = 0.7$$

③　完成工事高

　　契約価額300,000 × 工事進捗度0.7 − 過年度収益計上額75,000 ＝ 135,000

(3)　×12年度

①　完成工事原価：実際工事原価61,000

②　完成工事高

　　契約価額300,000 − 過年度収益計上額(75,000 ＋ 135,000) ＝ 90,000

2　履行義務の充足に係る進捗度を合理的に見積ることができない場合

　　原価回収基準により収益を認識する。原価回収基準とは、進捗度を合理的に見積ることができない場合でも、発生した費用を回収することが見込まれるのであれば、進捗度を合理的に見積ることができる時まで、工事原価と同額を工事収益に計上する方法である。この方法によると、×10年度と×11年度については利益はゼロとなる。

(1)　×10年度

①　完成工事原価：実際工事原価50,000

②　完成工事高：50,000(実際工事原価と同額の収益を計上する)

(2)　×11年度

①　完成工事原価：実際工事原価90,000

②　完成工事高：90,000(実際工事原価と同額の収益を計上する)

(3)　×12年度

①　完成工事原価：実際工事原価61,000

②　完成工事高：契約価額300,000 − 過年度収益計上額(50,000 ＋ 90,000) ＝ 160,000

工事契約のまとめ

(1)　履行義務の充足に係る進捗度を合理的に見積ることができる場合

　　進捗度に基づき、一定の期間にわたり収益を認識する。(従来の工事進行基準と同じ)

(2)　履行義務の充足に係る進捗度を合理的に見積ることはできないが、履行義務を充足する際に発生する費用を回収することが見込まれる場合

①　原則：進捗度を合理的に見積ることができる時まで原価回収基準を適用する。

②　容認：進捗度を合理的に見積ることができる時から収益を計上する。(進捗度を合理的に見積ることができるまでは、収益及び費用は計上しない)

(3)　工事期間がごく短い場合

　　一定の期間にわたり収益を認識せず、完全に履行義務を充足した時に収益を認識することができる。(従来の工事完成基準と同じ)

(4)　工事損失が見込まれる場合

　　工事損失が見込まれる場合には、従来の処理を踏襲し、工事損失引当金を計上する。

貸 借 対 照 表 (一部) （単位：千円）

借 方 科 目	金 額	貸 方 科 目	金 額
完 成 工 事 未 収 入 金	60,000	契 約 負 債	52,000
契 約 資 産	112,000	工 事 損 失 引 当 金	4,000
未 成 工 事 支 出 金	34,000		

損 益 計 算 書 (一部) （単位：千円）

借 方 科 目	金 額	貸 方 科 目	金 額
完 成 工 事 原 価	433,000	完 成 工 事 高	439,200

本問のポイント

　工事ごとの完成工事高等の計算は比較的容易であるため、ポイントはC工事の工事損失引当の算定に尽きる。

解答手順・思考過程

1　A工事

　完全に履行義務を充足した時に収益を計上するため、工事原価及び工事代金の受領額については次期に繰り越す。

(1) 未成工事支出金　当期の工事原価34,000

(2) 契約負債　当期までの受領額52,000

2　B工事

(1) 完成工事高

　当期に完成引渡を行っているため、完成工事高は「請負価額－前期までの完成工事高」で算定する。

前期までの完成工事高　請負価額$360,000 \times \dfrac{\text{前期までの工事原価}170,000}{\text{見積工事原価総額}250,000} = 244,800$

当期の完成工事高　請負価額$360,000 -$ 前期までの完成工事高$244,800 = 115,200$

(2) 完成工事原価　当期の工事原価81,000

(3) 完成工事未収入金

　当期に完成引渡を行っているため、完成工事未収入金は「請負価額－当期までの受領額」で算定する。

請負価額$360,000 -$ 当期までの受領額$300,000 = 60,000$

3　C工事

(1)　完成工事高

見積工事原価総額について変更があるため、まず前期までの完成工事高を算定する。

$$請負価額540,000 \times \frac{前期までの工事原価100,000}{当初見積工事原価総額500,000} = 108,000$$

次に、変更後の見積工事原価総額を、「前期までの工事原価＋当期の工事原価＋完成までの見積工事原価残高」で算定する。

$$100,000 + 348,000 + 112,000 = 560,000$$

当期の完成工事高を算定する。前期までの完成工事高を控除するのを忘れないように。

$$請負価額540,000 \times \frac{当期までの工事原価100,000 + 348,000}{変更後の見積工事原価総額560,000} - 108,000 = 324,000$$

(2)　契約資産

工事中であるため、契約資産は「当期までの完成工事高－当期までの受領額」で算定する。

当期までの完成工事高432,000－当期までの受領額320,000＝112,000

(3)　工事損失引当金

請負価額540,000と変更後の見積工事原価総額560,000の差額20,000が工事損失の見込額であるが、引当金として計上するのは、「**工事損失のうち、既に計上された損益の額を控除した残額（今後見込まれる損失額）**」である。したがって、工事損失引当金は、「工事損失－当期までの損失」で算定する。

当期までの損失　当期までの完成工事高432,000－当期までの工事原価448,000＝△16,000

工事損失引当金　工事損失見込額20,000－当期までの損失16,000＝4,000

工事損失引当金の繰入額は完成工事原価に含めて計上する。これは仕訳を示しておこう。

（完成工事原価）　　　　4,000　　　（工事損失引当金）　　　　4,000

(4)　完成工事原価

完成工事原価は、「当期の工事原価＋工事損失引当金」となる。

当期の工事原価348,000＋工事損失引当金4,000＝352,000

収益認識基準での建設業の債権・債務

完成工事高を計上する仕訳の相手科目は契約資産または完成工事未収入金とする。契約資産は法的な請求権が未確定の場合に計上し、約束された支払期日の到来または完成引渡など、法的な請求権が確定した時点で完成工事未収入金に振替える。

完成引渡前の工事代金受領額は契約負債とするが、未成工事受入金として計上してもよいことになっている。

（単位：円）

	借　方　科　目	金　額	貸　方　科　目	金　額
(1)	割　賦　売　掛　金	5,000,000	割　賦　売　上	5,000,000
(2)	現　　　　　金	1,870,549	割　賦　売　掛　金 受　取　利　息	1,570,549 300,000
(3)	現　　　　　金	1,870,549	割　賦　売　掛　金 受　取　利　息	1,664,782 205,767
(4)	現　　　　　金	1,870,549	割　賦　売　掛　金 受　取　利　息	1,764,669 105,880

本問のポイント

　　従来、割賦販売における収益計上については、原則である販売基準に代えて、割賦基準（回収基準、回収期限到来基準）による収益計上が認められていたが、「収益認識に関する会計基準」の適用に伴い、割賦基準は廃止となった。「収益認識に関する会計基準」では、履行義務を充足した時に収益を計上するため、通常の販売と同様に、割賦販売についても商品販売時に収益を計上することになる。なお、割賦代金に重要な金融要素が含まれる場合には、商品の対価部分と利息は分けて会計処理を行う。

解答手順・思考過程

1　商品の販売時（×13年4月1日）

　　商品を割賦販売し、割賦代金に重要な金融要素（金利部分）が含まれる場合には、次のように処理する。

(1)　商品販売時に割賦売上を計上する。

(2)　割賦売掛金及び割賦売上は金利を含まない現金販売価格で計上する（本問では5,000,000円）。

(3)　金利部分は受取利息として計上する（受取利息は割賦代金の回収時に計上する）。

2　割賦代金の回収時

　　割賦代金の回収時に受取利息を計上するが、その計算は、リース取引などの利息法による計算と同じである。割賦代金の回収スケジュールは以下のとおりである。

日　　付	回収額	受取利息	元本回収	元本残高
×13年4月1日	―	―	―	5,000,000
×14年3月31日	1,870,549	300,000	1,570,549	3,429,451
×15年3月31日	1,870,549	205,767	1,664,782	1,764,669
×16年3月31日	1,870,549	105,880	1,764,669	0
合　　計	5,611,647	611,647	5,000,000	

※　最終回の受取利息は差額で算定する。

（参考）

　上記が、「収益認識に関する会計基準」による原則的な処理となるが、割賦代金の総額5,611,647円を割賦売掛金に計上し、割賦売上5,000,000円との差額611,647円を利息調整勘定や利息未決算などで処理する方法も考えられる（本問では、勘定科目が指定されているため、原則的な処理しか解答できないようになっている）。

1　商品の販売時（×13年4月1日）

（割　賦　売　掛　金）	5,611,647	（割　賦　売　上）	5,000,000
		（利　息　調　整　勘　定）	611,647

2　割賦代金の回収時（×14年3月31日）

（現　　　　　金）	1,870,549	（割　賦　売　掛　金）	1,870,549
（利　息　調　整　勘　定）	300,000	（受　取　利　息）	300,000

①	30,000	千円
②	80,000	千円
③	7,000	千円
④	16,000	千円
⑤	6,000	千円

本問のポイント

　勘定推定の問題であるが、委託販売、受託販売それぞれの仕訳と勘定記入が頭に入っていれば、それほど難しい推定ではない。

解答手順・思考過程

　勘定推定では、解法パターンに気付いたところから解答していくのがコツである。したがって、解答の順番というのは特にはないが、難易度の低いものから説明していこう。

1　当期中に支払った積送諸掛費

　積送諸掛費勘定の差額で算定する。積送売上はE社の手取額で計上しているため、積送諸掛費勘定に計上されるのは、商品積送時に生じる発送費のみである。

積送諸掛費

差額で求める --→ 支払	(6,000)	期末	1,600
		費用計上額	
期首	2,200	6,600	

2　受託販売手数料

　受託販売勘定の差額で算定する。

受託販売

送金高	64,000	期首	6,000
諸経費	800	受託品売上	
差額で求める --→ 手数料	(7,000)		70,000
期末	4,200		

3 積送売上

委託販売勘定の差額で算定する。なお、積送売上はE社の手取額で計上しているため、差額がそのまま積送売上となる。

委託販売

期首	10,000	荷為替	36,000
積送売上 （80,000）		回収高	48,000
		期末	6,000

差額で求める →

4 期末積送品と期首繰越商品

期末積送品は積送品売上原価を算定した後の積送品勘定の差額で、期首繰越商品は仕入勘定の差額で算定する。積送品について期末一括法かその都度法かの指示がないが、決算整理後の残高は同じであるため、どちらで考えてもかまわない。

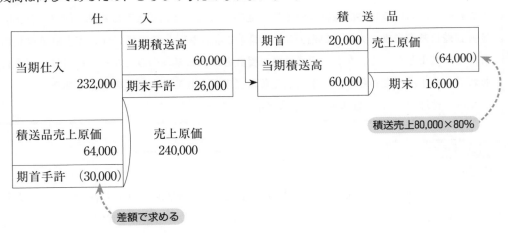

仕　　入

当期仕入 232,000	当期積送高 60,000
	期末手許 26,000
積送品売上原価 64,000	売上原価 240,000
期首手許 （30,000）	

差額で求める →

積　送　品

期首 20,000	売上原価 （64,000）
当期積送高 60,000	期末 16,000

積送売上80,000×80%

決算整理後残高試算表（一部）　　　　　　（単位：千円）

借　方　科　目	金　　額	貸　方　科　目	金　　額
繰　越　商　品	50,000	一　般　売　上	625,000
積　送　品	15,000	積　送　品　売　上	190,000
未　着　品	30,000	未　着　品　売　上	168,000
仕　　入	773,000		
支　払　手　数　料	19,000		

本問のポイント

　　委託販売における収益認識については、従来、原則が受託者販売日基準、例外が売上計算書到着日基準であったが、「収益認識に関する会計基準」の適用に伴い売上計算書到着日基準は廃止となった。なお、収益認識が受託者販売日基準のみとなった以外は、従来行われてきた処理と変わらない。未着品売買は従来行われてきた処理のままである。

　　なお、整理前T／Bの仕入割戻と仕入値引を見落としてはならない。

解答手順・思考過程

1　未着品

　　その都度法で処理しているので、整理前T／Bの未着品30,000は期末未着品である。未着品勘定の差額で売上原価を算定し、「売上原価÷原価率」で未着品売上を算定する。

未　着　品

期首　　20,000	売上原価
当期購入	（140,000）　◄----　差額で求める
150,000	期末　30,000

　　未着品売上　売上原価$140,000 \div \dfrac{1}{1.2} = 168,000$

2　一般販売の決算整理仕訳

⑴　仕入割戻・仕入値引と仕入の相殺

（仕　入　割　戻）	1,000	（仕　　入）	3,000
（仕　入　値　引）	2,000		

(2) 売上原価の算定

（仕	入）	40,000	（繰 越 商 品）	40,000
（繰 越 商 品）	50,000	（仕	入）	50,000

3 委託販売の決算整理仕訳

(1) 積送品売上の計上

　　3月31日販売分について積送品売上を計上する。また、手数料等については積送諸掛費で処理することが多いが、本問では支払手数料で処理する。

（積 送 売 掛 金）	18,000	（積 送 品 売 上）	20,000
（支 払 手 数 料）	2,000		

(2) 積送品売上原価の計上

　　積送品売上原価　$(170,000 + 20,000) \times 70\% = 133,000$

（仕	入）	133,000	（積 送 品）	133,000

4 仕入勘定と積送品勘定

　　仕入勘定で売上原価を算定する。売上原価の総額から未着品と積送品の売上原価を控除した残額が一般販売の売上原価であり、これを基に一般売上を算定する。また、期末積送品は積送品勘定の差額で算定する。

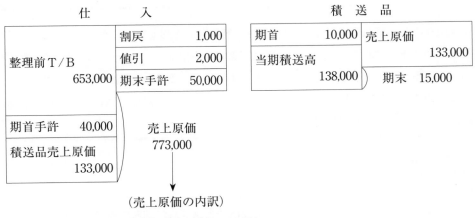

（売上原価の内訳）

未着品販売の売上原価	140,000
委託販売の売上原価	133,000
一般販売の売上原価	500,000 ←------ 差額で算定する

5 一般売上

　　「一般販売の売上原価÷一般販売の原価率」で一般売上を算定する。

　　$500,000 \div 80\% = 625,000$

(1)

決算整理後残高試算表					（単位：千円）
繰 越 商 品	（	167,400 ）	試 用 仮 売 上	（	18,720 ）
繰 越 試 用 品	（	12,000 ）	一 般 売 上		1,404,000
試 用 未 収 金	（	18,720 ）	試 用 品 売 上	（	390,000 ）
仕 　 入	（	1,330,000 ）			

(2)

（単位：千円）

3月中の取引	借 方 科 目	金 額	貸 方 科 目	金 額
試用品試送時	試 用 品	30,000	仕 入	30,000
試用品返送時	仕 入	6,000	試 用 品	6,000
購入通知時	売 掛 金	34,320	試 用 品 売 上	34,320

本問のポイント

　試用販売の収益認識については、「得意先が買取りの意思を表示した時」であるが、「収益認識に関する会計基準」においても収益認識に変更はなく、会計処理についても変更はない。原価率が算定できるかどうかが最大のポイントである。原価率が算定できないと、決算整理後残高試算表の繰越試用品と仕入の金額及び手許商品区分法による試用品試送時と試用品返送時の会計処理は解答できない。

解答手順・思考過程

1　試用販売

　3月中の取引について仕訳を行い、決算整理前残高試算表に加減する。処理後の残高は、試用未収金と試用仮売上が18,720、試用品売上が390,000となる。

(1)　試用品試送

（試 用 未 収 金）	46,800	（試 用 仮 売 上）	46,800

(2)　試用品返送

（試 用 仮 売 上）	9,360	（試 用 未 収 金）	9,360

(3)　購入通知

（売 　 掛 　 金）	34,320	（試 用 品 売 上）	34,320
（試 用 仮 売 上）	34,320	（試 用 未 収 金）	34,320

2　原価率の算定

　原価率算定のための原価と売価の対応関係は以下のようになる。なお、原価ボックスで示し

たが、仕入勘定で行っても同じ内容となる。

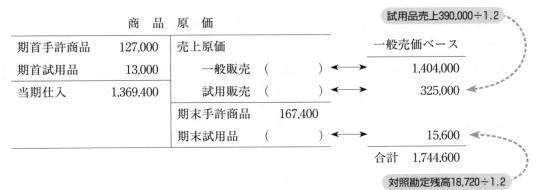

原価ボックスの（　　　）は差額で1,342,000となり、原価率を算定すると次のようになる。

$$\frac{1,342,000}{1,744,600} = 0.76923\cdots$$

割り切れないのは、仕入原価の（　？　）％増しに設定しているためである。このような場合は次のように分母と分子を逆にすればよい。

$$\frac{1,744,600}{1,342,000} = 1.3$$

こうすると、原価を1とした場合の一般販売の売価が1.3と算定される。つまり、仕入原価の30％増しに設定しているということである。また、試用販売の売価は一般販売の売価の20％増しであるため、原価を1とした場合の試用売価は1.3×1.2＝1.56と算定される。

3　売上原価の算定

(1)　手許商品

（仕　　　　入）	127,000	（繰　越　商　品）	127,000
（繰　越　商　品）	167,400	（仕　　　　入）	167,400

(2)　試用品

期末手許商品は、対照勘定残高18,720÷1.56＝12,000となる。

（仕　　　　入）	13,000	（繰　越　試　用　品）	13,000
（繰　越　試　用　品）	12,000	（仕　　　　入）	12,000

4　手許商品区分法による会計処理

(1)　試用品試送時

原価は46,800÷1.56＝30,000となる。

(2)　試用品返送時

原価は9,360÷1.56＝6,000となる。

(3)　購入通知時

「売上原価は決算時に仕入勘定で一括計算する」とあるため、試用品売上34,320を計上する。

決算整理後残高試算表（一部）　　　　（単位：円）

借　方　科　目	金　額	貸　方　科　目	金　額
外 貨 建 売 掛 金	44,600,000	国　内　売　上	813,000,000
前 　 払 　 費 　 用	300,000	輸　出　売　上	45,700,000
繰 　 越 　 商 　 品	60,100,000		
仕 　 　 　 　 　 入	554,810,000		
為 　 替 　 差 　 損 　 益	800,000		

本問のポイント

　「外貨建取引については、すべて社内レート（１ドル＝120円）で記帳しており、外貨建取引等会計処理基準に従って、適切な換算レートで換算する」とある。したがって、為替予約や期末換算替えの処理を行う前に、社内レートで換算されたものを適切な換算レートに修正し、そのあとに為替予約や期末換算替えの処理を行わなければならないため、通常の問題より手間がかかる。

解答手順・思考過程 ·····································

まず、処理すべき内容を把握する。

倉庫出荷日	船積日	外貨販売金額	出荷数量	船積日の直物為替相場
２月５日	２月15日	300,000ドル	12,000個	１ドル＝115円
３月15日	３月25日	100,000ドル	4,000個	１ドル＝112円
３月25日	４月５日	200,000ドル	8,000個	１ドル＝108円

翌期の売上であるため売上を取り消す　　　　期末商品として計上する

1　２月５日出荷、２月15日船積の300,000ドル

(1)　船積日の直物為替相場への修正

　社内レートの換算額から船積日の直物為替相場の換算額に修正する。

300,000ドル×社内レート120円＝36,000,000

300,000ドル×船積日の直物為替相場115円＝34,500,000　　修正

（輸　　出　　売　　上）　　　1,500,000　　（外　貨　建　売　掛　金）　　　1,500,000

(2) 為替予約

上記の修正後、300,000ドルについて為替予約の処理を行う。

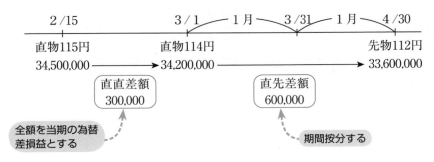

〈直直差額〉

| （為　替　差　損　益） | 300,000 | （外　貨　建　売　掛　金） | 300,000 |

〈直先差額〉

| （為　替　差　損　益） | 300,000 | （外　貨　建　売　掛　金） | 600,000 |
| （前　払　費　用） | 300,000 | | |

2　3月15日出荷、3月25日船積の100,000ドル

(1)　船積日の直物為替相場への修正

社内レートの換算額から船積日の直物為替相場の換算額に修正する。

100,000ドル×社内レート120円＝12,000,000 ┐
100,000ドル×船積日の直物為替相場112円＝11,200,000 ◄┘ 修正

| （輸　出　売　上） | 800,000 | （外　貨　建　売　掛　金） | 800,000 |

(2)　期末換算替え

上記の修正後、期末換算替えの処理を行う。

修正後　11,200,000 ┐
100,000ドル×決算日の直物為替相場110円＝11,000,000 ◄┘ 換算替え

| （為　替　差　損　益） | 200,000 | （外　貨　建　売　掛　金） | 200,000 |

3　3月25日出荷、4月5日船積の200,000ドル

船積基準であるため、出荷時に計上した掛売上を取り消す。

200,000ドル×社内レート120円＝24,000,000

| （輸　出　売　上） | 24,000,000 | （外　貨　建　売　掛　金） | 24,000,000 |

4　売上原価の算定

Y商品の期末棚卸高は、実地棚卸高6,000個に3月25日出荷の8,000個を加えなければならない。

X商品　@1,700円×23,000個＝39,100,000

Y商品　@1,500円×（6,000個＋8,000個）＝21,000,000

| （仕　　　　　入） | 38,710,000 | （繰　越　商　品） | 38,710,000 |
| （繰　越　商　品） | 60,100,000 | （仕　　　　　入） | 60,100,000 |

決算整理後残高試算表（一部）　　　　　　（単位：円）

借　方　科　目	金　　額	貸　方　科　目	金　　額
売　　掛　　金	280,350,000	前　　受　　金	8,800,000
繰　越　商　品	92,500,000	売　　　　上	1,300,250,000
為　替　予　約	1,200,000		
仕　　　　　入	758,200,000		
為　替　差　損　益	1,080,000		

本問のポイント

　　前受金がある場合の売上は、前受金と売掛金の合計額で算定する。為替予約の独立処理については、為替予約は単独の取引として処理し、ヘッジ対象となった外貨建取引（本問では掛売上）に係る処理は為替予約に関係なく、直物レートで換算する。

解答手順・思考過程 ……………………………………………………………………………………

1　前受金

(1)　前受金売上の未処理

　　前受金がある場合の売上は、前受金の円換算額と売掛金の円換算額の合計額であり、売上300,000ドルについて直接的な換算は行わない。

　　前受金　　50,000ドル×114円＝5,700,000
　　売掛金　　（300,000ドル－50,000ドル）×109円＝27,250,000　　｝合計32,950,000

　　（前　　受　　金）　　5,700,000　　（売　　　　上）　　32,950,000
　　（売　　掛　　金）　　27,250,000

(2)　売掛金250,000ドルの換算替え

　　売掛金250,000ドルについて、決算日レート（1ドル＝107円）に換算替えを行う。

　　簿価　　27,250,000
　　250,000ドル×107円＝26,750,000　　←換算替え

　　（為　替　差　損　益）　　500,000　　（売　　掛　　金）　　500,000

(3)　3月20日入金の80,000ドル

　　前受金については入金時の為替相場による円換算額によるため期末換算替えは不要である。

2 為替予約

(1) 売掛金400,000ドルの換算替え

簿価　45,200,000 ──────┐

400,000ドル×107円＝42,800,000 ◄──── 換算替え

（為　替　差　損　益）　　2,400,000　　（売　　掛　　金）　　2,400,000

(2) 為替予約

為替予約締結日の先物相場109円と決算日の先物相場106円との差額３円が１ドル当たりの為替差損益であり、総額は400,000ドル×３円＝1,200,000となる。

なお、為替差益となるか為替差損となるかについては次のように考えるとよい。

まず、為替予約が「売り予約」なのか「買い予約」なのかを考える。売掛金に対する予約なのでドル売り予約である。

売掛金等の金銭債権に対する為替予約→売り予約

買掛金等の金銭債務に対する為替予約→買い予約

次に決算日の為替予約の時価評価については、決算日の先物相場106円でドルを買い、それを予約した109円でドルを売ると考える。106円で買って109円で売れば３円の儲けである。儲けなので為替差益となる。

（為　替　予　約）　　1,200,000　　（為　替　差　損　益）　　1,200,000

3 売上原価の算定

「帳簿棚卸数量30,000個、実地棚卸数量25,000個」と問題文にあるが、差額5,000個は輸出売上の未処理によるものであるため、未処理修正後の帳簿棚卸数量は、30,000個－5,000個＝25,000個となり実地棚卸数量と一致する。

25,000個×帳簿単価3,700＝92,500,000

（仕　　　　　入）　　86,400,000　　（繰　越　商　品）　　86,400,000

（繰　越　商　品）　　92,500,000　　（仕　　　　　入）　　92,500,000

(1)	324,000	千円
(2)	321,000	千円
(3)	＋　7,200	千円
(4)	＋　3,000	千円

本問のポイント

　単に繰延ヘッジの処理だけでなく、一連の取引に関わる勘定科目の純額（または総額）が問われているため難易度が高い。

解答手順・思考過程

　仕訳を書き、解答要求の金額を集計する。

1　為替予約締結日

　1ドル107円で為替予約を行う。買掛金に対する予約なので「ドル買い予約」となる。

仕　訳　な　し

2　決算日

　予約した107円でドルを買って、決算日の先物レート108円でドルを売ると考える。107円で買って108円で売るのだから1ドル当たり1円の儲けとなる。したがって為替差益となるが、繰延ヘッジで処理するため、為替差益部分は繰延ヘッジ損益となる。さらに繰延ヘッジ損益には税効果会計を適用するため、税効果相当額を控除した残額を繰延ヘッジ損益として計上する。

　為替差益　（決算日先物レート108円 − 予約日先物レート107円）× 3,000千ドル = 3,000

　繰延税金負債　3,000 × 40% = 1,200

　繰延ヘッジ損益　3,000 − 1,200 = 1,800

（為　替　予　約）	3,000	（繰 延 税 金 負 債）	1,200
		（繰 延 ヘ ッ ジ 損 益）	1,800

3　取引実行日

（1）仕入取引部分

　　取引実行日の直物レートで換算する。

　　3,000千ドル × 取引実行日の直物レート112円 = 336,000

（仕　　　　　入）	336,000	（買　　掛　　金）	336,000

（2）為替予約部分

　　決算日の先物レート108円と取引実行日の先物レート111円との差額3円が1ドル当たりの

為替差損益となる。ここでは、決算日の先物レート108円で買い、取引実行日の先物レート111円で売ると考える。108円で買って111円で売るのだから１ドル当たり３円の儲けとなる。したがって為替差益となるが、繰延ヘッジで処理するため、為替差益部分は税効果相当額を控除した残額を繰延ヘッジ損益として計上する。

為替差益　（取引実行日先物レート111円－決算日先物レート108円）×3,000千ドル＝9,000

繰延税金負債　9,000×40％＝3,600

繰延ヘッジ損益　9,000－3,600＝5,400

| （為　替　予　約） | 9,000 | （繰延税金負債） | 3,600 |
| | | （繰延ヘッジ損益） | 5,400 |

(3) 繰延ヘッジ損益の仕入への加減処理

為替予約締結日から取引実行日までの繰延ヘッジ損益（税効果相当額を含む）の累計額を仕入に加減する。

繰延ヘッジ損益の累計額　3,000＋9,000＝12,000

| （繰延税金負債） | 4,800 | （仕　　　入） | 12,000 |
| （繰延ヘッジ損益） | 7,200 | | |

4　決済日

(1) 買掛金の決済

買掛金3,000千ドルを決済日の直物レート114円で決済する。

現金預金　3,000千ドル×決済日直物レート114円＝342,000

| （買　　掛　　金） | 336,000 | （現　金　預　金） | 342,000 |
| （為　替　差　損　益） | 6,000 | | |

(2) 為替予約の決済

予約した107円でドルを買って、決済日の直物レート114円でドルを売る。107円で買って114円で売るのだから１ドル当たり７円の儲けとなりこれが現金決済額となる。

現金預金　（決済日直物レート114円－予約日先物レート107円）×3,000千ドル＝21,000

為替予約　3,000＋9,000＝12,000

| （現　金　預　金） | 21,000 | （為　替　予　約） | 12,000 |
| | | （為　替　差　損　益） | 9,000 |

5　解答要求の集計

(1) 仕入の額　336,000－12,000＝324,000

(2) キャッシュ・フロー（純額）の額　収入21,000－支出342,000＝△321,000

(3) 繰延ヘッジ損益（税効果会計適用後）の額　益1,800＋益5,400＝益7,200

(4) 為替差損益（純額）の額　益9,000－損6,000＝益3,000

決算整理後残高試算表（一部）　　　　（単位：円）

借　方　科　目	金　　額	貸　方　科　目	金　　額
未　収　収　益	116,000	繰　延　税　金　負　債	160,000
投　資　有　価　証　券	79,924,000	有　価　証　券　利　息	306,600
繰　延　税　金　資　産	1,680,000	為　替　差　損　益	593,400
その他有価証券評価差額金	2,280,000		
投　資　有　価　証　券　評　価　損	16,160,000		

本問のポイント

　　外貨建有価証券で注意すべきは、その他有価証券に区分された時価のない株式である。時価はないが期末評価は「取得原価×決算日レート」で行うため、時価があるものと同様に評価差額が計上される。また、減損処理を行う場合、時価が著しく下落しているかどうかの判定は外貨ベースで行うことに注意しなければならない。

解答手順・思考過程

1　H社株式

　　帳簿価額　44,800,000
　　期末時価　350,000ドル×決算日レート116円＝40,600,000　←評価替え

　　（繰　延　税　金　資　産）　1,680,000　　（投　資　有　価　証　券）　4,200,000
　　（その他有価証券評価差額金）　2,520,000

2　I社株式

　　取得原価300,000ドルが時価140,000ドルと50％以上下落しているため、著しく下落していると判定される。よって減損処理を行う。

　　帳簿価額　32,400,000
　　期末時価　140,000ドル×決算日レート116円＝16,240,000　←評価替え

　　（投資有価証券評価損）　16,160,000　　（投　資　有　価　証　券）　16,160,000

3　J社株式

　　非上場株式の期末評価額は「外貨取得原価×決算日レート」で行う。

　　帳簿価額　11,200,000
　　期末評価額　100,000×決算日レート116円＝11,600,000　←評価替え

　　（投　資　有　価　証　券）　400,000　　（繰　延　税　金　負　債）　160,000
　　　　　　　　　　　　　　　　　　　　（その他有価証券評価差額金）　240,000

4　K社社債

　満期保有目的の債券に係る償却原価法と換算替えについては、外貨の償却額を計算した後、以下のように行うとわかりやすい。

外貨の償却額　　$(100,000ドル - 98,800ドル) \times \dfrac{10月}{60月} = 200ドル$

	外　　貨	レ　ー　ト	円　　貨
取得原価	98,800ドル	×取得日レート110円	= 10,868,000
償却額	200ドル	×期中平均レート113円	= 22,600
償却原価	99,000ドル		10,890,600
換算替え	→×決算日レート116円		= 11,484,000

（換算替え）

(1)　償却額の計上

　　（投 資 有 価 証 券）　　　　　22,600　　　（有 価 証 券 利 息）　　　　22,600

(2)　換算替え

　　（投 資 有 価 証 券）　　　　593,400　　　（為 替 差 損 益）　　　　593,400

(3)　有価証券利息の見越計上

　　$100,000ドル \times 3\% \times \dfrac{4月}{12月} \times 決算日レート116円 = 116,000$

　　（未　　収　　収　　益）　　　116,000　　　（有 価 証 券 利 息）　　　116,000

(1)	11,000,000	円
(2)	17,850,000	円
(3)	3,050,000	円
(4)	274,000	円
(5)	250,000	円
(6)	1,200	株

本問のポイント

　普通社債については、直先差額を為替差損益として処理するのではなく、長期前受収益として計上し、毎年の社債利息に加減する点に注意する。

　新株予約権付社債については、決算時に換算替えを行うことと、権利行使時には権利行使時の直物レートによる換算額を資本金及び資本準備金として計上し、帳簿価額との差額を為替差損益として処理する点に注意する。

解答手順・思考過程 ……………………………………………………………………

1　外貨建普通社債

（1）　発行時

　発行と同時に為替予約を締結しているため、社債は「額面金額×償還日の予約レート」で換算し、現金預金は「額面金額×発行日の直物レート」で換算する。差額は長期前受収益として計上し、毎期の社債利息に加減処理する。

　社債　100,000ドル×償還日の予約レート110円＝11,000,000

　現金預金　100,000ドル×発行日の直物レート120円＝12,000,000

（現　金　預　金）	12,000,000	（社　　　　　　債）	11,000,000
		（長　期　前　受　収　益）	1,000,000

（2）　9月30日の利払時

　利息についても為替予約を締結しているため、「半年分の利息×利払日の予約レート」で換算する。

$$100,000ドル×4\%×\frac{6月}{12月}×9月30日の予約レート119円＝238,000$$

（社　債　利　息）	238,000	（現　金　預　金）	238,000

（3）　3月31日の利払時

$$100,000ドル×4\%×\frac{6月}{12月}×3月31日の予約レート118円＝236,000$$

（社　債　利　息）	236,000	（現　金　預　金）	236,000

(4) 決算時

為替予約差額を社債利息に加減処理する。

1,000,000 ÷ 5 年 = 200,000

（長 期 前 受 収 益）	200,000	（社　債　利　息）	200,000

2 外貨建転換社債型新株予約権付社債

(1) 発行時

200,000ドル×発行日の直物レート121円 = 24,200,000

（現　金　預　金）	24,200,000	（社　　　　債）	24,200,000

(2) 権利行使時

　行使請求された50,000ドルについては、権利行使日の直物レートで換算し、発行日の直物レートによる換算額との差額は為替差損益として処理する。また、権利行使日の直物レートによる換算額を資本金及び資本準備金に振り替える。

発行日の換算額　50,000ドル×発行日の直物レート121円 = 6,050,000

権利行使日の換算額　50,000ドル×権利行使日の直物レート122円 = 6,100,000

（為　替　差　損　益）	50,000	（社　　　　債）	50,000
（社　　　　債）	6,100,000	（資　本　金）	3,050,000
		（資　本　準　備　金）	3,050,000

　権利行使時に交付される株式数は以下のように計算する。なお、固定レートは交付される株式数の計算のみに用いるレートである。

50,000ドル×固定レート120円 ÷ 1株当たりの転換価額5,000円 = 1,200株

(3) 決算時

　未行使の150,000ドルについて、決算日レートによる換算替えを行う。

発行日の換算額　150,000ドル×発行日の直物レート121円 = 18,150,000 ┐
　　　　　　　　　　　　　　　　　　　　　　　　　　　　　　　　　　　換算替え
決算日の換算額　150,000ドル×決算日の直物レート119円 = 17,850,000 ◄┘

（社　　　　債）	300,000	（為　替　差　損　益）	300,000

解答75　外貨建取引(6)

(1)

換算後決算整理後残高試算表　（単位：千円）

借　方　科　目	金　　額	貸　方　科　目	金　　額
現　金　預　金	26,796	未　　払　　金	3,480
売　　掛　　金	58,000	借　　入　　金	23,200
繰　越　商　品	43,200	前　　受　　金	6,050
備　　　　　品	40,000	貸　倒　引　当　金	580
本　店　か　ら　仕　入	171,000	減　価　償　却　累　計　額	24,000
営　　業　　費	102,660	本　　　　　店	79,000
貸　倒　引　当　金　繰　入	464	売　　　　　上	318,600
減　価　償　却　費	8,000		
支　　払　　利　　息	2,360		
為　替　差　損　益	2,430		
合　　　　　計	454,910	合　　　　　計	454,910

(2)

期首商品に含まれる内部利益	7,700	千円
期末商品に含まれる内部利益	7,200	千円

本問のポイント

　　在外支店における本支店間取引については、取引発生時レートで換算するのが原則であるが、実務的には社内レートで換算することが多い。本問では、商品売買取引及び送金取引について社内レートで換算するが、期首商品については前期の社内レートで換算することに注意する。また、現金預金、金銭債権、金銭債務、貸倒引当金繰入、貸倒引当金は決算日レートで換算するが、決算日レートで換算する科目については、通常、換算レートの指示がないため、これについては覚えておかなければならない。

解答手順・思考過程 ‥‥‥‥‥‥‥‥‥‥‥‥‥‥‥‥‥‥‥‥‥‥‥‥‥‥‥‥‥‥‥‥

　　売上原価と本店の円換算額は差額で算定するため、まずはこれ以外の科目を換算する。売上原価と本店の換算を終えたら、最後に試算表の差額で為替差損益を算定する。

1　換算レートと円換算額

換算後決算整理後残高試算表

借方科目	ドル	レート	換算額	貸方科目	ドル	レート	換算額
現金預金	231	116	26,796	未払金	30	116	3,480
売掛金	500	116	58,000	借入金	200	116	23,200
繰越商品	360	120	43,200	前受金	50	121	6,050
備品	400	100	40,000	貸倒引当金	5	116	580
本店から仕入	1,460	—	171,000	減価償却累計額	240	100	24,000
営業費	870	118	102,660	本店	700	—	79,000
貸倒引当金繰入	4	116	464	売上	2,700	118	318,600
減価償却費	80	100	8,000				
支払利息	20	118	2,360				
為替差損益	—	差額	2,430				
合計	3,925	—	454,910	合計	3,925	—	454,910

2　売上原価と本店の換算

本店から仕入

借方	貸方
当期仕入 168,000 ← 1,400千ドル×社内レート120円	期末 43,200 ← 360千ドル×社内レート120円
期首 46,200 ← 420千ドル×社内レート110円	売上原価 171,000 ← 差額で算定する

本　店

借方	貸方
本店への送金 144,000 ← 1,200千ドル×社内レート120円	期首 55,000
期末 79,000 ← 差額で算定する	本店から仕入 168,000 ← 1,400千ドル×社内レート120円

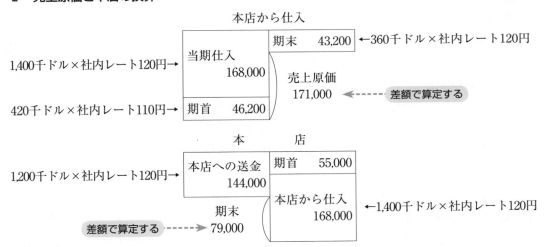

3　内部利益の算定

円換算した期首商品及び期末商品に内部利益率を乗じて算定する。

期首商品46,200 $\times \frac{0.2}{1.2} = 7{,}700$

期末商品43,200 $\times \frac{0.2}{1.2} = 7{,}200$

税金・税効果会計(1)

決算整理後残高試算表（一部） （単位：円）

借 方 科 目	金 額	貸 方 科 目	金 額
土 地	153,400,000	未 払 消 費 税 等	1,450,310
租 税 公 課	5,021,000	未 払 法 人 税 等	19,770,000
法 人 税 等	27,400,000	受 取 利 息 配 当 金	650,000

本問のポイント

　費用処理する税金は租税公課勘定で処理するが、いろいろなものがあり少々覚えづらい。しかし、本問程度のものは暗記しておかなければならない。

　取得税や登録免許税については、実務上は費用処理することができるが、受験上は付随費用として取得原価に加算しなければならない。

解答手順・思考過程

1　仮払金

　消費税等と法人税等の中間納付額であるから、特に処理を行う必要はなく、それぞれ未払消費税等、未払法人税等の算定段階で相殺すればよい。

2　租税公課の修正

　不動産取得税及び登録免許税は、実務上は費用処理できるが、「取得価額に含める付随費用の取扱いは会計上の原則的処理方法による」との指示により、土地の取得原価に算入する。

　これ以外の、固定資産税、都市計画税、印紙税、自動車税は費用処理する税金であり租税公課で処理する。

　　　（土　　　　　　　地）　　　3,400,000　　　（租　税　公　課）　　　3,400,000

3　源泉所得税等の修正

　受取利息配当金の総額は、520,000÷80％＝650,000となる。これと整理前T/Bの520,000の差額130,000が源泉所得税等である。仕訳は以下のようになるが、実戦的には、受取利息配当金650,000はすぐに答えを記入し、源泉所得税130,000については、中間納付額とともに当期の法人税等から控除するため、問題に次のように書込みを入れておくのがいいだろう。

　消費税等の中間納付額　　1,500,000円

　法人税等の中間納付額　　7,500,000円　　＋130,000 ◄- - - - 合計額を当期の法人税等から控除する

　　　　　　計　　　　　　9,000,000円

　　　（仮　　払　　金）　　　130,000　　　（受 取 利 息 配 当 金）　　　130,000

4　消費税等の処理

　仮受消費税等と仮払消費税等を相殺するが、仮払金で処理されている中間納付額を忘れない

ように注意する。

（仮 受 消 費 税 等）	17,158,000	（仮 払 消 費 税 等）	14,207,690
		（仮 払 金）	1,500,000
		（未 払 消 費 税 等）	1,450,310

5　法人税等の処理

　法人税等の当期確定年税額とは、当期1年分の法人税等である。ここから中間納付額と源泉所得税を控除した金額が未払法人税等となる。

（法 人 税 等）	27,400,000	（仮 払 金）	7,630,000
		（未 払 法 人 税 等）	19,770,000

税金のまとめ

(1)　法人税等として計上する税金

　　法人税、住民税、事業税（所得割）

(2)　租税公課で処理する税金

　　固定資産税、都市計画税、自動車税、重量税、印紙税、事業税（外形標準課税による付加価値割及び資本割）、利子税、罰金、過料等の課金など

(3)　付随費用となる税金

　　不動産取得税、登録免許税、関税など

(4)　消費税等

(1)		4,200	千円
(2)		6,650	千円
(3)	（ **貸方** ）残高	2,250	千円

　前期末と当期末では法定実効税率が変更されているため、前期末は40%、当期末は35%で繰延税金資産と繰延税金負債を算定するが、ポイントになるのは、繰延税金資産、繰延税金負債、法人税等調整額の集計方法である。

解答手順・思考過程

　資料を、①その他有価証券以外の繰延税金資産、②その他有価証券以外の繰延税金負債、③その他有価証券の3つのグループに分けて考えていくとわかりやすい。

1　その他有価証券以外の繰延税金資産

　商品評価損の損金不算入額と貸倒引当金繰入限度超過額が将来減算一時差異であり、これらをまとめて前期末と当期末の繰延税金資産を計算する。

将来減算一時差異	前期末	当期末	
商品評価損の損金不算入額	3,000	5,000	
貸倒引当金繰入限度超過額	1,500	2,000	← 貸倒引当金－繰入限度額で算定する。前期末は2,500－1,000＝1,500 当期末は3,500－1,500＝2,000
合計	4,500	7,000	
法定実効税率	×40%	×35%	
繰延税金資産	1,800	2,450	

　法人税等調整額は、前期末と当期末の繰延税金資産の差額650である。差額補充法による仕訳は以下のようになる。

　　（繰　延　税　金　資　産）　　　　650　　　（法 人 税 等 調 整 額）　　　　　650

2　その他有価証券以外の繰延税金負債

　積立金方式による圧縮記帳額20,000が将来加算一時差異であり、これについて前期末と当期末の将来加算一時差異の残高を計算する。この将来加算一時差異は耐用年数10年で差異が解消されていくため、1年当たりの解消額は、20,000÷10年＝2,000となる。したがって、前期末と当期末の将来加算一時差異の残高は以下のように算定する。

　　前期末　将来加算一時差異20,000－解消額2,000＝残高18,000

　　当期末　前期末残高18,000－解消額2,000＝残高16,000

　次に、前期末と当期末の繰延税金負債を計算する。

将来加算一時差異	前期末	当期末
圧縮積立金	18,000	16,000
法定実効税率	×40%	×35%
繰延税金負債	7,200	5,600

　法人税等調整額は、前期末と当期末の繰延税金負債の差額1,600である。差額補充法による仕訳は以下のようになる。

　　　　　（繰　延　税　金　負　債）　　　　1,600　　　　（法　人　税　等　調　整　額）　　　　1,600

3　その他有価証券

　全部純資産直入法を採用しているため、法人税等調整額の算定には無関係である。また、期首に洗替処理を行うため前期末の処理を考慮する必要はなく、当期末の処理だけを考えればよい。仕訳は以下のようになるが、解答に必要なのは繰延税金資産と繰延税金負債だけである。

（1）　A社株式

　　　（投　資　有　価　証　券）　　　　3,000　　　　（繰　延　税　金　負　債）　　　　1,050
　　　　　　　　　　　　　　　　　　　　　　　　　　　（その他有価証券評価差額金）　　　1,950

（2）　B社株式

　　　（繰　延　税　金　資　産）　　　　1,750　　　　（投　資　有　価　証　券）　　　　5,000
　　　（その他有価証券評価差額金）　　　3,250

4　集計作業

（1）　繰延税金資産

　　　その他有価証券以外2,450＋その他有価証券1,750＝4,200

（2）　繰延税金負債

　　　その他有価証券以外5,600＋その他有価証券1,050＝6,650

（3）　法人税等調整額

　　　その他有価証券以外の繰延税金資産及び繰延税金負債の処理において、法人税等調整額が貸方にそれぞれ650、1,600が計上されるが、この合計額が法人税等調整額の当期計上額となる。

法人税等調整額

	繰延税金資産
2,250	650
	繰延税金負債
	1,600

問1

(1)

①	30,000
②	未払消費税等
③	20,000

(2)

（単位：円）

借　方　科　目	金　　額	貸　方　科　目	金　　額
仮　受　消　費　税　等	20,000	仮　払　消　費　税　等	30,000
未　収　消　費　税　等	10,000		

問2

（単位：円）

	借　方　科　目	金　　額	貸　方　科　目	金　　額
(1)	減　価　償　却　累　計　額	1,200,000	車　　　　　　　両	3,000,000
	減　価　償　却　費	400,000	現　　　　　　　金	2,200,000
	車　　　　　　　両	3,500,000	仮　受　消　費　税　等	150,000
	仮　払　消　費　税　等	350,000	車　両　売　却　益	100,000
(2)	仮　受　消　費　税　等	200,000	売　　掛　　金	2,200,000
	貸　倒　引　当　金	1,100,000		
	貸　倒　損　失	900,000		
(3)	当　座　預　金	550,000	破　産　更　生　債　権　等	3,300,000
	仮　受　消　費　税　等	250,000		
	貸　倒　引　当　金	2,310,000		
	貸　倒　損　失	190,000		

本問のポイント

　問1は、消費税等の基本処理。問2については、(1)は消費税等を両建てで計上する点、(2)及び(3)は債権額に含まれる消費税等の精算がポイント。

問1

納付となる場合は未払消費税等、還付となる場合は未収消費税等を計上する。なお、(1)の仕訳は次のようになる。

購入時	(借方)	(仕 入) 300,000	(貸方)	(買 掛 金) (330,000)		
		(仮払消費税等) (30,000)				
売上時	(借方)	(売 掛 金) (550,000)	(貸方)	(売 上) 500,000		
				(仮受消費税等) (50,000)		
決算時	(借方)	(仮受消費税等) (50,000)	(貸方)	(仮払消費税等) (30,000)		
				(未払消費税等) (20,000)		

（330,000−300,000）（550,000−500,000）

(2)の仮受消費税等は200,000×10％＝20,000となり、仮払消費税等30,000との差額は未収消費税等10,000とする。

問2

(1) 車両の買換

旧車両の下取価額1,650,000に含まれる消費税等150,000の計上を忘れやすいので注意が必要である。現金支払額は、新車両3,850,000−旧車両下取価額1,650,000＝2,200,000と計算する。

旧車両の減価償却費　$3,000,000 \div 5 年 \times \dfrac{8月}{12月} = 400,000$

(2) 売掛金の貸倒

売掛金2,200,000に含まれる消費税等200,000を精算し、前期末に計上した貸倒引当金1,100,000（＝2,200,000×50％）を取崩す。差額900,000は貸倒損失とする。

(3) 破産更生債権等の貸倒

破産更生債権等3,300,000のうち550,000は回収したため、貸倒は残りの2,750,000であり、この2,750,000に含まれる消費税等250,000を精算する。しかし、破産更生債権等3,300,000に含まれる消費税等300,000を精算するというミスをしやすい。このような場合は、次のように回収と貸倒を分けて考えるのがコツである。

① まず550,000を回収

(当 座 預 金)	550,000	(破 産 更 生 債 権 等)	550,000

2,750,000に含まれる消費税等

② ①のあと残りの2,750,000が貸倒

3,300,000×70％

(仮 受 消 費 税 等)	250,000	(破 産 更 生 債 権 等)	2,750,000
(貸 倒 引 当 金)	2,310,000		
(貸 倒 損 失)	190,000		

(1)　　　　　　　　　　　　　　　　　　　　　　　　　　　　　（単位：千円）

借　方　科　目	金　　　額	貸　方　科　目	金　　　額
繰　越　商　品	3,000	繰 越 利 益 剰 余 金	3,000

(2) | 5,000 | 千円

(3) | △　2,000 | 千円

本問のポイント

　「会計上の変更及び誤謬の訂正に関する会計基準」に基づき財務諸表を修正する場合、まず確認しなければならないのは修正表示される財務諸表の表示期間である。表示期間より前の期間に関する遡及適用による累積的影響額は、表示される最も古い期間の株主資本等変動計算書に別途表示しなければならない。本問では、第９期及び第10期の２期分の財務諸表の開示が求められているため、これより前の期間に関する遡及適用による累積的影響額は、第９期の株主資本等変動計算書に表示し、繰越利益剰余金の当期首残高を修正する必要がある。

解答手順・思考過程

1　第10期において必要となる帳簿上の仕訳

　第10期において必要となる帳簿上の仕訳は「期首商品の修正」である。第10期の期首の時点では繰越商品勘定は総平均法による92,000のままである。これを先入先出法による95,000に修正する。修正は繰越商品を3,000増額し、貸方科目は繰越利益剰余金とする。

2　第９期の株主資本等変動計算書に計上される「会計方針の変更に伴う累積的影響額」

　第９期の商品期首棚卸高における総平均法による70,000と先入先出法による75,000の差額5,000が「会計方針の変更による累積的影響額」として株主資本等変動計算書に表示される。繰越利益剰余金の増加又は減少の判断については、第９期の時点で会計方針の変更を行った場合の第９期の帳簿上の仕訳を考えればよい。その場合の帳簿上の仕訳は以下のようになるため、繰越利益剰余金の増加となる。

　　（繰　越　商　品）　　　　　5,000　　　（繰 越 利 益 剰 余 金）　　　　　5,000

3 第9期の当期純利益の変動額

総平均法から先入先出法への変更に伴い、以下のように売上原価が2,000増加する。

　　　総平均法による売上原価　$70,000 + 1,280,000 - 92,000 = 1,258,000$

　　　先入先出法による売上原価　$75,000 + 1,280,000 - 95,000 = 1,260,000$

売上原価が2,000増加すれば当期純利益は2,000減少することになる。

4 遡及処理後の第9期株主資本等変動計算書

参考として、遡及処理後の第9期「株主資本等変動計算書」の繰越利益剰余金の欄を示しておく。

遡及処理後の第9期株主資本等変動計算書

	繰越利益剰余金
当期首残高	××× ←------ 遡及処理前の金額
会計方針の変更による累積的影響額	5,000
遡及処理後当期首残高	×××
剰余金の配当	△　×××
当期純利益	×××
当期末残高	×××

決算整理後残高試算表　　　　　　（単位：円）

備　　　　品	（　7,380,000）	繰越利益剰余金	（　62,577,000）
車 両 運 搬 具	（　2,669,334）		
ソフトウェア	（　1,800,000）		
備品減価償却費	（　1,660,000）		
車両運搬具減価償却費	（　889,778）		
ソフトウェア償却	（　1,800,000）		

本問のポイント

　すべての固定資産について、まず期首帳簿価額を算定しなければならないが、ここが非常に重要であるため慎重に計算しなければならない。また、過去の誤謬の訂正については遡及処理を行うが、見積りの変更について遡及処理は不要である点も注意しなければならない。

解答手順・思考過程

1　事務用備品 1

　減価償却費の過大計上は過去の誤謬の訂正となるため遡及処理を行う。

（1）　遡及処理（期首帳簿価額の修正）

　①　期首帳簿価額　　　　$6,720,000 - 6,720,000 \div 5 年 \times \dfrac{6月}{12月} = 6,048,000$

　②　適正な期首帳簿価額　$6,720,000 - 6,720,000 \div 7 年 \times \dfrac{6月}{12月} = 6,240,000$

　③　修正額　$6,240,000 - 6,048,000 = 192,000$

　　（備　　　　品）　　192,000　　（繰 越 利 益 剰 余 金）　　192,000

（2）　当期の減価償却費

　　$6,720,000 \div 7 年 = 960,000$

　　（備 品 減 価 償 却 費）　　960,000　　（備　　　　品）　　960,000

2　事務用備品 2

　耐用年数の変更は見積りの変更となるため遡及処理は不要である。当期以降の減価償却計算は、帳簿価額を残存耐用年数4年（＝変更後耐用年数7年−経過年数3年）で均等償却する。

（1）　期首帳簿価額

　　$7,000,000 - 7,000,000 \times \dfrac{経過年数3年}{当初耐用年数5年} = 2,800,000$

(2) 当期の減価償却費

2,800,000÷残存耐用年数4年＝700,000

（備品減価償却費） 700,000 （備 品） 700,000

3 車両運搬具

償却方法の変更は見積りの変更となるため遡及処理は不要である。当期以降の減価償却計算は、帳簿価額を残存耐用年数4年（＝耐用年数6年－経過年数2年）で均等償却する。

(1) 期首帳簿価額

① 1年目の減価償却費 8,000,000×0.333＝2,664,000

② 2年目の減価償却費 （8,000,000－2,664,000）×0.333＝1,776,888

③ 期首帳簿価額 8,000,000－2,664,000－1,776,888＝3,559,112

(2) 当期の減価償却費

3,559,112÷残存耐用年数4年＝889,778

（車両運搬具減価償却費） 889,778 （車 両 運 搬 具） 889,778

4 ソフトウェア

耐用年数の変更は見積りの変更となるため遡及処理は不要である。当期以降の減価償却計算は、帳簿価額を残存耐用年数2年（＝変更後耐用年数4年－経過年数2年）で均等償却する。

(1) 期首帳簿価額

$$6,000,000 - 6,000,000 \times \frac{経過年数2年}{当初耐用年数5年} = 3,600,000$$

(2) 当期の減価償却費

3,600,000÷残存耐用年数2年＝1,800,000

（ソフトウェア償却） 1,800,000 （ソ フ ト ウ ェ ア） 1,800,000

決算整理後残高試算表　　　　　（単位：千円）

繰 越 商 品	（ 324,000 ）	未 払 費 用	（ 1,900 ）
建 物	（ 112,500 ）	繰越利益剰余金	（ 3,228,300 ）
土 地	（ 600,000 ）	売 上	（ 2,620,000 ）
仕 入	（ 1,688,000 ）		
営 業 費	（ 453,200 ）		
建物減価償却費	（ 7,500 ）		

本問のポイント

　会計上の変更及び誤謬の訂正に係る帳簿上の処理が問われているが、売上と営業費の修正仕訳は難度の高い問題である。仕訳を考えるときのポイントは、前期の遡及処理だけでなく、当期の仕訳も考えて、２つの仕訳を１つにまとめることである。

解答手順・思考過程

1　商品

(1)　売上の修正

　検収が完了した当期の売上としなければならない。したがって売上を60,000計上するとともに、借方は繰越利益剰余金とする。次のように考えるのが良いだろう。

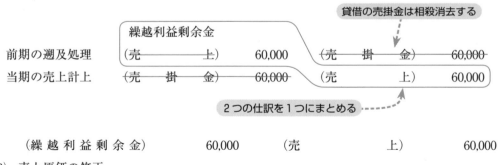

（繰 越 利 益 剰 余 金）	60,000	（売 上）	60,000

(2)　売上原価の修正

　当期の売上原価としなければならないが、これについてはいきなり売上原価を計上するのではなく繰越商品を40,000増額し、貸方は繰越利益剰余金とする。なお、修正後の期首商品は272,000＋40,000＝312,000となる。

（繰 越 商 品）	40,000	（繰 越 利 益 剰 余 金）	40,000

(3)　売上原価の算定

（仕 入）	312,000	（繰 越 商 品）	312,000

（繰　越　商　品）	324,000	（仕　　　　　入）	324,000

2 建物及び土地

(1) 前期末の建物の帳簿価額

$$200,000 - 200,000 \times \frac{経過年数4年}{耐用年数20年} = 160,000$$

(2) 減損損失の按分

建物　$240,000 \times \dfrac{160,000}{160,000 + 800,000} = 40,000$

土地　$240,000 \times \dfrac{800,000}{160,000 + 800,000} = 200,000$

(3) 建物及び土地の修正

（繰　越　利　益　剰　余　金）	240,000	（建　　　　　物）	40,000
		（土　　　　　地）	200,000

(4) 建物の減価償却

減損損失計上後の帳簿価額120,000÷残存耐用年数16年＝7,500

（建　物　減　価　償　却　費）	7,500	（建　　　　　物）	7,500

3 営業費

(1) 営業費の修正

　　未払費用の記帳漏れのうち前々期末の1,300は修正不要であり、前期末の1,700についてのみ修正を行う。次のように考えるのが良いだろう。

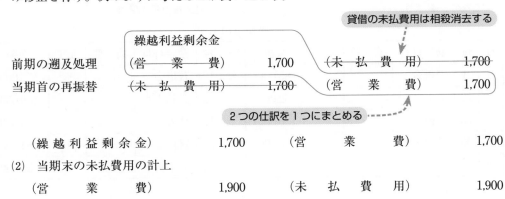

（繰　越　利　益　剰　余　金）	1,700	（営　　業　　費）	1,700

(2) 当期末の未払費用の計上

（営　　業　　費）	1,900	（未　払　費　用）	1,900

(1)　┌──────────────┐
　　　│　　1,556,000　　│　円
　　　└──────────────┘

(2)　　　　　　　　　　　　　　　　　　　　　　　　　　　　　（単位：円）

借　方　科　目	金　　額	貸　方　科　目	金　　額
売　　掛　　金	230,000	売　　　　上	382,000
当　座　預　金	52,000		
受　取　手　形	100,000		

本問のポイント

　一見難易度が高そうだが、特殊仕訳帳と補助元帳の日付を1つ1つ丁寧にチェックしていけば、カッコの数値はそれほど難しくはない。

解答手順・思考過程 ⋯⋯⋯⋯⋯⋯⋯⋯⋯⋯⋯⋯⋯⋯⋯⋯⋯⋯⋯⋯⋯⋯⋯⋯⋯⋯⋯⋯⋯

1　カッコの推定

E社の8/25より　　　　　　　　　　　　　　　仕入帳の8/17より

当座預金出納帳

日	付	勘定科目	摘　要	元丁	金額	日	付	勘定科目	摘　要	元丁	金額
8	3	売掛金			85,000	8	10	買掛金			57,000
	10	売上			52,000		12	支払手形			130,000
	25	売掛金			(120,000)		17	仕入			(23,000)
	30	受取手形			70,000		27	買掛金			64,000
							31	営業費			30,000

E社の8/5より　　　　　　　　　　　当座預金出納帳の8/10より

売　上　帳

日	付	勘定科目	摘　要	元丁	売掛金	当座預金	受取手形	諸　口
8	5	売掛金			(140,000)			
	10	当座預金				(52,000)		
	15	売掛金			(90,000)			
	28	受取手形					(100,000)	

D社の8/15より　　　　　　　　　　　　　　受取手形記入帳の8/28より

仕　入　帳

日　付	勘定科目	摘　要	元丁	買掛金	当座預金	支払手形	諸　口
8　1	買掛金			(60,000)			
8	支払手形					80,000	
17	当座預金				23,000		
24	買掛金			(110,000)			

G社の8/24より　　F社の8/1より

受取手形記入帳

日　付	勘定科目	摘　要	元丁	売掛金	売　上	諸　口
8　22	売掛金			(50,000)		
28	売上				100,000	

D社の8/22より　　仕入帳の8/8より

支払手形記入帳

日　付	勘定科目	摘　要	元丁	買掛金	仕　入	諸　口
8　8	仕入				(80,000)	
20	買掛金			40,000		

2　合計仕訳の合計額

当座預金出納帳の預入	327,000
当座預金出納帳の引出	304,000
売上帳	382,000
仕入帳	273,000
受取手形記入帳	150,000
支払手形記入帳	120,000
合　計	1,556,000

3　売上帳の合計仕訳

　合計仕訳を行う際、勘定科目欄を見てはいけない。見るのは金額欄である。また、売掛金は合計額で仕訳しなければいけない。

売　上　帳

日　付	勘定科目	摘　要	元丁	売掛金	当座預金	受取手形	諸　口
8　5	売掛金			(140,000)			
10	当座預金				(52,000)		
15	売掛金			(90,000)			
28	受取手形					(100,000)	

ここを見てはいけない

ここを見て合計仕訳を行う。
売掛金は合計230,000となる

（単位：千円）

	3伝票制		5伝票制
①	500	⑤	600
②	1,350	⑥	550
③	500	⑦	400
④	2,450	⑧	2,750

本問のポイント

　伝票の問題では、伝票集計表の合計額、仕訳日計表の合計額といったものが解答要求になることが多い。このような解答要求では集計の仕方がポイントになる。効率的な集計を行った場合とそうでない場合では、解答時間にかなりの差が生じることになる。

解答手順・思考過程

1　3伝票制

⑴　記入する伝票と仕訳は以下のようになるが、このように仕訳を羅列したのでは集計がやりにくい。

取引	伝票種類	仕　　訳			
1	出金伝票	仕　　　　入	200	現　　　　金	200
	振替伝票	仕　　　　入	200	買　　掛　　金	200
2	入金伝票	現　　　　金	100	売　　　　上	100
	振替伝票	売　　掛　　金	500	売　　　　上	500
3	入金伝票	現　　　　金	100	売　　掛　　金	100
	振替伝票	受　取　手　形	400	売　　掛　　金	400
4	入金伝票	現　　　　金	300	売　　掛　　金	300
5	出金伝票	買　　掛　　金	400	現　　　　金	400
6	振替伝票	営　　業　　費	150	当　座　預　金	150
7	振替伝票	売　　　　上	100	売　　掛　　金	100

⑵　そこで、以下のような表を使って、伝票の種類ごとに集計を行う。入金伝票と出金伝票は金額のみ記入すればよい。振替伝票は売掛金の貸方金額が問われているので、これは簡単に仕訳を書く。各伝票の合計額が伝票集計表の合計額であり、3つの伝票集計表の合計額が仕訳日計表の合計額になる。

入金伝票	出金伝票	振替伝票					
100	200	仕　入	200	/	買掛金	200	
100	400	売掛金	500	/	売　上	500	
300		受取手形	400	/	(売掛金	400)	
		営業費	150	/	当座預金	150	
		売　上	100	/	(売掛金	100)	
500	600				1,350		

仕訳日計表の合計額　2,450

2　5伝票制

(1) 記入する伝票と仕訳は以下のようになる。

取引	伝票種類	仕		訳	
1	仕入伝票	仕　入	400	買　掛　金	400
	出金伝票	買　掛　金	200	現　金	200
2	売上伝票	売　掛　金	600	売　上	600
	入金伝票	現　金	100	売　掛　金	100
3	入金伝票	現　金	100	売　掛　金	100
	振替伝票	受　取　手　形	400	売　掛　金	400
4	入金伝票	現　金	300	売　掛　金	300
5	出金伝票	買　掛　金	400	現　金	400
6	振替伝票	営　業　費	150	当　座　預　金	150
7	売上伝票	売　上	100	売　掛　金	100

(2) 3伝票制と同様に表で集計を行う。やり方は同じである。

入金伝票	出金伝票	仕入伝票	売上伝票	振替伝票				
100	200	400	600	受取手形	400	/	(売掛金	400)
100	400		100	営業費	150	/	当座預金	150
300								
500	600	400	700			550		

仕訳日計表の合計額　2,750

(1)	660,400	円
(2)	634,640	円
(3)	313,760	円

本問のポイント

仕損（または減損）が生じた場合の、正常仕損と異常仕損それぞれにおける計算パターン（仕損量の取扱い）の理解がポイントになる。

解答手順・思考過程

1　完成品と期末仕掛品の両者に負担させる場合

(1)　両者負担における計算の考え方

両者負担の場合には、仕損数量を無視することにより、仕損費を自動的に完成品と期末仕掛に按分させることができる。

(2)　期末仕掛品の算定

期末仕掛品の評価額　426,400 + 234,000 = 660,400

2 完成品のみに負担させる場合

両者負担と異なり仕損数量を考慮するが計算はしない。これにより仕損費を自動的に完成品のみに負担させることができる。

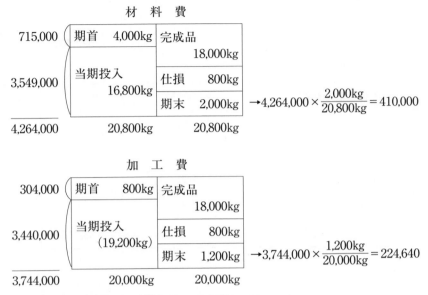

材料費

715,000	期首 4,000kg	完成品 18,000kg
3,549,000	当期投入 16,800kg	仕損 800kg
		期末 2,000kg
4,264,000	20,800kg	20,800kg

$\rightarrow 4,264,000 \times \dfrac{2,000kg}{20,800kg} = 410,000$

加工費

304,000	期首 800kg	完成品 18,000kg
3,440,000	当期投入 （19,200kg）	仕損 800kg
		期末 1,200kg
3,744,000	20,000kg	20,000kg

$\rightarrow 3,744,000 \times \dfrac{1,200kg}{20,000kg} = 224,640$

期末仕掛品の評価額　410,000 + 224,640 = 634,640

3 異常仕損費の計算

異常仕損費の計算は、期末仕掛品の計算とまったく同じである。

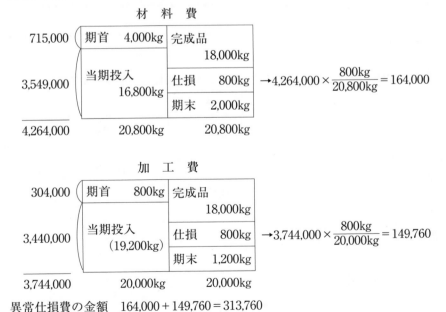

材料費

715,000	期首 4,000kg	完成品 18,000kg
3,549,000	当期投入 16,800kg	仕損 800kg
		期末 2,000kg
4,264,000	20,800kg	20,800kg

$\rightarrow 4,264,000 \times \dfrac{800kg}{20,800kg} = 164,000$

加工費

304,000	期首 800kg	完成品 18,000kg
3,440,000	当期投入 （19,200kg）	仕損 800kg
		期末 1,200kg
3,744,000	20,000kg	20,000kg

$\rightarrow 3,744,000 \times \dfrac{800kg}{20,000kg} = 149,760$

異常仕損費の金額　164,000 + 149,760 = 313,760

損　益　計　算　書（一部）　　　　（単位：千円）

科　　目	金	額
売　上　高		（　　　　590,400）
売　上　原　価		
製品期首たな卸高	（　　　24,000）	
当期製品製造原価	（　　　204,400）	
合　　計	（　　　228,400）	
他勘定振替高	（　　　　560）	
製品期末たな卸高	（　　　19,600）	（　　　208,240）
売上総利益		（　　　382,160）

本問のポイント

当期投入数量と販売数量が示されていないため、まずこの算定を行うことになるが、ここを間違えると、あとの計算がすべて狂ってくるため、慎重に行う必要がある。

解答手順・思考過程

1　数量の算定

当期完成数量7,300個を起点として、当期投入数量、販売数量などを算定する。

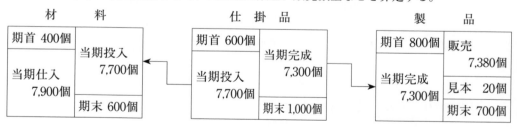

2　当期材料費の算定

→当期材料費90,090

$$97,110 \times \frac{600個}{8,300個} = 7,020$$

97,110　　　8,300個　　8,300個

3 仕掛品の評価

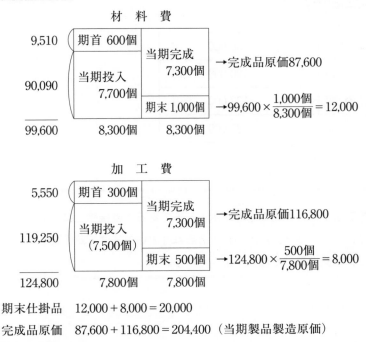

材 料 費

9,510	期首 600個	当期完成 7,300個 →完成品原価87,600
90,090	当期投入 7,700個	期末1,000個 →99,600× $\frac{1,000個}{8,300個}$ =12,000
99,600	8,300個	8,300個

加 工 費

5,550	期首 300個	当期完成 7,300個 →完成品原価116,800
119,250	当期投入 （7,500個）	期末 500個 →124,800× $\frac{500個}{7,800個}$ =8,000
124,800	7,800個	7,800個

期末仕掛品　12,000＋8,000＝20,000

完成品原価　87,600＋116,800＝204,400（当期製品製造原価）

4 製品の評価

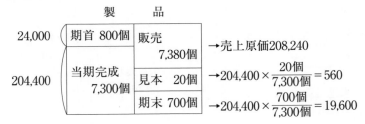

製 品

24,000	期首 800個	販売 7,380個 →売上原価208,240
204,400	当期完成 7,300個	見本 20個 →204,400× $\frac{20個}{7,300個}$ =560
		期末 700個 →204,400× $\frac{700個}{7,300個}$ =19,600

5 製品売上の算定

販売単価@80×販売数量7,380個＝590,400

(1)	支店の当期純利益の額	58,600 千円
(2)	本 店 勘 定 の 額	120,000 千円
	支 店 売 上 勘 定 の 額	132,000 千円
(3)	売 上 原 価 の 額	333,000 千円

本問のポイント

　未達取引のうち直接売上と直接返品の処理がポイントである。直接売上については本店仕入の計上、直接返品については仕入返品の計上を忘れやすいので注意が必要である。なお、未達取引については仕訳を書いたほうがよいだろう。

解答手順・思考過程

1 未達取引

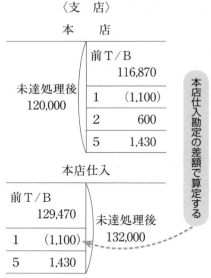

〈本　店〉

支　店

		3	800
前T/B 120,350		6	550
		未達処理後 120,000	
4	(1,000)		

支店売上

6	550		
未達処理後 132,000		前T/B 132,550	

〈支　店〉

本　店

		前T/B 116,870	
未達処理後 120,000		1	(1,100)
		2	600
		5	1,430

本店仕入

前T/B 129,470			
1	(1,100)	未達処理後 132,000	
5	1,430		

支店勘定の差額で算定する

本店仕入勘定の差額で算定する

未達取引3
（現 金 預 金）　800　（支　　　店）　800

未達取引4
（支　　　店）　1,000　（売 掛 金）　1,000

未達取引6
（買 掛 金）　500　（仕　　　入）　500
（支 店 売 上）　550　（支　　　店）　550

未達取引1
（本 店 仕 入）　1,100　（本　　　店）　1,100

未達取引2
（営 業 費）　600　（本　　　店）　600

未達取引5
（本 店 仕 入）　1,430　（本　　　店）　1,430
（売 掛 金）　2,000　（売　　　上）　2,000

未達取引1→未達取引5及び6処理後に本店仕入勘定の差額で算定する。また、未達商品のため期末商品に加算する。

未達取引4→すべての未達取引処理後に支店勘定の差額で算定する。

未達取引5→本店仕入は、本店仕入原価1,300×1.1＝1,430となる。なお、本店仕入を計上しているが、同時に売上も計上しているため未達商品にはならない。

未達取引6→本店仕入原価は、550÷1.1＝500となる。なお、仕入を減額しているが、同時に支店売上も減額しているため、本店の期末商品に変動はない。

2　支店純利益の算定

支店のP/L（又は損益勘定）を書いて算定する。なお、支店の期末商品は、8,500＋未達商品1,100＝9,600となる。

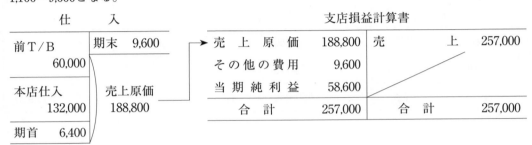

3　合併整理

(1)　本店勘定と支店勘定の相殺消去

　　（本　　　　　店）　　120,000　　（支　　　　　店）　　120,000

(2)　支店売上と本店仕入の相殺消去

　　（支　店　売　上）　　132,000　　（本　店　仕　入）　　132,000

4　期首商品及び期末商品に含まれる内部利益

(1)　期首商品　（期首商品6,400－外部仕入2,000）×$\dfrac{0.1}{1.1}$＝400

(2)　期末商品　（5,500＋未達商品1,100）×$\dfrac{0.1}{1.1}$＝600

5　本支店合併損益計算書の売上原価

　　　期首商品　本店15,000＋支店6,400－内部利益400＝　21,000

　　　当期仕入　本店281,000＋支店60,000　　　　　　　＝341,000

　　　期末商品　本店20,000＋支店9,600－内部利益600＝　29,000

　　　売上原価　　　　　　　　　　　　　　　　　　　　333,000

(1)	支 店 勘 定 の 額	156,000 千円
	本 店 仕 入 高 の 額	258,500 千円

(2)

本支店合併損益計算書　　　　　　　　　　（単位：千円）

借 方 科 目	金 額	貸 方 科 目	金 額
期 首 商 品 棚 卸 高	104,100	売 上 高	542,000
当 期 仕 入 高	398,000	期 末 商 品 棚 卸 高	108,950
営 業 費	88,200		
貸 倒 引 当 金 繰 入	4,480		
当 期 純 利 益	56,170		
合 計	650,950	合 計	650,950

本問のポイント

「決算整理において未達取引は処理されていない」とあるので、本問では未達取引を実際到着日に記帳する方法を採用していると判断される。ただ、その場合でも、合併整理において未達取引の処理を行う必要があり、その際、合わせて決算整理の修正も行うことに注意しなければならない。

解答手順・思考過程 ‥‥‥‥‥‥‥‥‥‥‥‥‥‥‥‥‥‥‥‥‥‥‥‥‥‥‥‥‥‥‥‥‥‥‥‥‥‥

1　未達取引及び未達取引に伴う修正

未達取引１→すべての未達取引処理後に本店仕入高の差額で算定する。また、未達商品のため期末商品に加算する。

未達取引２→売掛金を減額するとともに貸倒引当金の修正を行う。貸倒引当金の修正額は、売掛金1,000×2％＝20となる。

未達取引３→掛仕入を計上するとともに支店売上を計上する。支店売上高は、1,000×1.1＝1,100となる。

未達取引４→支店勘定の差額で算定する。

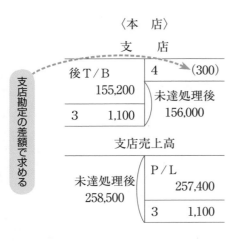

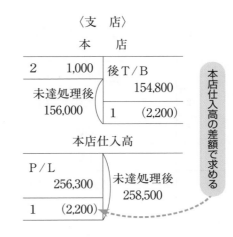

未達取引3

| （当期仕入高） | 1,000 | （買　掛　金） | 1,000 |
| （支　　　店） | 1,100 | （支店売上高） | 1,100 |

未達取引1

| （本店仕入高） | 2,200 | （本　　　店） | 2,200 |
| （商　　　品） | 2,200 | （期末商品棚卸高） | 2,200 |

未達取引4

| （営　業　費） | 300 | （支　　　店） | 300 |

未達取引2

| （本　　　店） | 1,000 | （売　掛　金） | 1,000 |
| （貸倒引当金） | 20 | （貸倒引当金繰入） | 20 |

2　合併整理

(1)　本店勘定と支店勘定の相殺消去

| （本　　　店） | 156,000 | （支　　　店） | 156,000 |

(2)　支店売上高と本店仕入高の相殺消去

| （支　店　売　上　高） | 258,500 | （本　店　仕　入　高） | 258,500 |

(3)　内部利益の除去

期首商品　$12,650 \times \dfrac{0.1}{1.1} = 1,150$

期末商品　$(19,800 + 2,200) \times \dfrac{0.1}{1.1} = 2,000$

| （繰　延　内　部　利　益） | 1,150 | （期　首　商　品　棚　卸　高） | 1,150 |
| （期　末　商　品　棚　卸　高） | 2,000 | （商　　　品） | 2,000 |

3　本支店合併損益計算書

(1)　売上高　　本店168,000 ＋ 支店374,000 ＝ 542,000

(2)　期首商品棚卸高　　本店74,000 ＋ 支店31,250 － 内部利益1,150 ＝ 104,100

(3)　当期仕入高　　本店343,000 ＋ 未達1,000 ＋ 支店54,000 ＝ 398,000

(4)　期末商品棚卸高　　本店67,000 ＋ 支店41,750 ＋ 未達2,200 － 内部利益2,000 ＝ 108,950

(5)　営業費　　本店41,500 ＋ 未達300 ＋ 支店46,400 ＝ 88,200

(6)　貸倒引当金繰入　　本店2,400 ＋ 支店2,100 － 未達20 ＝ 4,480

	①	4,800　千円
	②	2,400　千円
(1)	③	2,000　千円
	④	1,000　千円
(2)		161,000　千円

(3)
（単位：千円）

	借　方　科　目	金　額	貸　方　科　目	金　額
本　店	Ｂ　　支　　店	2,400	Ａ　　支　　店	2,400
Ｂ支店	Ａ支店より仕入	2,400	本　　　　　店	2,400

本問のポイント

　支店分散計算制度では照合勘定が多くなるため、照合勘定の組み合わせを間違えないように注意しなければならない。

解答手順・思考過程 ....

1　未達取引

（1）支店分散計算制度

　支店が複数ある場合には、照合勘定をどのように配置するかにより、解答のしやすさが違ってくる。次ページのように配置するとわかりやすいだろう。

　未達取引1→前Ｔ/ＢのＡ支店より仕入勘定と本店へ売上勘定の差額で算定する。

　（Ａ支店より仕入）　　　4,800　　（Ａ　　支　　店）　　4,800

　未達取引2→前Ｔ/ＢのＡ支店より仕入勘定とＢ支店へ売上勘定の差額で算定する。

　（Ａ支店より仕入）　　　2,400　　（Ａ　　支　　店）　　2,400

　未達取引3→Ａ支店勘定と本店勘定の差額で算定する。

　（本　　　　　店）　　　2,000　　（売　　掛　　金）　　2,000

　未達取引4→Ｂ支店勘定と本店勘定の差額で算定する。

　（現　　　　　金）　　　1,000　　（Ｂ　　支　　店）　　1,000

（2）本店集中計算制度

　まずＢ支店の仕訳を考える。貸方は「本店」であるが、借方については「本店より仕入」とする考え方もあるため、こちらでも正解である。

　次に本店の仕訳を考える。Ｂ支店で貸方「本店」としたので、本店では借方「Ｂ支店」と

する。借方「B支店」が決まれば貸方は自動的に「A支店」となる。

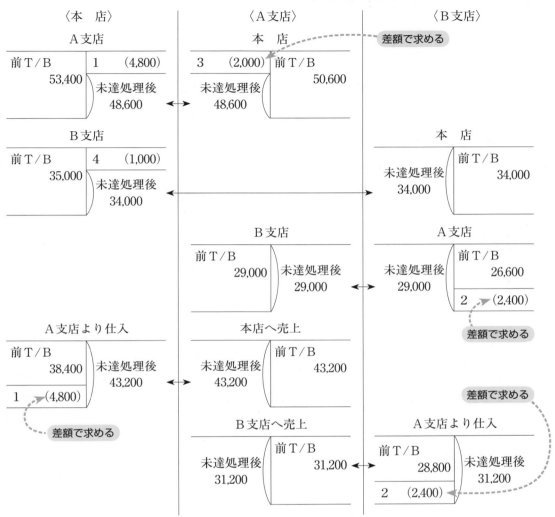

2 期首商品及び期末商品に含まれる内部利益

(1) 期首商品

$$（本店3,600＋B支店2,400）×\frac{0.2}{1.2}＝1,000$$

(2) 期末商品

$$（本店2,400＋未達4,800＋B支店1,200＋未達2,400）×\frac{0.2}{1.2}＝1,800$$

3 合併損益計算書の売上原価

期首商品	本店8,600＋A支店10,000＋B支店4,400－内部利益1,000＝	22,000
当期仕入	本店24,000＋A支店120,000＋B支店16,000	＝160,000
期末商品	本店9,200＋A支店8,000＋B支店5,600－内部利益1,800＝	21,000
売上原価		161,000

(1)

製　　　　造　　　　（単位：千円）

材 料 仕 入	65,000	仕　掛　品	13,000
労　務　費	19,000	製　　　品	122,500
製 造 経 費	29,300		
仕　掛　品	22,200		
合　　　計	135,500	合　　　計	135,500

(2)

2,000	千円

(3)

3,750	千円

(4)

合　併　損　益　計　算　書　　　（単位：千円）

借　方　科　目	金　　額	貸　方　科　目	金　　額
製 品 期 首 棚 卸 高	27,000	売　　　上　　　高	195,000
当 期 製 品 製 造 原 価	122,500	製 品 期 末 棚 卸 高	35,000
営　　業　　費	23,000		
減 価 償 却 費	2,500		
貸 倒 引 当 金 繰 入	200		
当　期　純　利　益	54,800		
合　　　　　計	230,000	合　　　　　計	230,000

本問のポイント

　期首及び期末製品に含まれる内部利益の算定がポイントになる。内部利益は、工場の製造原価と振替価格（本問では1個当たり200千円）の差額として算定するが、そのためには工場における期末仕掛品及び期末製品の評価だけでなく、工場と本社の製品の払出方法（本問では先入先出法）による期末製品の製造原価の理解が重要である。

解答手順・思考過程 ••

まず、未達取引の処理を行い照合勘定の一致を確認する。

次に、工場の当期総製造費用を算定した後、期末仕掛品の評価を行い、工場の製造勘定を完成させる。

最後に、期首及び期末製品に含まれる内部利益を算定し、合併損益計算書を完成させる。

1 未達取引

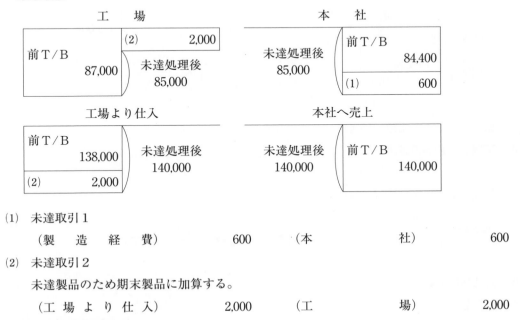

(1) 未達取引1

（製　造　経　費）　　　600　　（本　　　　社）　　　600

(2) 未達取引2

未達製品のため期末製品に加算する。

（工　場　よ　り　仕　入）　　2,000　　（工　　　　場）　　2,000

2 当期総製造費用の算定

(1) 材料費

(2) 労務費　前T／B18,700＋未払労務費300＝19,000

(3) 製造経費　前T／B25,700＋未達製造経費600＋減価償却費3,000＝29,300

3　期末仕掛品の算定

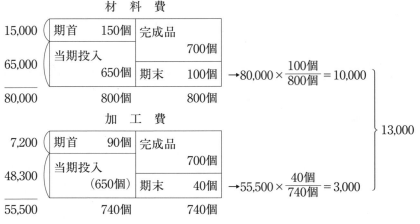

材　料　費

15,000	期首　　150個	完成品	
			700個
65,000	当期投入		
	650個	期末　　100個	
80,000	800個	800個	

$\rightarrow 80,000 \times \dfrac{100個}{800個} = 10,000$

加　工　費

7,200	期首　　90個	完成品	
			700個
48,300	当期投入		
	（650個）	期末　　40個	
55,500	740個	740個	

$\rightarrow 55,500 \times \dfrac{40個}{740個} = 3,000$

$\Bigg\} 13,000$

期末仕掛品の評価額　10,000 + 3,000 = 13,000

4　工場期末製品の算定

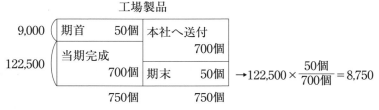

工場製品

9,000	期首　　50個	本社へ送付	
			700個
122,500	当期完成		
	700個	期末　　50個	
	750個	750個	

$\rightarrow 122,500 \times \dfrac{50個}{700個} = 8,750$

5　内部利益の算定

（1）　製品の流れ

　　工場の製品の払出方法は先入先出法であるため、期末製品の１個当たりの製造原価は次のように計算される。

　　当期完成品原価122,500÷完成品700個＝@175

　　では、本社の期末製品の１個当たりの製造原価はというと、工場の製造原価と同じ@175である。なぜそうなるかは次の製品の流れを見てもらいたい。

　　製品の払出方法は工場も本社も先入先出法である。工場ではまず期首製品50個を本社に払い出す。期首製品の１個当たりの製造原価は、9,000÷50個＝@180である。次に当期完成品のうち650個を本社に払い出す。

　　本社では、まず期首製品100個を販売する。次に工場の期首製品50個を販売し、その次に当期完成品のうち500個を販売するという流れになる。

　　したがって、期末製品の１個当たりの製造原価は、工場も本社も@175となる。

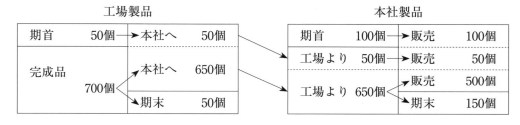

工場製品

期首	50個	→ 本社へ	50個
完成品		↗ 本社へ	650個
	700個	↘ 期末	50個

本社製品

期首	100個	→ 販売	100個
工場より	50個	→ 販売	50個
工場より	650個	↗ 販売	500個
		↘ 期末	150個

(2) 期末製品棚卸高に含まれる内部利益

　　(振替価格@200 − 製造原価@175)×本社期末製品150個 = 3,750

(3) 期首製品棚卸高に含まれる内部利益

　　期首製品についても、前期末において期末製品と同様の計算が行われているため、本社の期首製品の1個当たりの製造原価は、工場と同じ@180となる。

　　(振替価格@200 − 製造原価@180)×本社期首製品100個 = 2,000

6 合併損益計算書の作成

(1) 製品期首棚卸高

　　工場9,000 + 本社20,000 − 内部利益2,000 = 27,000

(2) 当期製品製造原価

　　工場の製造勘定で算定された122,500

(3) 製品期末棚卸高

　　工場8,750 + 本社30,000 − 内部利益3,750 = 35,000

　　または

　　工場製造原価@175×(工場期末製品50個 + 本社期末製品150個) = 35,000

(4) 売上高

　　本社の整理前T/Bの売上195,000

(5) 営業費

　　工場3,000 + 本社20,000 = 23,000

(6) 減価償却費

　　本社の建物減価償却費2,500

(7) 貸倒引当金繰入

　　本社受取手形・売掛金30,000×2% − 貸倒引当金残高400 = 200

キャッシュ・フロー計算書

(1) 直接法　　　　　　　　　（単位：千円）

営業活動によるキャッシュ・フロー	
営業収入	389,200
商品の仕入による支出	△247,600
人件費の支出	△ 34,900
その他の営業支出	△ 20,100
小　計	86,600
利息配当金の受取額	7,700
利息の支払額	△ 3,700
法人税等の支払額	△ 29,640
営業活動によるキャッシュ・フロー	60,960

(2) 間接法　　　　　　　　　（単位：千円）

営業活動によるキャッシュ・フロー	
税引前当期純利益	79,100
減価償却費	7,000
貸倒引当金の減少額	△　 200
退職給付引当金の増加額	1,000
支払利息	3,500
受取利息	△ 6,400
有価証券利息	△ 1,700
為替差益	△　 200
固定資産売却益	△ 5,000
売上債権の減少額	10,000
棚卸資産の減少額	500
前払費用の増加額	△　 100
仕入債務の減少額	△ 1,000
未払費用の増加額	100
小　計	86,600

直接法のキャッシュ・フロー計算書作成は、基本的には勘定分析による推定である。間接法では、為替差損益と経過勘定の取扱いがポイントになる。

解答手順・思考過程 ••

1 直接法

(1) 営業収入

貸倒れがあるだろうと予想して推定しなければならない。また、為替差損益については、貸借を間違えやすいので注意しなければならない。

売　掛　金

期首	80,000	回収	(389,200)
		貸倒	1,000
売上	380,000	差損	400
差益	600	期末	70,000

貸倒引当金

		期首	1,600
貸倒	(1,000)		
		繰入	800
期末	1,400		

(2) 商品の仕入による支出

売上原価算定の期末商品は帳簿棚卸高である。したがって、P/Lに棚卸減耗損、商品評価損がないかどうかを必ずチェックしなければならない。

買　掛　金

		期首	48,000
支出	(247,600)	当期仕入	
			246,600
期末	47,000		

商　　品

期首	8,500	売上原価	
			247,000
当期仕入		減耗	100
	(246,600)	期末	8,000

(3) 人件費の支出

退職給付に係る支出（退職一時金、掛金拠出額）も人件費として計上する。

給　　料

		期首	600
支出	(33,900)	P/L計上額	
期末	700		34,000

退職給付引当金

		期首	16,000
支出	(1,000)	退職給付費用	
期末	17,000		2,000

(4) その他の営業支出

その他の営業費

期首	400	期末	500
支出	(20,100)	P／L計上額	
			20,000

(5) 利息配当金の受取額

有価証券利息については償却額（投資有価証券の期首と期末の差額）に注意する。

受取利息

期首	700	受取	(6,200)
P／L計上額			
	6,400	期末	900

有価証券利息

P／L計上額		受取	(1,500)
	1,700	償却額	200

(6) 利息の支払額

支払利息

支出	(3,700)	期首	300
		P／L計上額	
期末	100		3,500

(7) 法人税等の支払額

法人税等

支出	(29,640)	期首	8,000
		P／L計上額	
期末	10,000		31,640

2 間接法

営業活動によるキャッシュ・フロー		
税引前当期純利益	79,100	←当期純利益47,460＋法人税等31,640
減価償却費	7,000	←P／Lより
貸倒引当金の減少額	△ 200	←B／Sより
退職給付引当金の増加額	1,000	←B／Sより
支払利息	3,500	←P／Lより
受取利息	△ 6,400	←P／Lより
有価証券利息	△ 1,700	←P／Lより
為替差益	△ 200	←現金預金の為替差益200
固定資産売却益	△ 5,000	←P／Lより
売上債権の減少額	10,000	←B／Sより
棚卸資産の減少額	500	←B／Sより
前払費用の増加額	△ 100	←B／Sより
仕入債務の減少額	△ 1,000	←B／Sより
未払費用の増加額	100	←未払給料の増加額のみ
小 計	86,600	

間接法における為替差損益の取扱い

	為替差損益の分類	営業キャッシュ・フローでの調整
①	売上債権、仕入債務等の営業資産・負債に係る為替差損益	調整は不要である（売上債権、仕入債務等の増減に反映されるため）。
②	投資有価証券、貸付金、借入金等の投資・財務に係る為替差損益	調整を行う。
③	現金及び現金同等物に係る為替差損益	調整を行う。さらに、「現金及び現金同等物に係る換算差額」の区分に表示する。

① | 31,000 | 千円

② | 126,000 | 千円

本問のポイント

　本問における合併の会計処理は、次の手順で進めていく。

(1) 企業評価額の算定

(2) 合併比率の算定

(3) 交付株式数の算定

(4) 取得原価の算定

(5) 合併仕訳

　このうち最も重要なのは、(1)の企業評価額の算定である。ここを間違えるとあとの数値がすべて違ってきてしまうため、企業評価額の算定を慎重に行う必要がある。

解答手順・思考過程 ・・

　ポイントの手順に従って解答を進めていく。

1　企業評価額の算定

(1)　A社の企業評価額

　　簿価純資産額　簿価諸資産400,000 − 簿価諸負債150,000 = 250,000

　　収益還元価値額　自己資本250,000 × 7 % ÷ 5 % = 350,000

　　平均値　(250,000 + 350,000) ÷ 2 = 300,000

　　　　　　　　　　　　　　　これを忘れないように注意

(2)　B社の企業評価額

　　簿価純資産額　簿価諸資産180,000 − 簿価諸負債60,000 = 120,000

　　収益還元価値額　自己資本120,000 × 6 % ÷ 5 % = 144,000

　　平均値　(120,000 + 144,000) ÷ 2 = 132,000

　　　　　　　　　　　　　　　これを忘れないように注意

2　合併比率の算定

　合併比率は、1株当たりの企業評価額の比率であることに注意する。

$$\frac{\text{B社企業評価額132,000 ÷ 発行済株式総数200,000株}}{\text{A社企業評価額300,000 ÷ 発行済株式総数400,000株}} = \frac{@0.66}{@0.75} = 0.88$$

　　　　　　　　　発行済株式総数で除して1株当たりの企業評価額を求める

3 交付株式数の算定

B社発行済株式総数200,000株×合併比率0.88＝176,000株

4 取得原価の算定

取得原価は取得の対価となる財の企業結合日における時価をもって算定する。取得の対価は A社株式であるため、取得原価はA社株式の合併期日における時価（＝合併期日における株価×交付株式数）となる。

合併期日のA社株価@1,000円×176,000株＝176,000

5 合併仕訳

(1) 資産及び負債

消滅会社から受け入れた資産及び引き受けた負債は、合併期日の時価により計上する。

(2) 払込資本の処理

吸収合併の対価として、存続会社が新株を交付した場合には、払込資本を増加させる。なお、増加すべき払込資本は交付株式の時価総額である176,000であるが、その内訳項目については、資本金、資本準備金、その他資本剰余金のいずれにも計上することができるため、これについては問題の指示に従って計上する。

資本剰余金　取得原価176,000－資本金50,000＝126,000

(3) のれん

合併仕訳の差額で算定する。

(4) 合併仕訳

（諸　　資　　産）	210,000	（諸　　　負　　　債）	65,000
（の　　れ　　ん）	31,000	（資　　　本　　　金）	50,000
		（資　本　剰　余　金）	126,000

⑴	561,000　千円
⑵	62,400　千円
⑶	102,400　千円

本問のポイント

　合併の対価として自己株式を処分した場合には、自己株式処分差額は計上されず、交付した株式の時価総額から処分した自己株式の帳簿価額を控除した額を払込資本の増加として処理する点に注意しなければならない。

解答手順・思考過程

1　合併比率の算定

$$\frac{\text{D社の株価@870円}}{\text{C社の株価@1,450円}} = 0.6$$

2　交付株式数の算定

　D社の発行済株式総数126,000株 × 合併比率0.6 = 75,600株

3　取得原価の算定

　合併期日におけるC社の株価@1,500円 × 75,600株 = 113,400

4　合併仕訳

⑴　資産及び負債

　消滅会社から受け入れた資産及び引き受けた負債は、合併期日の時価により計上する。

⑵　自己株式の処理

　処分した自己株式の簿価6,000を控除する。なお、自己株式処分差額は計上されないことに注意する。

⑶　払込資本の処理

　自己株式を処分した場合には、「交付した株式の時価総額 − 自己株式の簿価」を払込資本の増加として処理する。なお、増加すべき払込資本の内訳項目については、資本金、資本準備金、その他資本剰余金のいずれにも計上することができるため、これについては問題の指示に従って計上する。

　　自己株式の簿価　@1,200円 × 5,000株 = 6,000

　　払込資本　交付した株式の時価総額113,400 − 自己株式の簿価6,000 = 107,400

　　資本剰余金　払込資本107,400 − 資本金50,000 = 57,400

(4) のれん

　　　合併仕訳の差額で算定する。

(5) 合併仕訳

（諸 資 産）	135,000	（諸 負 債）	84,000
（の れ ん）	62,400	（自 己 株 式）	6,000
		（資 本 金）	50,000
		（資 本 剰 余 金）	57,400

5　合併直後のC社個別貸借対照表

合併直後のC社個別貸借対照表　　（単位：千円）

資　　　産	金　額	負債・純資産	金　額
諸　　資　　産	561,000	諸　　負　　債	234,000
の　　れ　　ん	62,400	資　　本　　金	250,000
		資 本 剰 余 金	102,400
		利 益 剰 余 金	37,000
合　　　計	623,400	合　　　計	623,400

※1　諸資産　426,000＋135,000＝561,000

※2　諸負債　150,000＋84,000＝234,000

※3　資本金　200,000＋50,000＝250,000

※4　資本剰余金　45,000＋57,400＝102,400

(1) | 6,900 | 千円

(2) | 7,200 | 千円

　　取得が複数の取引により達成された場合（段階取得）における、個別財務諸表上と連結財務諸表上それぞれの取得原価の算定方法の違いがポイントである。

解答手順・思考過程

1　企業評価額の算定

　(1)　E社の企業評価額

　　　時価純資産額　　時価諸資産105,600－時価諸負債64,480＝41,120

　　　割引現在価値額　　8,000×年金現価係数7.36＝58,880

　　　平均値　　（41,120＋58,880）÷ 2 ＝50,000

　(2)　F社の企業評価額

　　　時価純資産額　　時価諸資産29,600－時価諸負債10,360＝19,240

　　　割引現在価値額　　3,500×年金現価係数7.36＝25,760

　　　平均値　　（19,240＋25,760）÷ 2 ＝22,500

2　合併比率の算定

$$\frac{\text{F社企業評価額22,500÷発行済株式総数60,000株}}{\text{E社企業評価額50,000÷発行済株式総数100,000株}} = \frac{@0.375}{@0.5} = 0.75$$

3　交付株式数の算定

　　E社は合併前にF社の株式を6,000株保有しているため、交付株式数は「（F社発行済株式総数－E社が保有するF社株式数）×合併比率」により算定する。

　　（F社発行済株式総数60,000株－6,000株）×合併比率0.75＝40,500株

4　取得原価の算定

　　段階取得による場合、個別財務諸表上は、支配を獲得するに至った個々の取引ごとの原価の合計額をもって、被取得企業の取得原価とする。具体的には、交付した株式の時価総額と被取得企業の株式の簿価の合計額とする。

　　合併期日のE社株価　　@600円×40,500株＝24,300

　　E社が保有するF社株式の簿価　　　1,800

　　合計　　　　　　　　　　　　　　26,100

5 合併仕訳 (個別財務諸表上の処理)

(1) 資産及び負債

消滅会社から受け入れた資産及び引き受けた負債は、合併期日の時価により計上する。

(2) F社株式の処理

期末に時価評価されているF社株式の評価差額を振り戻した後、合併仕訳において帳簿価額1,800を精算する。

(その他有価証券評価差額金)	300	(F 社 株 式)	300

(3) 増加資本の処理

増加すべき払込資本は交付株式の時価総額である24,300であるが、その内訳項目については、資本金、資本準備金、その他資本剰余金のいずれにも計上することができるため、これについては問題の指示に従って計上する。

払込資本　交付した株式の時価総額24,300

資本剰余金　払込資本24,300－資本金10,000＝14,300

(4) のれん

合併仕訳の差額で算定する。

(5) 合併仕訳

(諸　　資　　産)	30,000	(諸　　負　　債)	10,800
(の　　れ　　ん)	6,900	(F 社 株 式)	1,800
		(資　　本　　金)	10,000
		(資 本 剰 余 金)	14,300

6 連結財務諸表上の処理

段階取得による場合、連結財務諸表上は、支配を獲得するに至った個々の取引すべての企業結合日における時価の合計額をもって、被取得企業の取得原価とする。具体的には、その他有価証券として保有していたF社株式の簿価と合併期日の時価の差額を「段階取得に係る損益」として処理するとともに、個別財務諸表において計上されたのれんの修正処理を行う。

E社が保有するF社株式の合併期日の時価　＠350円×6,000株＝2,100

段階取得に係る損益　時価2,100－取得原価1,800＝300

(の　　れ　　ん)	300	(段階取得に係る損益)	300

合併直後の連結貸借対照表　　（単位：千円）

資　　産	金　額	負債・純資産	金　額
諸　資　産	140,000	諸　　負　　債	75,800
の　れ　ん	7,200	資　　本　　金	40,000
		資 本 剰 余 金	19,300
		利 益 剰 余 金	12,100
合　　計	147,200	合　　計	147,200

(1)	120,000	千円
(2)	140,000	千円
(3)	10,000	千円

本問のポイント

　株式交換の会計処理では、のれんは個別財務諸表上では計上されず、連結財務諸表上で計上される点に注意しなければならない。

解答手順・思考過程

1　交付株式数の算定

　H社発行済株式総数100,000株×交換比率0.5＝50,000株

2　取得原価の算定

　株式交換日のG社株価@2,400円×50,000株＝120,000

3　G社の個別財務諸表上の処理

（1）関係会社株式（H社株式）の取得原価

　交付株式の時価総額120,000をH社株式の取得原価とする。

（2）増加資本の処理

　増加すべき払込資本は交付株式の時価総額である120,000であるが、その内訳項目については、資本金、資本準備金、その他資本剰余金のいずれにも計上することができるため、これについては問題の指示に従って計上する。

　払込資本　交付した株式の時価総額120,000

　資本剰余金　払込資本120,000－資本金50,000＝70,000

（3）株式交換仕訳

（H　社　株　式）	120,000	（資　　本　　金）	50,000
		（資　本　剰　余　金）	70,000

(4) 株式交換直後の個別貸借対照表

G社個別貸借対照表 （単位：千円）

資　　産	金　額	負債・純資産	金　額
諸　　資　　産	400,000	諸　　負　　債	150,000
Ｈ　社　株　式	120,000	資　　本　　金	150,000
		資　本　剰　余　金	140,000
		利　益　剰　余　金	80,000
合　　計	520,000	合　　計	520,000

4　連結財務諸表上の処理

(1) Ｈ社資産及び負債の時価評価

諸資産の時価170,000 − 諸資産の簿価150,000 ＝ 20,000

（諸　　資　　産）	20,000	（評　価　差　額）	20,000

(2) 投資と資本の相殺消去

（資　　本　　金）	50,000	（Ｈ　社　株　式）	120,000
（資　本　剰　余　金）	10,000		
（利　益　剰　余　金）	30,000		
（評　価　差　額）	20,000		
（の　　れ　　ん）	10,000		

(3) 株式交換直後の連結貸借対照表

連結貸借対照表 （単位：千円）

資　　産	金　額	負債・純資産	金　額
諸　　資　　産	570,000	諸　　負　　債	210,000
の　　れ　　ん	10,000	資　　本　　金	150,000
		資　本　剰　余　金	140,000
		利　益　剰　余　金	80,000
合　　計	580,000	合　　計	580,000

(1)　　　　　　　　　　　　　　　　　　　　　　　　　　　　　　　　　（単位：千円）

借　方　科　目	金　額	貸　方　科　目	金　額
諸　　負　　債	60,000	諸　　資　　産	126,000
現　金　預　金	95,000	移　転　損　益	29,000

(2)　　　　　　　　　　　　　　　　　　　　　　　　　　　　　　　　　（単位：千円）

借　方　科　目	金　額	貸　方　科　目	金　額
諸　　負　　債	60,000	諸　　資　　産	126,000
投　資　有　価　証　券	99,000	移　転　損　益	33,000

(3)　　　　　　　　　　　　　　　　　　　　　　　　　　　　　　　　　（単位：千円）

借　方　科　目	金　額	貸　方　科　目	金　額
諸　　負　　債	60,000	諸　　資　　産	126,000
関　係　会　社　株　式	66,000		

本問のポイント

　　事業分離に係る分離元企業の会計処理は、①移転した事業に関する投資が清算されたと見る場合と、②移転した事業に関する投資がそのまま継続していると見る場合の２つに分類される。前者の場合には移転損益が認識され、後者の場合は移転損益は認識されない。したがって、どのような条件下で投資が清算されたと見るのか、または投資がそのまま継続していると見るのかがポイントになる。

解答手順・思考過程

　　事業移転の対価が何であるかによって、投資が清算されたと見るのか、または投資がそのまま継続していると見るのかの判定を行う。

1　対価として、現金95,000千円を受け取った場合

　　受取対価が現金のみの場合は、移転した事業に関する投資が清算されたとみなされる。移転した事業に係る株主資本相当額（帳簿価額による諸資産と諸負債の差額）と受け取った現金との差額は移転損益として認識する。

　　移転損益　現金95,000 −（諸資産126,000 − 諸負債60,000）= 29,000

（諸　　負　　債）	60,000	（諸　　資　　産）	126,000
（現　金　預　金）	95,000	（移　転　損　益）	29,000

2 対価として、J社の株式60,000株（J社発行済株式総数の5％）を受け取った場合

受取対価が分離先企業の株式のみで、分離先企業が子会社や関連会社以外となる場合は、移転した事業に関する投資が清算されたとみなされる。受け取ったJ社株式の取得原価は、移転した事業に係る時価またはJ社株式の時価のうち、より高い信頼性を持って測定可能な時価に基づいて算定されるが、本問では移転した事業に係る時価とJ社株式の時価は同額であるため、当該価額をJ社株式の取得原価とする。移転した事業に係る株主資本相当額（帳簿価額による諸資産と諸負債の差額）とJ社株式の時価との差額は移転損益として認識する。

移転した事業に係る時価　諸資産159,000 − 諸負債60,000 ＝ 99,000 ◀------┐

J社株式の時価　＠1,650円×60,000株 ＝ 99,000 ◀------┘　同額

移転損益　時価99,000 −（諸資産126,000 − 諸負債60,000）＝ 33,000

（諸　　負　　債）	60,000	（諸　　資　　産）	126,000
（投 資 有 価 証 券）	99,000	（移　転　損　益）	33,000

3 対価として、J社の株式60,000株（J社発行済株式総数の80％）を受け取った場合

受取対価が分離先企業の株式のみで、分離先企業が子会社または関連会社となる場合は、移転した事業に関する投資が継続しているとみなされ、移転損益は認識されない。受け取ったJ社株式の取得原価は、移転した事業に係る株主資本相当額（帳簿価額による諸資産と諸負債の差額）とする。

J社株式の取得原価　諸資産126,000 − 諸負債60,000 ＝ 66,000

（諸　　負　　債）	60,000	（諸　　資　　産）	126,000
（関 係 会 社 株 式）	66,000		

連 結 損 益 計 算 書　　　　　　　　（単位：千円）

科　　目	金　額	科　　目	金　額
諸　　　費　　　用	324,000	諸　　　収　　　益	358,200
の　れ　ん　償　却　額	100		
非支配株主に帰属する当期純利益	2,400		
親会社株主に帰属する当期純利益	31,700		
合　　　　計	358,200	合　　　　計	358,200

連結株主資本等変動計算書　　　　　　　（単位：千円）

	株　主　資　本		非支配株主持分
	資　本　金	利益剰余金	
当期首残高	200,000	130,000	26,000
剰余金の配当		△20,000	
親会社株主に帰属する当期純利益		31,700	
株主資本以外の当期変動額			1,200
当期末残高	200,000	141,700	27,200

連 結 貸 借 対 照 表　　　　　　　　（単位：千円）

科　　目	金　額	科　　目	金　額
諸　　　資　　　産	885,000	諸　　　負　　　債	517,000
の　　　れ　　　ん	900	資　　　本　　　金	200,000
		利　益　剰　余　金	141,700
		非　支　配　株　主　持　分	27,200
合　　　　計	885,900	合　　　　計	885,900

本問のポイント

　連結決算第1期では、支配獲得日の投資と資本の相殺消去が開始仕訳となる。その際、子会社の資本は株主資本等変動計算書の当期首残高を消去しなければならない。

解答手順・思考過程

1　子会社の資産・負債の時価評価

　　S社の資産・負債の時価評価は、支配獲得日の土地の時価15,000により評価する。

　　土地の評価差額　時価15,000－簿価10,000＝5,000

　　（諸　　資　　産）　5,000　　　（評　価　差　額）　5,000

2 連結修正仕訳

(1) 開始仕訳

S社の純資産　資本金50,000＋利益剰余金10,000＋評価差額5,000＝65,000

非支配株主持分当期首残高　65,000×非支配株主持分比率40％＝26,000

（資本金当期首残高）	50,000	（S 社 株 式）	40,000
（利益剰余金当期首残高）	10,000	（非支配株主持分当期首残高）	26,000
（評 価 差 額）	5,000		
（の れ ん）	1,000		

(2) のれんの償却

1,000÷10年＝100

（の れ ん 償 却 額）	100	（の れ ん）	100

(3) 子会社の当期純利益の振替え

S社の当期純利益6,000×非支配株主持分比率40％＝2,400

（非支配株主に帰属する当期純利益）	2,400	（非支配株主持分当期変動額）	2,400

(4) 子会社の配当の修正

非支配株主に帰属する分　3,000×非支配株主持分比率40％＝1,200

親会社株主に帰属する分　3,000×親会社株主持分比率60％＝1,800

（非支配株主持分当期変動額）	1,200	（剰 余 金 の 配 当）	3,000
（諸 収 益）	1,800		

3 連結財務諸表の作成

(1) 連結損益計算書

諸収益　P社300,000＋S社60,000－1,800＝358,200

諸費用　P社270,000＋S社54,000＝324,000

のれん償却額・非支配株主に帰属する当期純利益　連結修正仕訳より

当期純利益　連結損益計算書の差額

(2) 連結株主資本等変動計算書

資本金当期首残高・利益剰余金当期首残高・剰余金の配当　P社の金額

親会社株主に帰属する当期純利益　連結損益計算書より

非支配株主持分当期変動額　2,400－1,200＝1,200

利益剰余金当期末残高　130,000－20,000＋31,700＝141,700

非支配株主持分当期末残高　26,000＋1,200＝27,200

(3) 連結貸借対照表

諸資産　P社760,000＋S社120,000＋5,000＝885,000

のれん　1,000－100＝900

諸負債　P社460,000＋S社57,000＝517,000

資本金・利益剰余金・非支配株主持分　連結株主資本等変動計算書の当期末残高より

連　結　損　益　計　算　書　　　（単位：千円）

科　　　目	金　額	科　　　目	金　額
売　上　原　価	195,750	売　　上　　高	270,000
販　売　管　理　費	35,900	営　業　外　収　益	7,000
の　れ　ん　償　却　額	1,920		
営　業　外　費　用	7,000		
非支配株主に帰属する当期純利益	6,000		
親会社株主に帰属する当期純利益	30,430		
合　　　計	277,000	合　　　計	277,000

連　結　貸　借　対　照　表　　　（単位：千円）

科　　　目	金　額	科　　　目	金　額
現　金　預　金	135,900	買　　掛　　金	25,000
売　　掛　　金	40,000	貸　倒　引　当　金	800
商　　　品	34,250	資　　本　　金	100,000
土　　　地	18,000	利　益　剰　余　金	80,430
の　　れ　　ん	17,280	非　支　配　株　主　持　分	39,200
合　　　計	245,430	合　　　計	245,430

本問のポイント

　P社の利益剰余金の当期首残高が資料に示されていないため、自分で算定しなければならない。これがわからないと連結B/Sの利益剰余金の算定ができない（ただし、連結B/Sの差額で算定することはできる）。

解答手順・思考過程

1　子会社の資産・負債の時価評価

　　土地の評価差額　　時価8,000 － 簿価5,000 ＝ 3,000

　　（土　　　　　　　地）　3,000　（評　価　差　額）　3,000

2　連結修正仕訳

　(1)　開始仕訳

　　　S社の純資産　資本金50,000 ＋ 利益剰余金40,000 ＋ 評価差額3,000 ＝ 93,000

　　　非支配株主持分当期首残高　93,000 × 非支配株主持分比率40％ ＝ 37,200

（資 本 金 当 期 首 残 高）	50,000	（S　社　株　式）	75,000
（利益剰余金当期首残高）	40,000	（非支配株主持分当期首残高）	37,200
（評　価　差　額）	3,000		
（の　れ　ん）	19,200		

(2) のれんの償却

$19,200 \div 10年 = 1,920$

| （の れ ん 償 却 額） | 1,920 | （の　れ　ん） | 1,920 |

(3) 子会社の当期純利益の振替え

S社の当期純利益15,000×非支配株主持分比率40％＝6,000

| （非支配株主に帰属する当期純利益） | 6,000 | （非支配株主持分当期変動額） | 6,000 |

(4) 子会社の剰余金の配当の修正

S社の剰余金の配当10,000×非支配株主持分比率40％＝4,000

S社の剰余金の配当10,000×親会社株主持分比率60％＝6,000

| （非支配株主持分当期変動額） | 4,000 | （剰　余　金　の　配　当） | 10,000 |
| （営　業　外　収　益） | 6,000 | | |

(5) 売上高と仕入高の相殺消去

| （売　　上　　高） | 40,000 | （売　上　原　価） | 40,000 |

(6) 未実現利益の消去

S社の期末商品のうちP社仕入分3,000×利益率25％＝750

| （売　上　原　価） | 750 | （商　　　　品） | 750 |

(7) 売掛金と買掛金の相殺消去

| （買　　掛　　金） | 5,000 | （売　　掛　　金） | 5,000 |

(8) 貸倒引当金の修正

売掛金5,000×2％＝100

| （貸　倒　引　当　金） | 100 | （販　売　管　理　費） | 100 |

3　利益剰余金の算定

P社の利益剰余金当期首残高、連結B/Sの利益剰余金は次のように算定する。

P社株主資本等変動計算書の利益剰余金

剰余金の配当		当期首残高 　（65,000）	◄---- 差額で算定する
	15,000	当期純利益	
当期末残高	80,000	30,000	

連結株主資本等変動計算書の利益剰余金

P社の剰余金の配当 ----►	剰余金の配当		当期首残高 　（65,000）	◄---- P社の当期首残高
		15,000	親会社株主に帰属する 当期純利益　（30,430）	◄---- 連結P/Lより
	当期末残高 （80,430）			

(1)

連結損益計算書　　（単位：千円）

諸収益	（　　　600,000）
諸費用	（　　　500,000）
のれん償却額	（　　　　1,600）
税金等調整前当期純利益	（　　　98,400）
法人税等	（　　　40,000）
当期純利益	（　　　58,400）
非支配株主に帰属する当期純利益	（　　　4,200）
親会社株主に帰属する当期純利益	（　　　54,200）

連結包括利益計算書　　（単位：千円）

当期純利益	（　　　58,400）
その他の包括利益	
その他有価証券評価差額金	（　　　1,200）
包括利益	（　　　59,600）

(2)

連結株主資本等変動計算書　　　　（単位：千円）

	株主資本		その他の包括利益累計額	非支配株主持分
	資　本　金	利益剰余金	その他有価証券評価差額金	
当期首残高	（　150,000）	（　　60,000）	（　　　2,100　）	（　　25,500）
親会社株主に帰属する当期純利益		（　　54,200）		
当期変動額			（　　　1,140　）	（　　　4,260）
当期末残高	（　150,000）	（　114,200）	（　　　3,240　）	（　　29,760）

本問のポイント

　子会社のその他有価証券評価差額金は連結上、利益剰余金と同様に扱う。また、変動分のうち、非支配株主持分相当額は非支配株主持分に振り替え、親会社株主持分相当額はその他有価証券評価差額金（その他の包括利益累計額）として計上することに注意する。

1　子会社の資産・負債の時価評価

土地の評価差額　時価60,000 − 簿価50,000 ＝ 10,000

| （土　　　　　　　　　　地） | 10,000 | （繰　延　税　金　負　債） | 4,000 |
| | | （評　　価　　差　　額） | 6,000 |

2　連結修正仕訳

（1）　開始仕訳

S社の純資産　資本金80,000 ＋ 利益剰余金40,000 ＋ その他有価証券評価差額金1,500

＋ 評価差額6,000 ＝ 127,500

非支配株主持分当期首残高　127,500 × 非支配株主持分比率20％ ＝ 25,500

（資　本　金　当　期　首　残　高）	80,000	（Ｓ　　　社　　　株　　　式）	110,000
（利　益　剰　余　金　当　期　首　残　高）	40,000	（非支配株主持分当期首残高）	25,500
（その他有価証券評価差額金当期首残高）	1,500		
（評　　価　　差　　額）	6,000		
（の　　　れ　　　ん）	8,000		

（2）　のれんの償却

8,000 ÷ 5 年 ＝ 1,600

| （の　れ　ん　償　却　額） | 1,600 | （の　　　れ　　　ん） | 1,600 |

（3）　子会社の当期純利益の按分

S社の当期純利益21,000 × 非支配株主持分比率20％ ＝ 4,200

| （非支配株主に帰属する当期純利益） | 4,200 | （非支配株主持分当期変動額） | 4,200 |

（4）　子会社のその他有価証券評価差額金（変動分）の非支配株主持分への振替え

（1,800 − 1,500）× 非支配株主持分比率20％ ＝ 60

| （その他有価証券評価差額金当期変動額） | 60 | （非支配株主持分当期変動額） | 60 |

3　連結包括利益計算書

連結包括利益計算書に計上されるその他の包括利益（その他有価証券評価差額金）は、前期末と当期末の差額（純増減額）であることに注意する。

P社その他有価証券評価差額金　当期末3,000 − 前期末2,100 ＝ 900 ⎫
S社その他有価証券評価差額金　当期末1,800 − 前期末1,500 ＝ 300 ⎬ 1,200

4　連結株主資本等変動計算書

（1）　その他の包括利益累計額（その他有価証券評価差額金）

当期首残高　P社2,100（S社その他有価証券評価差額金は開始仕訳で消去されゼロ）

当期変動額　P社その他有価証券評価差額金900 ＋ S社その他有価証券評価差額金300

− 非支配株主持分への振替60 ＝ 1,140

（2）　非支配株主持分

当期変動額　4,200 ＋ 60 ＝ 4,260

(1)　　32,400　　千円

(2)　　1,800　　千円

(3)　　1,500　　千円

本問のポイント

　　持分法を適用する被投資会社のその他の包括利益（本問ではその他有価証券評価差額金）に対する投資会社の持分相当額は、「持分法適用会社に対する持分相当額」として一括表示する。なお、連結貸借対照表の「その他の包括利益累計額」については、その他有価証券評価差額金に含めて表示することになる。

解答手順・思考過程 ……………………………………………………………………

1　持分法適用仕訳

（1）　開始仕訳

　　　開始仕訳はないが、のれん相当額を認識する。のれん相当額の算定は、投資日の数値を用いることに注意する。

　　　土地の評価差額　（時価20,000－簿価10,000）×Ｐ社持分比率30％＝3,000

　　　Ａ社純資産額　（資本金50,000＋利益剰余金20,000＋その他有価証券評価差額金10,000）

　　　　　　　　　　　　×Ｐ社持分比率30％＝24,000

　　　Ｐ社持分額合計　3,000＋24,000＝27,000

　　　のれん相当額　Ａ社株式の取得原価30,000－27,000＝3,000

（2）　のれん相当額の償却

　　　3,000÷5年＝600

　　　（持 分 法 に よ る 投 資 損 益）　　600　　（Ａ　　社　　株　　式）　　600

（3）　当期純利益の認識

　　　Ａ社当期純利益8,000×30％＝2,400

　　　（Ａ　　社　　株　　式）　　2,400　　（持 分 法 に よ る 投 資 損 益）　　2,400

（4）　配当金の修正

　　　Ａ社の剰余金の配当3,000×30％＝900

　　　（受　 取　 配　 当　 金）　　900　　（Ａ　　社　　株　　式）　　900

(5) その他有価証券評価差額金の認識

（当期末15,000 － 前期末10,000）× 30％ ＝ 1,500

| （Ａ　社　株　式） | 1,500 | （その他有価証券評価差額金当期変動額） | 1,500 |

2　連結貸借対照表に計上される「Ａ社株式」の金額

30,000 － 600 ＋ 2,400 － 900 ＋ 1,500 ＝ 32,400

3　連結損益計算書に計上される「持分法による投資損益」の金額

2,400 － 600 ＝ 1,800

4　連結包括利益計算書のその他の包括利益に計上される「持分法適用会社に対する持分相当額」の金額

Ａ社のその他有価証券評価差額金の変動分のうち投資会社の持分相当額を、「持分法適用会社に対する持分相当額」として一括表示する。

連結包括利益計算書

当期純利益	× × ×
その他の包括利益	
持分法適用会社に対する持分相当額	1,500
包括利益	× × ×

<ruby>税<rt>ぜい</rt>理<rt>り</rt>士<rt>し</rt></ruby> <ruby>簿<rt>ぼ</rt>記<rt>き</rt>論<rt>ろん</rt></ruby>　<ruby>個<rt>こ</rt>別<rt>べつ</rt>問<rt>もん</rt>題<rt>だい</rt></ruby>の<ruby>解<rt>と</rt></ruby>き<ruby>方<rt>かた</rt></ruby>　第7版

2011年11月1日　初　版　第1刷発行
2023年10月5日　第7版　第1刷発行
2024年7月1日　第7版　第2刷発行

編　著　者	Ｔ　Ａ　Ｃ　株　式　会　社	
	（税理士講座）	
発　行　者	多　田　敏　男	
発　行　所	ＴＡＣ株式会社　出版事業部	
	（ＴＡＣ出版）	

〒101-8383
東京都千代田区神田三崎町3-2-18
電　話　03 (5276) 9492 (営業)
ＦＡＸ　03 (5276) 9674
https://shuppan.tac-school.co.jp

組　　版	株式会社　グ　ラ　フ　ト
印　　刷	日　新　印　刷　株　式　会　社
製　　本	東　京　美　術　紙　工　協　業　組　合

© TAC 2023　　Printed in Japan　　　　ISBN 978-4-300-10684-6
N.D.C. 336

2024年合格目標コース

反復学習でインプット強化! & 豊富な演習量で実践力強化!

対象者：初学者／次の科目の学習に進む方

2023年				2024年							
9月	10月	11月	12月	1月	2月	3月	4月	5月	6月	7月	8月

9月入学 基礎マスター＋上級コース（簿記・財表・相続・消費・固定・事業・国徴）
3回転学習！年内はインプットを強化、年明けは演習機会を増やして実践力を鍛える！
※簿記・財表は5月・7月・8月・10月入学コースもご用意しています。

9月入学 ベーシックコース（法人・所得）
2回転学習！週2ペース、8ヵ月かけてインプットを鍛える！

9月入学 年内完結＋上級コース（法人・所得）
3回転学習！年内はインプットを強化、年明けは演習機会を増やして実践力を鍛える！

12月・1月入学 速修コース（全11科目）
8ヵ月間で合格レベルまで仕上げる！

3月入学 速修コース
（消費・酒税・固定・国徴）
短期集中で税法合格を目指す！

税理士試験

対象者：受験経験者 （受験した科目を再度学習する場合）

2023年				2024年							
9月	10月	11月	12月	1月	2月	3月	4月	5月	6月	7月	8月

9月入学 年内上級講義＋上級コース（簿記・財表）
年内に基礎・応用項目の再確認を行い、実力を引き上げる！

9月入学 年内上級演習＋上級コース（法人・所得・相続・消費）
年内から問題演習に取り組み、本試験時の実力維持・向上を図る！

12月入学 上級コース（全10科目）
※住民税の開講はございません
講義と演習を交互に実施し、答案作成力を養成！

税理士試験

※2023年7月14日時点の情報です。最新の情報は、TAC税理士講座ホームページをご確認ください。

”入学前サポート”を活用しよう！

無料セミナー ＆個別受講相談

無料セミナーでは、税理士の魅力、試験制度、
科目選択の方法や合格のポイントをお伝えして
いきます。セミナー終了後は、個別受講相談で
みなさんの疑問や不安を解消します。

https://www.tac-school.co.jp/kouza_zeiri/zeiri_gd_gd.htm

無料Webセミナー

TAC動画チャンネルでは、校舎で開催している
セミナーのほか、Web限定のセミナーも多数
配信しています。受講前にご活用ください。

https://www.tac-school.co.jp/kouza_zeiri/tacchannel.html

体 験 入 学

教室講座開講日（初回講義）は、お申込み前で
も無料で講義を体験できます。講師の熱意や校
舎の雰囲気を是非体感してください。

https://www.tac-school.co.jp/kouza_zeiri/zeiri_gd_gd.htm

WEB SCHOOL 6科目体験

主要科目（簿記・財表・法人・所得・相続・消費）の講義を
実際の Web 通信講座や Web フォローと同じ学習環境である
「TAC WEB SCHOOL」を使用し、無料で講義を視聴する
ことができます。この体験視聴を通じて税理士の学習イメージ
を膨らませてください。

https://www.tac-school.co.jp/kouza_zeiri/taiken_form.html

税理士講座のご案内

チャレンジコース

受験経験者・独学生待望のコース！

4月上旬開講！

開講科目	簿記・財表・法人 所得・相続・消費

基礎知識の底上げ 徹底した本試験対策

チャレンジ講義 ＋ チャレンジ演習 ＋ 直前対策講座 ＋ 全国公開模試

受験経験者・独学生向けカリキュラムが 一つのコースに！

※チャレンジコースには直前対策講座（全国公開模試含む）が含まれています。

直前対策講座

5月上旬開講！

本試験突破の最終仕上げ！

直前期に必要な対策が すべて揃っています！

学習 メディア	教室講座・ビデオブース講座 Web通信講座・DVD通信講座・資料通信講座

＼ 全11科目対応 ／

開講科目	簿記 ・財表 ・法人 ・所得 ・相続 ・消費 酒税 ・固定 ・事業 ・住民 ・国徴

- 徹底分析！「試験委員対策」
- 即時対応！「税制改正」
- 毎年的中！「予想答練」

※直前対策講座には全国公開模試が含まれています。

チャレンジコース・直前対策講座ともに詳しくは2月下旬発刊予定の
「チャレンジコース・直前対策講座パンフレット」をご覧ください。

全国公開模試

6月中旬実施！

TAC税理士講座 2023年合格目標
全国公開模試
受験案内・申込書
6 15・16・17 18
早期の実力把握が、本試験に生きる！
4/10申込・受験手続開始

全11科目実施

TACの模試はここがスゴイ！

① 信頼の母集団

2022年の受験者数は、会場受験・自宅受験合わせて9,258名！この大きな母集団を分母とした正確な成績（順位）を把握できます。

② 本試験を擬似体験

全国の会場で緊迫した雰囲気の中「真の実力」が発揮できるかチャレンジ！

③ 個人成績表

現時点での全国順位を確認するとともに「講評」等を通じて本試験までの学習の方向性が定まります。

④ 充実のアフターフォロー

解説Web講義を無料配信。また、質問電話による疑問点の解消も可能です。

※TACの受講生はカリキュラム内に全国公開模試の受験料が含まれています（一部期別申込を除く）。

信頼できる実力判定

9,258名が受験！

※11科目延べ人数

直前オプション講座

**6月中旬〜
8月上旬実施！**

最後まで油断しない！ここからのプラス5点！

TAC税理士講座 2023年合格目標
直前オプション講座
最後まで油断しない！ここからのプラス5点！

理論問題の解答作成力UP！
重要理論確認ゼミ 6/20

全11科目
最終5点UPで合格！
ファイナルチェック 7/17

本試験直前の総仕上げ！
最終アシストゼミ 7/24

【重要理論確認ゼミ】
〜理論問題の解答作成力UP！〜

【ファイナルチェック】
〜確実な5点UPを目指す！〜

【最終アシストゼミ】
〜本試験直前の総仕上げ！〜

全国公開模試および直前オプション講座の詳細は4月中旬発刊予定の
「**全国公開模試パンフレット**」「**直前オプション講座パンフレット**」をご覧ください。

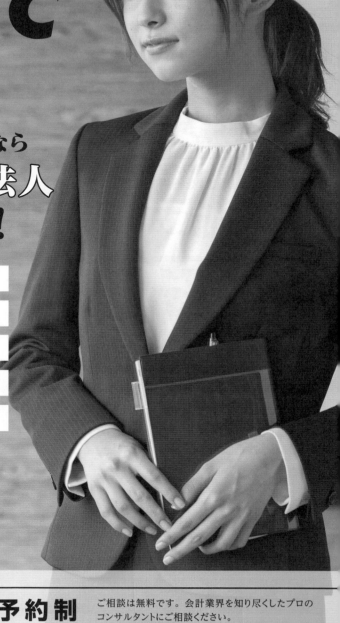

会計業界への就職・転職支援サービス

TACの100%出資子会社であるTACプロフェッションバンク（TPB）は、会計・税務分野に特化した転職エージェントです。勉強された知識とご希望に合ったお仕事を一緒に探しませんか？相談だけでも大歓迎です！どうぞお気軽にご利用ください。

人材コンサルタントが無料でサポート

Step1 相談受付
完全予約制です。HPからご登録いただくか、各オフィスまでお電話ください。

Step2 面談
ご経験やご希望をお聞かせください。あなたの将来について一緒に考えましょう。

Step3 情報提供
ご希望に適うお仕事があれば、その場でご紹介します。強制はいたしませんのでご安心ください。

正社員で働く

- 安定した収入を得たい
- キャリアプランについて相談したい
- 面接日程や入社時期などの調整をしてほしい
- 今就職すべきか、勉強を優先すべきか迷っている
- 職場の雰囲気など、求人票でわからない情報がほしい

TACキャリアエージェント

https://tacnavi.com/

派遣で働く（関東のみ）

- 勉強を優先して働きたい
- 将来のために実務経験を積んでおきたい
- まずは色々な職場や職種を経験したい
- 家庭との両立を第一に考えたい
- 就業環境を確認してから正社員で働きたい

TACの経理・会計派遣

https://tacnavi.com/haken/

※ご経験やご希望内容によってはご支援が難しい場合がございます。予めご了承ください。　※面談時間は原則お一人様30分とさせていただきます。

自分のペースでじっくりチョイス

正社員・アルバイトで働く

- 自分の好きなタイミングで就職活動をしたい
- どんな求人案件があるのか見たい
- 企業からのスカウトを待ちたい
- WEB上で応募管理をしたい

Webで

TACキャリアナビ

https://tacnavi.com/kyujin/

就職・転職・派遣就労の強制は一切いたしません。会計業界への就職・転職を希望される方への無料支援サービスです。どうぞお気軽にお問い合わせください。

 TACプロフェッションバンク

■有料職業紹介事業 許可番号13-ユ-010678　■一般労働者派遣事業 許可番号（派）13-010932
■特定募集情報等提供事業 届出受理番号51-募-000541

東京オフィス
〒101-0051
東京都千代田区神田神保町1-103
東京パークタワー 2F
TEL.03-3518-6775

大阪オフィス
〒530-0013
大阪府大阪市北区茶屋町6-20
吉田茶屋町ビル 5F
TEL.06-6371-5851

名古屋 登録会場
〒453-0014
愛知県名古屋市中村区則武 1-1-7
NEWNO 名古屋駅西 8F
TEL.0120-757-655

10860572

TAC出版 書籍のご案内

TAC出版では、資格の学校TAC各講座の定評ある執筆陣による資格試験の参考書をはじめ、資格取得者の開業法や仕事術、実務書、ビジネス書、一般書などを発行しています!

TAC出版の書籍

*一部書籍は、早稲田経営出版のブランドにて刊行しております。

資格・検定試験の受験対策書籍

- 日商簿記検定
- 建設業経理士
- 全経簿記上級
- 税理士
- 公認会計士
- 社会保険労務士
- 中小企業診断士
- 証券アナリスト

- ファイナンシャルプランナー(FP)
- 証券外務員
- 貸金業務取扱主任者
- 不動産鑑定士
- 宅地建物取引士
- 賃貸不動産経営管理士
- マンション管理士
- 管理業務主任者

- 司法書士
- 行政書士
- 司法試験
- 弁理士
- 公務員試験(大卒程度・高卒者)
- 情報処理試験
- 介護福祉士
- ケアマネジャー
- 電験三種　ほか

実務書・ビジネス書

- 会計実務、税法、税務、経理
- 総務、労務、人事
- ビジネススキル、マナー、就職、自己啓発
- 資格取得者の開業法、仕事術、営業術

一般書・エンタメ書

- ファッション
- エッセイ、レシピ
- スポーツ
- 旅行ガイド (おとな旅プレミアム/旅コン)

2024年度版 税理士試験対策書籍のご案内

TAC出版では、独学用、およびスクール学習の副教材として、各種対策書籍を取り揃えています。学習の各段階に対応していますので、あなたのステップに応じて、合格に向けてご活用ください!

（刊行内容、発行月、装丁等は変更することがあります）

●2024年度版 税理士受験シリーズ

「税理士試験において長い実績を誇るTAC。このTACが長年培ってきた合格ノウハウを"TAC方式"としてまとめたのがこの「税理士受験シリーズ」です。近年の豊富なデータをもとに傾向を分析、科目ごとに最適な内容としているので、トレーニング演習に欠かせないアイテムです。」

簿記論

01	簿 記 論	個別計算問題集	（8月）
02	簿 記 論	総合計算問題集 基礎編	（9月）
03	簿 記 論	総合計算問題集 応用編	（11月）
04	簿 記 論	過去問題集	（12月）
	簿 記 論	完全無欠の総まとめ	（11月）

財務諸表論

05	財務諸表論	個別計算問題集	（8月）
06	財務諸表論	総合計算問題集 基礎編	（9月）
07	財務諸表論	総合計算問題集 応用編	（12月）
08	財務諸表論	理論問題集 基礎編	（9月）
09	財務諸表論	理論問題集 応用編	（12月）
10	財務諸表論	過去問題集	（12月）
33	財務諸表論	重要会計基準	（8月）
	財務諸表論	完全無欠の総まとめ	（11月）

法人税法

11	法 人 税 法	個別計算問題集	（11月）
12	法 人 税 法	総合計算問題集 基礎編	（10月）
13	法 人 税 法	総合計算問題集 応用編	（12月）
14	法 人 税 法	過去問題集	（12月）
34	法 人 税 法	理論マスター	（8月）
35	法 人 税 法	理論ドクター	（12月）
	法 人 税 法	完全無欠の総まとめ	（1月）

所得税法

15	所 得 税 法	個別計算問題集	（9月）
16	所 得 税 法	総合計算問題集 基礎編	（10月）
17	所 得 税 法	総合計算問題集 応用編	（12月）
18	所 得 税 法	過去問題集	（12月）
36	所 得 税 法	理論マスター	（8月）
37	所 得 税 法	理論ドクター	（12月）

相続税法

19	相 続 税 法	個別計算問題集	（9月）
20	相 続 税 法	財産評価問題集	（9月）
21	相 続 税 法	総合計算問題集 基礎編	（9月）
22	相 続 税 法	総合計算問題集 応用編	（12月）
23	相 続 税 法	過去問題集	（12月）
38	相 続 税 法	理論マスター	（8月）
39	相 続 税 法	理論ドクター	（12月）

酒税法

| 24 | 酒 税 法 | 計算問題+過去問題集 | （2月） |
| 40 | 酒 税 法 | 理論マスター | （12月） |

消費税法

事業税

住民税

固定資産税

国税徴収法

理論マスターの音声ダウンロード版を発売！

| 音 声 DL版 | 法人税法 理論マスター　　所得税法 理論マスター |
| | 相続税法 理論マスター　　消費税法 理論マスター |

●2024年度版 みんなが欲しかった！税理士 教科書＆問題集シリーズ

効率的に税理士試験対策の学習ができないか？ これを突き詰めてできあがったのが、「みんなが欲しかった！税理士 教科書＆問題集シリーズ」です。必要十分な内容をわかりやすくまとめたテキスト（教科書）と内容確認のためのトレーニング（問題集）が１冊になっているので、効率的な学習に最適です。

●解き方学習用問題集

現役講師の解答手順、思考過程、実際の書込みなど、㊙テクニックを完全公開した書籍です。

●その他関連書籍

好評発売中！

| TACの書籍はこちらの方法でご購入いただけます | **1** 全国の書店・大学生協 | **2** TAC各校 書籍コーナー |
| | **3** CYBER BOOK STORE　TAC出版書籍販売サイト　アドレス https://bookstore.tac-school.co.jp/ | |

・2023年7月現在　・年度版各巻の価格は、決定しだい上記**3**のサイバーブックストアに掲載されますのでご参照ください

書籍の正誤に関するご確認とお問合せについて

書籍の記載内容に誤りではないかと思われる箇所がございましたら、以下の手順にてご確認とお問合せをしてくださいますよう、お願い申し上げます。

なお、正誤のお問合せ以外の**書籍内容に関する解説および受験指導などは、一切行っておりません。**
そのようなお問合せにつきましては、お答えいたしかねますので、あらかじめご了承ください。

1 「Cyber Book Store」にて正誤表を確認する

TAC出版書籍販売サイト「Cyber Book Store」の
トップページ内「正誤表」コーナーにて、正誤表をご確認ください。

CYBER TAC出版書籍販売サイト
BOOK STORE

URL：https://bookstore.tac-school.co.jp/

2 ①の正誤表がない、あるいは正誤表に該当箇所の記載がない
⇒ 下記①、②のどちらかの方法で文書にて問合せをする

★ご注意ください★

お電話でのお問合せは、お受けいたしません。
①、②のどちらの方法でも、お問合せの際には、「お名前」とともに、
「対象の書籍名（○級・第○回対策も含む）およびその版数（第○版・○○年度版など）」
「お問合せ該当箇所の頁数と行数」
「誤りと思われる記載」
「正しいとお考えになる記載とその根拠」
を明記してください。
なお、回答までに１週間前後を要する場合もございます。あらかじめご了承ください。

① ウェブページ「Cyber Book Store」内の「お問合せフォーム」より問合せをする

【お問合せフォームアドレス】

https://bookstore.tac-school.co.jp/inquiry/

② メールにより問合せをする

【メール宛先　TAC出版】

syuppan-h@tac-school.co.jp

※土日祝日はお問合せ対応をおこなっておりません。
※正誤のお問合せ対応は、該当書籍の改訂版刊行月末日までといたします。

乱丁・落丁による交換は、該当書籍の改訂版刊行月末日までといたします。なお、書籍の在庫状況等により、お受けできない場合もございます。
また、各種本試験の実施の延期、中止を理由とした本書の返品はお受けいたしません。返金もいたしかねますので、あらかじめご了承くださいますようお願い申し上げます。

（2022年7月現在）

答案用紙の使い方

　この冊子には、答案用紙がとじ込まれています。下記を参照にご利用ください。

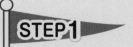

STEP1

一番外側の色紙（本紙）を残して、答案用紙の冊子を取り外してください。

冊子を取り外す

STEP2

取り外した冊子の真ん中にあるホチキスの針は取り外さず、冊子のままご利用ください。

● 作業中のケガには十分お気をつけください。
● 取り外しの際の損傷についてのお取り替えはご遠慮願います。

答案用紙はダウンロードもご利用いただけます。
TAC出版書籍販売サイト、サイバーブックストアにアクセスしてください。

| TAC出版 | 検索 |

税理士簿記論　個別問題の解き方　第7版

別冊答案用紙

目　次

（注）この答案用紙は TAC株式会社（税理士講座）の責任において作成したものです。

TAC出版
TAC PUBLISHING Group

第1章　簿記一巡

問題 1

（単位：千円）

	借　方　科　目	金　　額	貸　方　科　目	金　　額
(1)				

(2)	千円
(3)	千円
(4)	千円
(5)	千円

問題 2

①	
②	
③	
④	
⑤	
⑥	
⑦	
⑧	

1

第2章　推　定

問題3

問1	(1)	千円
	(2)	千円
問2		千円

問題4

(1)	千円
(2)	千円
(3)	千円
(4)	千円
(5)	千円

第3章　現金預金

問題5

(1) [　　　　　　　　　] 円

(2) [　　　　　　　　　] 円

問題6

(1) [　　　　　　　　　] 千円

(2) [　　　　　　　　　] 千円

問題7

(1) [　　　　　　　　　] 円

(2) [　　　　　　　　　] 円

問題8

決算整理後残高試算表（一部）　　　　　　　　（単位：円）

借　方　科　目	金　　額	貸　方　科　目	金　　額
現　金　預　金		買　　掛　　金	
売　　掛　　金		短　期　借　入　金	
営　　業　　費		未　　払　　金	
支　払　利　息		雑　　収　　入	

(1)　　　　　　　　　　　　　　　　　　　　　　　　　　　　　　（単位：円）

借　方　科　目	金　　　額	貸　方　科　目	金　　　額

なお、すべての欄に記入するとは限らないので、必要のない欄は空欄のままにすること。

(2) 　　　　　　　　　　　　　　円

第4章　債権・債務

問題10

決算整理前残高試算表（一部）　　　　　　（単位：千円）

受 取 手 形 （　　　　　）	支 払 手 形 （　　　　　）
売 　 掛 　 金 （　　　　　）	買 　 掛 　 金 （　　　　　）
前 　 渡 　 金 （　　　　　）	前 　 受 　 金 （　　　　　）
仕 　 　 　 入 （　　　　　）	貸 倒 引 当 金 （　　　　　）
手 形 売 却 損 （　　　　　）	売 　 　 　 上 （　　　　　）
保 証 債 務 費 用 （　　　　　）	保 証 債 務 取 崩 益 （　　　　　）

問題11

決算整理後残高試算表（一部）　　　　　　（単位：円）

電 子 記 録 債 権 （　　　　　）	電 子 記 録 債 務 （　　　　　）
売 　 掛 　 金 （　　　　　）	買 　 掛 　 金 （　　　　　）
クレジット売掛金 （　　　　　）	未 　 払 　 金 （　　　　　）
前 払 費 用 （　　　　　）	売 　 　 　 上 （　　　　　）
車 　 　 　 両 （　　　　　）	
支 払 手 数 料 （　　　　　）	
減 価 償 却 費 （　　　　　）	
支 払 利 息 （　　　　　）	
電子記録債権売却損 （　　　　　）	
売 上 債 権 売 却 損 （　　　　　）	

5

問題12

決算整理後残高試算表（一部） （単位：千円）

借　方　科　目	金　　額	貸　方　科　目	金　　額
受　取　手　形		貸　倒　引　当　金	
売　　掛　　金			
破　産　更　生　債　権　等			
貸　倒　引　当　金　繰　入			

問題13

①	円
②	円
③	円
④	円

第5章　有価証券

問題14

(1) ［　　　　　　　　　　　］千円

(2) ［　　　　　　　　　　　］千円

問題15

(1)

決算整理後残高試算表（一部）		（単位：千円）	
投 資 有 価 証 券	（　　　　　）	繰 延 税 金 負 債	（　　　　　）
繰 延 税 金 資 産	（　　　　　）	有 価 証 券 利 息	（　　　　　）
その他有価証券評価差額金	（　　　　　）		

(2)

決算整理後残高試算表（一部）		（単位：千円）	
投 資 有 価 証 券	（　　　　　）	繰 延 税 金 負 債	（　　　　　）
繰 延 税 金 資 産	（　　　　　）	その他有価証券評価差額金	（　　　　　）
投資有価証券評価損益	（　　　　　）	有 価 証 券 利 息	（　　　　　）
		法 人 税 等 調 整 額	（　　　　　）

問題16

決算整理後残高試算表（一部）			（単位：円）
借　方　科　目	金　　額	貸　方　科　目	金　　額
未　　収　　金		繰 延 税 金 負 債	
投 資 有 価 証 券		その他有価証券評価差額金	
		投資有価証券売却益	

問題17

決算整理後残高試算表（一部）　　　　　　　　（単位：円）

借　方　科　目	金　　額	貸　方　科　目	金　　額
未　収　収　益		有　価　証　券　利　息	
投　資　有　価　証　券			
繰　延　税　金　資　産			
その他有価証券評価差額金			
投資有価証券評価損			

問題18

決算整理後残高試算表（一部）　　　　　　　　（単位：円）

借　方　科　目	金　　額	貸　方　科　目	金　　額
投　資　有　価　証　券		繰　延　税　金　負　債	
関　係　会　社　株　式		受　取　配　当　金	
繰　延　税　金　資　産		有　価　証　券　運　用　損　益	
その他有価証券評価差額金			

問1

(1)　約定日基準　　　　　　　　　　　　　　　　　　　　　　　　　　（単位：千円）

	日付	借方勘定科目	金　額	貸方勘定科目	金　額
A社	×7年 3月30日				
	×7年 3月31日				
B社	×7年 3月30日				
	×7年 3月31日				

(2)　修正受渡日基準　　　　　　　　　　　　　　　　　　　　　　　　（単位：千円）

	日付	借方勘定科目	金　額	貸方勘定科目	金　額
A社	×7年 3月30日				
	×7年 3月31日				
B社	×7年 3月30日				
	×7年 3月31日				

問2　　　　　　　　　　　　　　　　　　　　　　　　　　　　　　　　（単位：千円）

	借方勘定科目	金　額	貸方勘定科目	金　額
(1)				
(2)				

　　　なお、すべての欄に記入するとは限らないので、必要のない欄は空欄のままにすること。

9

第6章　有形固定資産

問題20

決算整理後残高試算表（一部）　　　　　（単位：円）

建　　　　　物	（　　　　　）	建物減価償却累計額	（　　　　　　　　　）	
備　　　　　品	（　　　　　）	備品減価償却累計額	（　　　　　　　　　）	
車　　　　　両	（　　　　　）	車両減価償却累計額	（　　　　　　　　　）	
減 価 償 却 費	（　　　　　）	車 両 売 却 益	（　　　　　　　　　）	
修　繕　費	（　　　　　）			

問題21

決算整理後残高試算表（一部）　　　　　（単位：円）

借　方　科　目	金　　額	貸　方　科　目	金　　額
建　　　　　　物		車　両　売　却　益	
車　　　　　　両			
器　具　備　品			
減　価　償　却　費			

問題22

決算整理後残高試算表（一部）　　　　　（単位：円）

借　方　科　目	金　　額	貸　方　科　目	金　　額
建　　　　　　物		繰 延 税 金 負 債	
車　　　　　　両		圧　縮　積　立　金	
器　具　備　品		保　険　差　益	
減　価　償　却　費			

決算整理後残高試算表（一部）　　　　　（単位：円）

借　方　科　目	金　　額	貸　方　科　目	金　　額
建　　　　　物		未　　払　　金	
建 物 付 属 設 備		建物減価償却累計額	
構　　築　　物		建物付属設備減価償却累計額	
車　　　　　両		構築物減価償却累計額	
土　　　　　地		車両減価償却累計額	
減 価 償 却 費			

決算整理後残高試算表（一部）　　　　　（単位：円）

借　方　科　目	金　　額	貸　方　科　目	金　　額
建　　　　　物		未　　払　　金	
建 物 付 属 設 備			
減 価 償 却 費			
固 定 資 産 除 却 損			

11

問題25

(1)

①		千円
②		千円
③		千円
④		千円

(2)　　　　　　　　　　　　　　　　　　　　　　　　　　　　　　（単位：千円）

借　方　科　目	金　　　額	貸　方　科　目	金　　　額

問題26

決算整理後残高試算表（一部）　　　　　　（単位：円）

借　方　科　目	金　　　額	貸　方　科　目	金　　　額
建　　　　　　　物		建物減価償却累計額	
器　具　備　品		器具備品減価償却累計額	
土　　　　　　　地			
減　価　償　却　費			
減　損　損　失			

問題27

(1) ［　　　　　　　　　　］ 千円

(2) ［　　　　　　　　　　］ 千円

(3) ［　　　　　　　　　　］ 千円

第7章 リース取引

問題28

(1)　　　　　　　　　　　　　　　　　　　　　　　　　　　　　（単位：千円）

借　方　科　目	金　　額	貸　方　科　目	金　　額
		現　　　　　金	

(2)　　　　　　　　　　　　　　　　　　　　　　　　　　　　　（単位：千円）

借　方　科　目	金　　額	貸　方　科　目	金　　額
		現　　　　　金	

(3)　| | 千円

問題29

決算整理後残高試算表（一部）　　　　　　　　　　（単位：円）

借　方　科　目	金　　額	貸　方　科　目	金　　額
リ　ー　ス　資　産		リ　ー　ス　債　務	
減　価　償　却　費			
支　払　利　息			

問題30

決算整理後残高試算表（一部）　　　　　　　　　　（単位：千円）

借　方　科　目	金　　額	貸　方　科　目	金　　額
リ　ー　ス　資　産		リ　ー　ス　債　務	
減　価　償　却　費		リース資産減価償却累計額	
支　払　利　息			

13

決算整理後残高試算表（一部）　　　　　　　（単位：千円）

借　方　科　目	金　　額	貸　方　科　目	金　　額
リ　ー　ス　資　産		未　払　費　用	
減　価　償　却　費		リ　ー　ス　債　務	
支　払　利　息		長　期　前　受　収　益	

(1)	千円
(2)	千円
(3)	千円
(4)	千円
(5)	千円

第8章 ソフトウェア

問題33

決算整理後残高試算表（一部）　　　（単位：円）

借　方　科　目	金　　額	貸　方　科　目	金　　額
備　　　　　品			
ソ フ ト ウ ェ ア			
販売費・一般管理費			
備 品 減 価 償 却 費			
ソ フ ト ウ ェ ア 償 却			
ソ フ ト ウ ェ ア 廃 棄 損			
備 品 売 却 損			

問題34

(1) 　　　　　　　　　　　　千円

(2) 　　　　　　　　　　　　千円

問題35

決算整理後残高試算表（一部）　　　（単位：千円）

借　方　科　目	金　　額	貸　方　科　目	金　　額
仕　　掛　　品		製 品 売 上 高	135,000
ソ フ ト ウ ェ ア		受 注 制 作 売 上 高	900,000
製 品 売 上 原 価			
受 注 制 作 売 上 原 価			
研 究 開 発 費			

第9章　投資資産・金利スワップ

問題36

決算整理後残高試算表　　　　　　（単位：円）

金利スワップ （　　　　　　）	貸倒引当金 （　　　　　　）
敷　　　　金 （　　　　　　）	繰延税金負債 （　　　　　　）
ゴルフ会員権 （　　　　　　）	長期借入金 （　　　　　　）
長期前払費用 （　　　　　　）	繰延ヘッジ損益 （　　　　　　）
支払手数料 （　　　　　　）	
支払利息 （　　　　　　）	
ゴルフ会員権評価損 （　　　　　　）	
貸倒引当金繰入 （　　　　　　）	

第10章　人件費

問題37

決算整理後残高試算表（一部）　　　　（単位：千円）

給 与 手 当 （　　　　　）	預 り 金 （　　　　　）	
賞 与 手 当 （　　　　　）	未 払 費 用 （　　　　　）	
法 定 福 利 費 （　　　　　）	賞 与 引 当 金 （　　　　　）	
賞与引当金繰入 （　　　　　）		

問題38

決算整理後残高試算表（一部）　　　　（単位：円）

借 方 科 目	金 額	貸 方 科 目	金 額
人 件 費		退 職 給 付 引 当 金	
早 期 割 増 退 職 金			

問題39

決算整理後残高試算表（一部）　　　　（単位：円）

借 方 科 目	金 額	貸 方 科 目	金 額
人 件 費		退 職 給 付 引 当 金	
		役 員 退 職 慰 労 引 当 金	

問題40

決算整理後残高試算表（一部）　　　　（単位：円）

借 方 科 目	金 額	貸 方 科 目	金 額
前 払 年 金 費 用			
退 職 給 付 費 用			

第11章 社　債

問題41

(1) ┌─────────────────┐ 千円
　　└─────────────────┘

(2) ┌─────────────────┐ 千円
　　└─────────────────┘

問題42

(1)	千円
(2)	千円
(3)	社債償還（　　　）	千円

問題43

決算整理後残高試算表（一部）　　　　　　（単位：千円）

借　方　科　目	金　　額	貸　方　科　目	金　　額
社　債　利　息		社　　　　　　　債	
		社　債　償　還　益	

問題44

(1)　　　　　決算整理後残高試算表（一部）　　　　　　（単位：千円）

借　方　科　目	金　　額	貸　方　科　目	金　　額
社　債　利　息		社　　　　　　　債	

(2)　　　　　決算整理後残高試算表（一部）　　　　　　（単位：千円）

借　方　科　目	金　　額	貸　方　科　目	金　　額
社　債　利　息		社　　　　　　　債	

第12章　純資産

問題45

当期末の残高勘定（一部）　　　　　　　　　　　　（単位：千円）

借　方　科　目	金　　額	貸　方　科　目	金　　額
自　己　株　式		資　　本　　金	
		資　本　準　備　金	
		その他資本剰余金	
		利　益　準　備　金	
		別　途　積　立　金	
		繰越利益剰余金	

問題46

(1)	千円
(2)	千円
(3)	千円
(4)	千円
(5)	千円
(6)	株

問題47

決算整理後残高試算表（一部）　　　　　　　　　　（単位：千円）

借　方　科　目	金　　額	貸　方　科　目	金　　額
社　債　利　息		社　　　　　債	
		資　　本　　金	
		資　本　準　備　金	
		新　株　予　約　権	

19

(1) ┌─────────────────────┐ 円
    │   │
    └─────────────────────┘

(2) ┌─────────────────────┐ 円
    │   │
    └─────────────────────┘

(3)   (単位：円)

借　方　科　目	金　　　額	貸　方　科　目	金　　　額
現　金　預　金			

(4) ┌─────────────────────┐ 円
    │   │
    └─────────────────────┘

問題49

①	千円
②	千円
③	千円
④	千円
⑤	千円
⑥	千円
⑦	千円
⑧	千円

問1

(単位：千円)

	借　方　科　目	金　　額	貸　方　科　目	金　　額
1				
2				
3				
4				
5				

問2

(単位：千円)

	借　方　科　目	金　　額	貸　方　科　目	金　　額
5				

問1

(単位：千円)

	借　方　科　目	金　　額	貸　方　科　目	金　　額
1				
2				
3				
4				

問2

(単位：千円)

	借　方　科　目	金　　額	貸　方　科　目	金　　額
1				
2				
3				
4				

第13章　商品売買

問題52

(1)

① 　　　　　　　　決算整理前残高試算表　　　　　（単位：円）

| 商　　　　　品 | （　　　　　　） | 商品販売益 | （　　　　　　　） |

② 　　　　　　　　決算整理前残高試算表　　　　　（単位：円）

| | | 商　　　　　品 | （　　　　　　　） |

③ 　　　　　　　　決算整理前残高試算表　　　　　（単位：円）

| 商　　　　　品 | （　　　　　　） | 売　　　　上 | （　　　　　　　） |

④ 　　　　　　　　決算整理前残高試算表　　　　　（単位：円）

| 商　　　　　品 | （　　　　　　） | 売　　　　上 | （　　　　　　　） |
| 売　上　原　価 | （　　　　　　） | | |

⑤ 　　　　　　　　決算整理前残高試算表　　　　　（単位：円）

| 繰　越　商　品 | （　　　　　　） | 売　　　　上 | （　　　　　　　） |
| 仕　　　　入 | （　　　　　　） | | |

(2) 　　　　　　　　　　　　　　　　　　　　　　　　　（単位：円）

	借　方　科　目	金　　額	貸　方　科　目	金　　額
①分記法				
②総記法				
③二分法				
④売上原価対立法				
⑤三分法				

23

(1) (単位：千円)

借　方　科　目	金　　額	貸　方　科　目	金　　額

(2)	①		千円
	②		千円
(3)			千円
(4)			千円

問題54

	先入先出法	総平均法	移動平均法
①繰越商品	円	円	円
②仕入	円	円	円
③棚卸減耗損	円	円	円

問題55

(1) 　　　　　　　　　　　　円

(2)

損 益 計 算 書（一部） （単位：千円）

科　　　目	金	額
売　上　高		（　　　　　　）
売　上　原　価		
商品期首たな卸高	（　　　　）	
当期商品仕入高	（　　　　）	
合　　計	（　　　　）	
商品期末たな卸高	（　　　　）	
差　　引	（　　　　）	
棚卸減耗損	（　　　　）	
収益性低下評価損	（　　　　）	（　　　　）
売上総利益		（　　　　）

問題56

①		千円
②		千円
③		千円
④		千円
⑤		千円
⑥		千円

問題57

決算整理後残高試算表（一部）　　　　　（単位：円）

借　方　科　目	金　　額	貸　方　科　目	金　　額
売　　掛　　金		売　　　　　上	
繰　越　商　品			
仕　　　　　入			
棚　卸　減　耗　損			
収益性低下評価損益			

問題58

決算整理後残高試算表（一部）　　　　　（単位：円）

借　方　科　目	金　　額	貸　方　科　目	金　　額
売　　掛　　金		売　　　　　上	
繰　越　商　品			
仕　　　　　入			
棚　卸　減　耗　損			
品　質　低　下　評　価　損			
収　益　性　低　下　評　価　損			

26

損 益 計 算 書（一部）　　（単位：千円）

科　　目	金　　　額	
売　上　高		（　　　　　　　　）
売　上　原　価		
商品期首たな卸高	（　　　　　　）	
当期商品仕入高	（　　　　　　）	
合　　計	（　　　　　　）	
他勘定振替高	（　　　　　　）	
商品期末たな卸高	（　　　　　　）	
差　　引	（　　　　　　）	
棚卸減耗損	（　　　　　　）	
収益性低下評価損	（　　　　　　）	（　　　　　　　　）
売上総利益		（　　　　　　　　）

第14章 収益認識

問題60

問1

(単位：円)

	借 方 科 目	金 額	貸 方 科 目	金 額
(1)				
(2)				
(3)				

問2

設問①

(単位：円)

	借 方 科 目	金 額	貸 方 科 目	金 額
(1)				
(2)				

設問②

(単位：円)

	借 方 科 目	金 額	貸 方 科 目	金 額
(1)				
(2)				

問題61

	借　方　科　目	金　額	貸　方　科　目	金　額
(1)				
(2)				

問題62

（単位：円）

	借　方　科　目	金　額	貸　方　科　目	金　額
(1)				
(2)				

問題63

（単位：円）

	借　方　科　目	金　額	貸　方　科　目	金　額
(1)				
(2)				
(3)				

29

(1)

	×10年度	×11年度	×12年度
完成工事高	千円	千円	千円
完成工事原価	千円	千円	千円
完成工事利益	千円	千円	千円

(2)

	×10年度	×11年度	×12年度
完成工事高	千円	千円	千円
完成工事原価	千円	千円	千円
完成工事利益	千円	千円	千円

問題65

貸 借 対 照 表（一部）　　　　（単位：千円）

借　方　科　目	金　　　額	貸　方　科　目	金　　　額
完 成 工 事 未 収 入 金		契　約　負　債	
契　　約　　資　　産		工 事 損 失 引 当 金	
未 成 工 事 支 出 金			

損 益 計 算 書（一部）　　　　（単位：千円）

借　方　科　目	金　　　額	貸　方　科　目	金　　　額
完 成 工 事 原 価		完 成 工 事 高	

（単位：円）

	借　方　科　目	金　額	貸　方　科　目	金　額
(1)				
(2)				
(3)				
(4)				

問題67

①	千円
②	千円
③	千円
④	千円
⑤	千円

問題68

決算整理後残高試算表（一部）　　　　　　（単位：千円）

借　方　科　目	金　額	貸　方　科　目	金　額
繰　越　商　品		一　般　売　上	
積　送　品		積　送　品　売　上	
未　着　品		未　着　品　売　上	
仕　　　　入			
支　払　手　数　料			

31

(1)

決算整理後残高試算表　　　　　（単位：千円）

繰 越 商 品	（　　　　　）	試 用 仮 売 上	（　　　　　）
繰 越 試 用 品	（　　　　　）	一 般 売 上	1,404,000
試 用 未 収 金	（　　　　　）	試 用 品 売 上	（　　　　　）
仕　　　　入	（　　　　　）		

(2)　　　　　　　　　　　　　　　　　　　　　　　　　　　　　　　　　（単位：千円）

3月中の取引	借 方 科 目	金 額	貸 方 科 目	金 額
試用品試送時				
試用品返送時				
購 入 通 知 時				

第15章　外貨建取引

決算整理後残高試算表（一部）　　　　　　　（単位：円）

借　方　科　目	金　　額	貸　方　科　目	金　　額
外　貨　建　売　掛　金		国　内　売　上	813,000,000
前　払　費　用		輸　出　売　上	
繰　越　商　品			
仕　　　　　　入			
為　替　差　損　益			

決算整理後残高試算表（一部）　　　　　　　（単位：円）

借　方　科　目	金　　額	貸　方　科　目	金　　額
売　　掛　　金		前　受　金	
繰　越　商　品		売　　上	
為　替　予　約			
仕　　　　　入			
為　替　差　損　益			

(1)		千円
(2)		千円
(3)		千円
(4)		千円

33

決算整理後残高試算表（一部）　　　　　　　　（単位：円）

借　方　科　目	金　　額	貸　方　科　目	金　　額
未　収　収　益		繰　延　税　金　負　債	
投　資　有　価　証　券		有　価　証　券　利　息	
繰　延　税　金　資　産		為　替　差　損　益	
その他有価証券評価差額金			
投資有価証券評価損			

(1)		円
(2)		円
(3)		円
(4)		円
(5)		円
(6)		株

(1)
換算後決算整理後残高試算表　　　　　（単位：千円）

借　方　科　目	金　　額	貸　方　科　目	金　　額
現　金　預　金		未　　払　　金	
売　　掛　　金		借　　入　　金	
繰　越　商　品		前　　受　　金	
備　　　　　品		貸　倒　引　当　金	
本　店　か　ら　仕　入		減　価　償　却　累　計　額	
営　　業　　費		本　　　　　店	
貸　倒　引　当　金　繰　入		売　　　　　上	
減　価　償　却　費			
支　払　利　息			
為　替　差　損　益			
合　　　　　計		合　　　　　計	

(2)

期首商品に含まれる内部利益	千円
期末商品に含まれる内部利益	千円

35

第16章　税金・税効果会計

問題76

決算整理後残高試算表（一部）　　　　　　（単位：円）

借　方　科　目	金　　額	貸　方　科　目	金　　額
土　　　　　地		未 払 消 費 税 等	
租　税　公　課		未 払 法 人 税 等	
法　人　税　等		受 取 利 息 配 当 金	

問題77

(1)		千円
(2)		千円
(3)	（　　　　）残高	千円

36

問1

(1)

①	
②	
③	

(2)　　　　　　　　　　　　　　　　　　　　　　　　　　　　　　（単位：円）

借　方　科　目	金　　額	貸　方　科　目	金　　額

問2

（単位：円）

	借　方　科　目	金　　額	貸　方　科　目	金　　額
(1)				
(2)				
(3)				

第17章 会計上の変更・誤謬の訂正

(1)　　　　　　　　　　　　　　　　　　　　　　　　　　　　　　（単位：千円）

借 方 科 目	金 額	貸 方 科 目	金 額

(2) [　　　　　　　　　　　] 千円

(3) [　　　　　　　　　　　] 千円

問題80

決算整理後残高試算表　　　　（単位：円）

備　　　　　品 （　　　　　）	繰越利益剰余金 （　　　　　　）
車 両 運 搬 具 （　　　　　）	
ソ フ ト ウ ェ ア （　　　　　）	
備 品 減 価 償 却 費 （　　　　　）	
車両運搬具減価償却費 （　　　　　）	
ソフトウェア償却 （　　　　　）	

問題81

決算整理後残高試算表　　　　（単位：千円）

繰 越 商 品 （　　　　　）	未 払 費 用 （　　　　　）
建　　　　　物 （　　　　　）	繰越利益剰余金 （　　　　　）
土　　　　　地 （　　　　　）	売　　　　　上 （　　　　　）
仕　　　　　入 （　　　　　）	
営 　業 　費 （　　　　　）	
建 物 減 価 償 却 費 （　　　　　）	

第18章　帳簿組織

問題82

(1)
	円

(2) 　　　　　　　　　　　　　　　　　　　　　　　　　　　　　　　（単位：円）

借　方　科　目	金　　額	貸　方　科　目	金　　額

問題83

（単位：千円）

3伝票制		5伝票制	
①		⑤	
②		⑥	
③		⑦	
④		⑧	

第19章　商的工業簿記

(1)		円
(2)		円
(3)		円

問題85

損　益　計　算　書（一部）　　　　（単位：千円）

科　　目	金	額
売　上　高		（　　　　　　　）
売　上　原　価		
製品期首たな卸高	（　　　　　）	
当期製品製造原価	（　　　　　）	
合　計	（　　　　　）	
他勘定振替高	（　　　　　）	
製品期末たな卸高	（　　　　　）	（　　　　　）
売上総利益		（　　　　　）

40

第20章　本支店会計

問題86

(1)	支店の当期純利益の額	千円
(2)	本　店　勘　定　の　額	千円
	支　店　売　上　勘　定　の　額	千円
(3)	売　上　原　価　の　額	千円

問題87

(1)	支　店　勘　定　の　額	千円
	本　店　仕　入　高　の　額	千円

(2)　　　　　　　　　　　　　本支店合併損益計算書　　　　　　（単位：千円）

借　方　科　目	金　　額	貸　方　科　目	金　　額
期 首 商 品 棚 卸 高		売　　上　　高	
当　期　仕　入　高		期 末 商 品 棚 卸 高	
営　　業　　費			
貸 倒 引 当 金 繰 入			
当　期　純　利　益			
合　　　　計		合　　　　計	

問題88

(1)	①	千円
	②	千円
	③	千円
	④	千円
(2)		千円

(3)   （単位：千円）

	借 方 科 目	金 額	貸 方 科 目	金 額
本　店				
B支店				

第21章　本社工場会計

問題89

(1)

製　　　造　　　（単位：千円）

材 料 仕 入		仕 掛 品	
労 務 費		製 品	
製 造 経 費			
仕 掛 品			
合 計		合 計	

(2) _____ 千円

(3) _____ 千円

(4)

合 併 損 益 計 算 書　　　（単位：千円）

借 方 科 目	金 額	貸 方 科 目	金 額
製 品 期 首 棚 卸 高		売 上 高	
当 期 製 品 製 造 原 価		製 品 期 末 棚 卸 高	
営 業 費			
減 価 償 却 費			
貸 倒 引 当 金 繰 入			
当 期 純 利 益			
合 計		合 計	

43

第22章　キャッシュ・フロー計算書

問題90

(1)　直接法　　　　　　　　　（単位：千円）

営業活動によるキャッシュ・フロー	
営業収入	
商品の仕入による支出	
人件費の支出	
その他の営業支出	
小　計	
利息配当金の受取額	
利息の支払額	
法人税等の支払額	
営業活動によるキャッシュ・フロー	

(2)　間接法　　　　　　　　　（単位：千円）

営業活動によるキャッシュ・フロー	
税引前当期純利益	
減価償却費	
貸倒引当金の減少額	
退職給付引当金の増加額	
支払利息	
受取利息	
有価証券利息	
為替差益	
固定資産売却益	
売上債権の減少額	
棚卸資産の減少額	
前払費用の増加額	
仕入債務の減少額	
未払費用の増加額	
小　計	

第23章　企業再編

問題91

① ⬚⬚⬚⬚⬚⬚⬚⬚⬚⬚⬚ 千円

② ⬚⬚⬚⬚⬚⬚⬚⬚⬚⬚⬚ 千円

問題92

(1)	千円
(2)	千円
(3)	千円

問題93

(1) ⬚⬚⬚⬚⬚⬚⬚⬚ 千円

(2) ⬚⬚⬚⬚⬚⬚⬚⬚ 千円

問題94

(1)	千円
(2)	千円
(3)	千円

問題95

(1)　　　　　　　　　　　　　　　　　　　　　　　　　　　　　　（単位：千円）

借　方　科　目	金　　額	貸　方　科　目	金　　額

(2)　　　　　　　　　　　　　　　　　　　　　　　　　　　　　　（単位：千円）

借　方　科　目	金　　額	貸　方　科　目	金　　額

(3)　　　　　　　　　　　　　　　　　　　　　　　　　　　　　　（単位：千円）

借　方　科　目	金　　額	貸　方　科　目	金　　額

第24章　連結財務諸表

連　結　損　益　計　算　書　　　　　　　（単位：千円）

科　　目	金　額	科　　　目	金　額
諸　　費　　用		諸　　収　　益	
の　れ　ん　償　却　額			
非支配株主に帰属する当期純利益			
親会社株主に帰属する当期純利益			
合　　　計		合　　　計	

連結株主資本等変動計算書　　　　　　　（単位：千円）

	株　主　資　本		非支配株主持分
	資　本　金	利益剰余金	
当期首残高			
剰余金の配当			
親会社株主に帰属する当期純利益			
株主資本以外の当期変動額			
当期末残高			

連　結　貸　借　対　照　表　　　　　　　（単位：千円）

科　　目	金　額	科　　　目	金　額
諸　　資　　産		諸　　負　　債	
の　　れ　　ん		資　　本　　金	
		利　益　剰　余　金	
		非　支　配　株　主　持　分	
合　　　計		合　　　計	

連 結 損 益 計 算 書　　　　　　　　（単位：千円）

科　　目	金　額	科　　目	金　額
売　上　原　価		売　　上　　高	
販　売　管　理　費		営　業　外　収　益	
の　れ　ん　償　却　額			
営　業　外　費　用			
非支配株主に帰属する当期純利益			
親会社株主に帰属する当期純利益			
合　　計		合　　計	

連 結 貸 借 対 照 表　　　　　　　　（単位：千円）

科　　目	金　額	科　　目	金　額
現　金　預　金		買　　掛　　金	
売　　掛　　金		貸　倒　引　当　金	
商　　　　品		資　　本　　金	
土　　　　地		利　益　剰　余　金	
の　　れ　　ん		非　支　配　株　主　持　分	
合　　計		合　　計	

48

(1)

連結損益計算書　　　（単位：千円）

諸収益	（　　　　　）
諸費用	（　　　　　）
のれん償却額	（　　　　　）
税金等調整前当期純利益	（　　　　　）
法人税等	（　　　　　）
当期純利益	（　　　　　）
非支配株主に帰属する当期純利益	（　　　　　）
親会社株主に帰属する当期純利益	（　　　　　）

連結包括利益計算書　　　（単位：千円）

当期純利益	（　　　　　）
その他の包括利益	
その他有価証券評価差額金	（　　　　　）
包括利益	（　　　　　）

(2)

連結株主資本等変動計算書　　　（単位：千円）

	株主資本		その他の包括利益累計額	非支配株主持分
	資　本　金	利益剰余金	その他有価証券評価差額金	
当期首残高	（　　　　）	（　　　　）	（　　　　　　）	（　　　　）
親会社株主に帰属する当期純利益		（　　　　）		
当期変動額			（　　　　　　）	（　　　　）
当期末残高	（　　　　）	（　　　　）	（　　　　　　）	（　　　　）

49

(1) ☐☐☐☐☐☐☐☐☐☐ 千円

(2) ☐☐☐☐☐☐☐☐☐☐ 千円

(3) ☐☐☐☐☐☐☐☐☐☐ 千円